JONAS VERLAG

für Kunst und Literatur GmbH
Weidenhäuser Straße 88, 35037 Marburg

Gestaltung Gabriele Rudolph
Druck Fuldaer Verlagsanstalt

ISBN 3-89445-157-2

DIE NEUE FRAU

Herausforderung für die Bildmedien der Zwanziger Jahre

Katharina Sykora, Annette Dorgerloh,
Doris Noell-Rumpeltes, Ada Raev (Hrsg.)

Jonas Verlag

INHALT

VORWORT

1987/88 entstand in der Arbeitsgruppe »Künstlerinnen des 20. Jahrhunderts« in der Sektion Frauenforschung beim Ulmer Verein/Verband für Kunst- und Kulturwissenschaften die Idee, eine Tagung über Künstlerinnen der Weimarer Republik zu organisieren. Dieser monografische Ansatz differenzierte sich bald aus und erweiterte sich um ikonologische und kunstsoziologische Fragestellungen: So sollte es um einen Vergleich der Werke von Künstlerinnen und Künstlern im Hinblick auf die Thematisierung der »Neuen Frau« in Malerei, Grafik, Fotografie und Film gehen, wobei von Anfang an außer Frage stand, daß ihre bildlichen Ausprägungen nicht ohne die veränderte soziale Situation der Frauen in der Weimarer Republik denkbar sind.

In der Erwartung, daß Kunstwissenschaftlerinnen der damaligen DDR die Kunst der Weimarer Republik auf der Basis anderer Quellen, anderer Methoden und aus anderen Perspektiven untersucht hätten, ergab sich der Wunsch, Kontakte zu knüpfen und das Thema gemeinsam zu bearbeiten. Ansprechpartnerinnen waren Teilnehmerinnen der ersten Kunstwissenschaftlerinnen-Tagung des Verbandes Bildender Künstler der DDR vom 29. November bis 1. Dezember 1989 in Lehnin/Brandenburg. Diese Tagung hatte sowohl zu einer Bündelung erster Ansätze und Ergebnisse feministischer Forschung in der Kunstwissenschaft der DDR geführt als auch eine wissenschaftliche Kommunikation im größeren Rahmen zwischen Vertreterinnen der Frauenforschung aus Ost und West ermöglicht.

So war es nur folgerichtig, daß sich im November 1990 ein Treffen anschloß, an dem im Kunstgeschichtlichen Institut der Humboldt-Universität zu Berlin Wissenschaftlerinnen aus beiden Teilen Deutschlands teilnahmen. Als Ergebnis dieses Treffens übernahm eine Gruppe von je zwei Kunsthistorikerinnen der alten und der neuen Bundesländer (Doris Noell-Rumpeltes, Katharina Sykora, Annette Dorgerloh, Ada Raev) die Planung einer Arbeitstagung zum Thema »Die ›Neue Frau‹ in den Bildmedien der Weimarer Republik«.

Das im September 1990 erschienene Heft 9/10 der Zeitschrift »FrauenKunstWissenschaft« zum Thema »Imagines der ›Neuen Frau‹« formulierte grundlegende Fragestellungen, aus denen sich in weiteren Arbeitstreffen in Hamburg (Juli 1991) und Berlin (November 1991 und Januar 1992) das endgültige Konzept und das Tagungsprogramm entwickelten.

Die Tagung fand schließlich vom 24. bis 27. September 1992 in Schloß Petzow bei Potsdam unter dem Titel »Die Utopie ›Neue Frau‹ – Herausforderung für die Bildmedien der Weimarer Republik« statt. Sie hatte den Charakter eines Arbeitstreffens von Expertinnen auf dem Gebiet der Kunstgeschichte/Literaturwissenschaft der Zwanziger Jahre. Die Vortragenden und Teilnehmerinnen kamen etwa zu gleichen Teilen aus West- und Ostdeutschland. Das Tagungsprogramm war so angelegt, daß für Diskussionen breiter Raum zur Verfügung stand. Dieses Konzept erwies sich als äußerst produktiv, denn der intensive, zuweilen durchaus kontroverse Gedankenaustausch führte nicht nur Forschungsergebnisse zusammen, sondern machte auch bisher unbekanntes und schwer zugängliches Quellenmaterial öffentlich.

Der vorliegende Band enthält die bearbeiteten und zum Teil erweiterten Vortragstexte der Tagung sowie eine Einleitung, die die allgemeinen Fragen und Ergebnisse der Vorträge und der Diskussionen zusammenfaßt. Sie haben ein differenzierteres Bild der Utopie »Neue Frau« und ihrer Funktionalisierung ergeben und gleichzeitig neue Probleme deutlich gemacht. Es bleibt zu wünschen, daß die Aufsätze dieses Buches als Anregungen für weitere Forschungen aufgenommen werden.

Wir danken den Institutionen, die das Zustandekommen der Tagung und des Aufsatzesbandes unterstützt haben: dem Ministerium für Wissenschaft, Forschung und Kultur des Landes Brandenburg, der Senatsverwaltung für Kulturelle Angelegenheiten Berlin und der Humboldt-Universität zu Berlin.

Annette Dorgerloh, Doris Noell-Rumpeltes,
Ada Raev, Katharina Sykora

Berlin, im Mai 1993

DIE NEUE FRAU

Ein Alltagsmythos der Zwanziger Jahre

»Das Eigentümliche des Mythos besteht in der Umwandlung des Sinns in Form« (Roland Barthes)

Umbo (Otto Umbehr) und Paul Citroen: Posierende Mädchen, um 1930, bez.: »v.l. Alexa v. Porewski/Lena Anselm/Fut Landshoff/?«

Die »Neue Frau« gilt als »Inbegriff der Zwanziger Jahre«. Schon das Wort wirbt mit dem euphorischen Charakter seiner »Aufbruchsphantasien«, die die »Frau von gestern« als überwunden erklärt. Doch »die Utopie der neuen Frau setzt die Archäologie der alten voraus«[1], und so lassen sich die Wurzeln von Konzeption und Begriff der »Neuen Frau« bis zum Beginn des 19. Jahrhunderts zurück verfolgen.

Frühe Entwürfe tauchen vornehmlich im Kontext revolutionärer Bewegungen auf, die im Sinne einer Katharsis gesellschaftspolitisch und historisch Nullpunkte setzten, um aus ihnen heraus den »neuen Menschen« zu schaffen. Eng mit dem Freiheitsbegriff verknüpft, erscheint daher auch »Die Neue Frau« im Gefolge der »femme libre« der französischen Revolution, beispielsweise als programmatischer Zeitschriftentitel »La femme nouvelle. A postulat des femmes« in den Dreißiger Jahren des 19. Jahrhunderts.[2] Diese

Eingangszitat:
Roland Barthes: Mythen des Alltags, Frankfurt am Main 1964, S. 115.

1 Friederike Hassauer: Die Menschwerdung der Frau. In: Silvia Eiblmeyer u.a. (Hrsg.): Kunst mit Eigen-Sinn, Wien 1985, S. 57.

2 Meike Baader, Doris Noell-Rumpeltes, Katharina Sykora: Aufbruchsphantasien. Eine Diskussion zum Thema »Neue Frau«. In: FrauenKunstWissenschaft, Heft 9/10, 1990, S. 6.

frühen Deklarationen einer »Neuen Frau«, die im proletarischen Milieu revolutionärer Straßenkämpfe und Arbeiteraufstände situiert waren, wurden in Deutschland erst von den Frauenbewegungen nach der Revolution von 1848 aufgegriffen. Neben Vertreterinnen der proletarischen Frauenbewegung, deren erklärtes Ziel es war, die »Neue Frau« als Resultat der Überwindung der Klassengesellschaft im »Neuen Menschen« aufgehen zu lassen[3], schrieben auch radikale bürgerliche Feministinnen den Kampfbegriff des »Neuen Weibes«[4] auf ihre Fahnen. Die ökonomische Unabhängikeit durch Berufstätigkeit und das Stimmrecht waren wichtige politischen Grundforderungen, die dem bürgerlichen Konzept der »Neuen Frau« zugrunde lagen. Es entstand – in Analogie zum männlichen bürgerlichen Subjektentwurf – primär als Forderung nach individueller Selbstbestimmung: »Die freien Frauen endlich [sind] diejenigen, die unabhängig von vorgeschriebenen Normen an den Gesetzen ihres eigenen Wesens ihr Dasein zu gestalten trachten.«[5]

Mit dem Ende des Ersten Weltkriegs jedoch trat ein deutlicher und wesentlicher Wandel ein, sowohl was den Gebrauch und die Bedeutung des Begriffs »Neue Frau« betraf, als auch was Ausmaß und Kontext der Verbreitung des damit verbundenen sozialen Typus' und seiner Bildprägungen anging. Nach dem erweiterten Zugang zur Berufsausbildung und zur – für viele bürgerliche Frauen notwendig gewordenen – Erwerbstätigkeit, nach der Durchsetzung des Frauenwahlrechts und nach der gesetzlichen Gleichstellung, war in der Nachkriegszeit eine Frauengeneration herangewachsen, die für sich den Status als »Neuen Frauen« bereits als gegeben beanspruchte. Sie setzte sich damit teilweise gegen die »antiquierte Frauenrechtlerei« ab, deren Vertreterinnen sie vorwarf, zwar die gedankliche Basis des emanzipatorischen Modells entwickelt zu haben, aber »eine letzte innere Wahrhaftigkeit und Folgerichtigkeit [zu entbehren], mit der auch im eigenen Lebenskreis mit dem erkannten Prinzip Ernst gemacht wird.«[6] Die Diskussion des Entwurfs einer »Neuen Frau«, die im Rahmen der politischen Frauenbewegungsorganisationen noch in vollem Gange war, galt für einen Teil der jungen Frauengeneration zu Beginn der Zwanziger Jahre bereits als abgeschlossen und ihr Anliegen verlagerte sich auf die pragmatische »Gestaltung ihres persönlichen Lebens« selbst.

Hier sind wir historisch an dem Angelpunkt, an dem »Sinn in Form« gerinnt. Während nämlich bereits seit Beginn der Zwanziger Jahre die inhaltlichen Bestimmungen des Begriffs der »Neuen Frau«

3 Clara Zetkin war eine der bekanntesten Vertreterinnen dieser Position. Ihre Kollegin Adelheid Popp, Repräsentantin der österreichischen Arbeiterinnenbewegung, vertrat dieselbe Auffassung unter dem dezidierten Leitbild der »Neuen Frau«; vgl. Adelheid Popp: Die Neue Frau. In: Dies.: Erinnerungen. Aus meinen Kindheits- und Mädchenjahren, Stuttgart 1915. Wiederabdruck in: Hans J. Schütz (Hrsg.): Jugend einer Arbeiterin, Berlin-Bonn 1980, S. 185-187. Und auch Alexandra Kollontai sprach 1918 vom Konzept der »Neuen Frau« als Teil einer »aus den Forderungen der Arbeiterklasse erwachsenden Sexualmoral«, deren »›Neuerung‹ auch von der Bourgoisie übernommen [werden kann], bei der sie [allerdings] die Unterwühlung der sozialen Herrschaft bedeutet«: Alexandra Kollontai: Die Neue Frau. In: Dies.: Die neue Moral und die Arbeiterklasse, Berlin 1920. Zit. nach: Kristine von Soden/Maruta Schmidt (Hrsg.): Neue Frauen. Die zwanziger Jahre, Berlin 1988, S. 7.

4 Als zusammenfassendes Beispiel mag der Artikel von Minna Cauer über zeitgenössische literarische Weiblichkeitsentwürfe von Helene Böhlau, Clara Viebig, Elisabeth Dauthendey und Laura Marholm dienen, die sich alle um Vorstellungen vom »Neuen Weib« gruppieren: Minna Cauer: Das »neue Weib«. In: Die Frauenbewegung. Revue für die Interessen der Frauen, Berlin 1902, S. 42.

5 Hedwig Dohm: Sind Mutterschaft und Hausfrauentum vereinbar mit der Berufstätigkeit? In: Dies.: Die Mütter, Berlin 1903, S. 66-69. Zit. nach: Elke Frederiksen (Hrsg.): Die Frauenfrage in Deutschland 1865-1915. Texte und Dokumente, Stuttgart 1981, S. 180.

durch die feministischen Bewegungen gesamtgesellschaftlich wieder marginalisiert wurden, verdichtete sich ihre Begrifflichkeit im öffentlichen Bewußtsein auf immer einfachere, eindeutigere Aspekte, so daß sich schließlich auch eine bildliche Typologie des Phänomens »Neue Frau« als Alltagsprägung herausschälte. Die »Neue Frau« galt jetzt nicht mehr als Verhandlungssache politischer Interessensgruppen, vielmehr wurde postuliert: »die neue Frau ist da – sie existiert.«[7] Und wahrhaftig ließ sich die massenhafte Existenz des Phänotyps mit Kurzhaarschnitt, Hängekleid und Zigarette gerade auf der Erscheinungsebene der Bildmedien nicht mehr leugnen.

An diesem Punkt der Überführung eines gedanklichen emanzipatorischen Entwurfs in ein formal determiniertes ikonografisches System setzt die Neugierde der Autorinnen des vorliegenden Aufsatzbandes an. In Bezug auf die historisch bedeutsame Zeitspanne der Zwischenkriegszeit stellt sich dabei die Frage, ob der sich damals immer weiter verbreitende und gleichzeitig formal an festen Konturen gewinnende Phänotyp nicht nur symbolische Form für die »Neue Frau« war, ohne notwendig den ursprünglich mit ihr verbundenen emanzipatorischen Gehalt zu erfüllen. War die »Neue Frau« also nicht bereits zu Beginn der Zwanziger Jahre durch den Übergang vom Gegenstand widerstreitender Ideen in eine zunehmend homogene Form zu einem »Mythos des Alltags« und damit einer »entpolitisierten Aussage« geworden?[8]

Die meisten Aufsätze dieses Buches gehen implizit von einer derart skeptischen Vermutung aus. Sie ermöglicht Fragen nach der ideologischen Meta-Ebene, die sich in den Imagines der »Neuen Frau« der Zwanziger Jahre über ihren ursprünglichen ideengeschichtlichen Gehalt legte, eine Überformung, die erst durch ihre massenhafte Verbreitung in den Bildmedien möglich war. Den Texten ist jedoch wichtig, nicht bei dieser tendenziellen »Entlarvung« des Mythos »Neue Frau« als Alibi für eine Emanzipation, die in der vorgespiegelten Form nicht stattfand, stehen zu bleiben. Vielmehr geht es darum, parallel zur These einer Vereinnahmung des emanzipatorischen Gehalts durch die bildliche Quantifizierung und Typisierung der »Neuen Frau«, auch nach den modifizierten Spuren der ursprünglichen, emanzipativen Neusetzungen in ihren Bildprägungen zu forschen. Denn »der entscheidende Punkt bei alldem ist, daß die Form den Sinn nicht aufhebt; sie verarmt ihn nur, sie hält ihn zur Verfügung. [...] Der Sinn verliert seinen Wert, aber er bleibt am Leben, und die Form des Mythos nährt sich davon.«[9]

6 Stefanie Behm-Ciepka: Frauenbewegung und Jugendbewegung. In: Die Frau, Heft 33, 1925, S. 145. Zit. nach: Irene Stoehr: Neue Frau und Alte Bewegung? Zum Generationskonflikt in der Frauenbewegung der Weimarer Republik. In: Jutta Dalhoff u.a. (Hrsg.): Frauenmacht in der Geschichte, Düsseldorf 1980, S. 397.

7 Kollontai 1920 (wie Anm. 3), S. 6.

8 Roland Barthes: Mythen des Alltags, Frankfurt am Main 1964, S. 130-134.

9 Barthes 1964 (wie Anm. 8), S. 97.

Gehen wir also von dieser Auffassung der »Neuen Frau« als Alltagsmythos der Zwanziger Jahre aus, dann erschließt sich die damalige Präsenz der »Neuen Frau« in der ihr eigenen Komplexität, nämlich in ihrer strukturellen Doppeldeutigkeit als »unablässiges Versteckspiel von Sinn und Form.«[10]

Wie reagierte nun die kunsthistorische und sozialgeschichtliche Forschung auf diese komplexen Bildprägungen der »Neuen Frau« und auf die Künstlerinnen der Zwanziger Jahre als prädestinierte Repräsentantinnen dieses modernen Frauentypus'?

Die europäische Kunst der Zeit zwischen den beiden Weltkriegen ist seit den späten 60er Jahren Gegenstand großer Überblicksausstellungen gewesen, die von ihrem vorwiegenden Interesse an den realistischen und veristischen Strömungen der Zeit zeugen.[11] Ab Mitte der 70er Jahre kam es zu Ausdifferenzierungen des Themenspektrums: Ausstellungen wie »Tendenzen der Zwanziger Jahre«, oder neuere Präsentationen über den osteuropäischen Kubismus[12] trieben Forschungen im Bereich der Avantgarden von Dada und Konstruktivismus, Suprematismus und Konkreter Kunst voran. Unter dem Blickwinkel der künstlerischen Begegnungen und gegenseitigen Einflußnahmen wurde weiterhin in Ausstellungen wie »Paris-Berlin« (1978), »Paris-Moskau« (1979) und »Les Réalismes 1919-1939« (1981) der Blick erweitert auf die internationale Komponente der Kunst in den europäischen Metropolen der Zwischenkriegszeit.[13] In all diesen Bearbeitungen des Zeitraums 1919-1933 spielten die realistischen und veristischen Künstlerinnen gar keine oder eine relativ marginale Rolle[14], während die Œuvres von Künstlerinnen der Avantgarden zunehmend als eigenständige Werkeinheiten ins Blickfeld gerieten.

Während in der west- wie auch ostdeutschen kunsthistorischen Forschung lediglich Künstlerinnen wie Käthe Kollwitz einen gleichrangigen Stellenwert wie ihre männlichen Kollegen einnahmen und während monumentalplastische Künstlerinnen wie Vera Muchina und Sarra Lebedeva in der Sowjetunion ungebrochene Anerkennung fanden, begann man erst gegen Ende der 80er und Anfang der 90er Jahre, auch das bis dahin erarbeitete Avantgardeprofil um Monografien von Künstlerinnen wie Varvara Stepanova, Hannah Höch, Jeanne Mammen, Ljubov Popova[15] zu ergänzen und aus dieser Perspektive gleichzeitig den Avantgarde-Begriff selbst in Frage zu stellen. Die über diese Künstlerinnen erschienenen Monografien wirkten zum Teil rasch zurück auf neuere Gruppenausstel-

10 Barthes 1964 (wie Anm. 8), S. 98.

11 Wieland Schmied: »Neue Sachlichkeit und magischer Realismus in Deutschland 1918-1933«, Hannover 1969; Uwe M. Schneede: »Realismus zwischen Revolution und Machtergreifung 1919-1933«, Stuttgart 1971; »Realismus und Sachlichkeit. Aspekte deutscher Kunst«, Berlin (Ost) 1974; »Revolution und Realismus. Revolutionäre Kunst in Deutschland 1917-1933«, Berlin-Ost 1979; »Der Traum von einer neuen Welt, Berlin 1910-1933«, Ingelheim 1989; »Neue Sachlichkeit – Magischer Realismus«, Bielefeld 1990.

12 »Tendenzen der Zwanziger Jahre«, Berlin-West 1977; Kubismus in Prag 1909-1925, Düsseldorf 1991; Tschechischer Kubismus. Architektur und Design 1910-1925, Prag-Weil am Rhein-Düsseldorf-Paris-Montréal 1991.

13 »Paris-Berlin«, Paris u. Berlin-West 1978; »Paris-Moskau«, Paris und Moskau 1979; »Les Réalismes 1919-1939«, Paris u. Berlin-West 1981.

14 So wurden z.B. in der Ausstellung »Les Réalismes« im Bereich »Neue Sachlichkeit in Deutschland« 30 Künstler und keine Künstlerin vorgestellt.

15 Alexander Lavrentiev: Varvara Stepanova. A Constructivist Life, London 1988; Jula Dech, Ellen Maurer (Hrsg.): dadazwischenreden zu Hannah Höch, Berlin 1991; Annelie Lütgens: Nur ein Paar Augen sein... Jeanne Mammen. Eine Künstlerin ihrer Zeit, Berlin 1991; Katalog: Ljubov Popova 1889-1924, Köln 1991.

lungen zur Avantgarde der Zwanziger Jahre: So wurde nun in der Bearbeitung der Bauhausfotografie auch der künstlerische Beitrag Lucia Moholy Nagys gewürdigt[16] und in Ausstellungen zur russisch-sowjetischen Avantgarde der Zehner und Zwanziger Jahre wie »Die Große Utopie«[17] die Arbeiten von Popova, Stepanova, Exter, Udal'zova, Rozanova etc. gleichberechtigt integriert.

In den im Rahmen feministischer Forschung entstandenen Ausstellungen und Überblickspublikationen zu Künstlerinnen des 20. Jahrhunderts hatten die Künstlerinnen des Realismus, Verismus und der Avantgarden von Anbeginn an einen festen Platz: Einen folgenreichen Beginn machte hier die Ausstellung »Künstlerinnen international« 1977 in Berlin-West, die im deutschsprachigen Raum für die Zwanziger Jahre wichtige, zum Teil bis dahin weitgehend unbearbeitete Künstlerinnen wie Ella Bergmann-Michel, Fridel Dethleffs-Edelmann, Grete Jürgens, Alice Lex-Nerlinger, Elfriede Lohse-Wächtler, Jeanne Mammen, Hanna Nagel, Gerta Overbeck-Schenk, Anita Rée, u.a. erstmals in einem gemeinsamen Kontext mit ihren bekannteren Kolleginnen vorstellte.[18] Internationale Ausstellungen wie »Women Artists 1550-1950« 1984 in Los Angeles und »Künstlerinnen des 20. Jahrhunderts« in Wiesbaden 1990[19] verengten zum Teil den Blick wieder auf einen Kanon von Künstlerinnen klassischer Avantgarden und ließen vielfach Künstlerinnen des Realismus und Verismus fort, zeichneten sich aber durch eine tiefergehende Beschäftigung mit dem einzelnen Œuvre und durch weiterführende »Wiederentdeckungen« aus.

Einige Ausstellungen haben sich in diesem Rahmen ausschließlich mit den Künstlerinnen der Avantgarden auseinandergesetzt. Beispielhaft waren hier die Ausstellungen »Künstlerinnen der russischen Avantgarde 1910-1930« 1979/80 in Köln, »L'Altra Metà dell'Avanguardia« 1980 in Mailand, und »Die Rationale« 1985 in Bonn.[20] Mjuda N. Jablonskajas Buch über »Russische Künstlerinnen 1900-1935«[21] schließlich brachte erstmals die Arbeiten russischer Künstlerinnen mehrerer Generationen zusammen. Sie lieferte damit eine Basis für den noch ausstehenden kunsthistorischen Vergleich der »Amazonen der Avantgarde« und ihrer traditionell arbeitenden Kolleginnen.

Seit Beginn der 70er und besonders seit der 1. Hälfte der 80er Jahre wird in der feministischen Forschung Geschichte zunehmend unter dem Aspekt der Untersuchung »weiblicher Lebenszusammenhänge« betrachtet. Dies geschah zum Teil – gerade auch bei der

16 Jeannine Fiedler im Auftrag des Bauhaus-Archivs Berlin (Hrsg.): Fotografie am Bauhaus, Berlin 1990.

17 »Die Große Utopie«, Frankfurt am Main 1992.

18 »Künstlerinnen International 1877-1977«, Berlin-West 1977.

19 »Künstlerinnen des 20. Jahrhunderts«, Wiesbaden 1990.

20 »Künstlerinnen der russischen Avantgarde 1910-1930«, Galerie Gmurzynska, Köln 1979/80; Lea Vergine: »L'Altra Metà dell'Avantguardia«, Mailand 1984; »Die Rationale«, Frauenmuseum Bonn 1985.

21 Mjuda N. Jablonskaja: Russische Künstlerinnen 1900 bis 1935, Bergisch-Gladbach 1990.

Beschäftigung mit der Weimarer Republik – als Suche nach historischen Vor-Bildern und war partiell eine projektive Besetzung der »Neuen Frau« mit Utopien der 70er und 80er Jahre. Zum Teil handelte es sich aber auch um genaue analytisch-kritische Einschätzungen[22], die sich mit dem prekären Verhältnis von emanzipatorischem Versprechen und den oft ganz anders gearteten Lebensrealitäten von Frauen in den Zwanziger Jahren auseinandersetzten. Die Ausstellung »Frauenalltag und Frauenbewegung« mit ihrer Abteilung über »Die Neue Frau – Die Sachliche«, die 1980 im Historischen Museum in Frankfurt am Main stattfand[23], war die umfassendste museale Präsentation dieses Themas aus soziohistorischer Sicht. In den 80er Jahren kam es parallel dazu verstärkt zu Neuauflagen der Literatur von Frauen aus der Zeit der Weimarer Republik, etwa Irmgard Keuns, Marieluise Fleißers, Else Lasker-Schülers, Mascha Kalékos, Emmy Hennings', und von Faksimiles einschlägiger Zeitschriften wie »Die Dame«. Sie bildeten die Basis für weiterführende wissenschaftliche Untersuchungen.[24] 1988 schließlich war das Thema »Neue Frauen. Die zwanziger Jahre« publikumswirksam genug für einen reich illustrierten, gleichnamigen Text- und Bildband.[25]

Beide Perspektiven, die kunsthistorische und die soziohistorische, tangieren sich natürlich. So sind einerseits in den kunsthistorischen Untersuchungen einschließlich den Künstlerinnenmonografien auch wichtige soziologische Aspekte – etwa zu den Produktionsbedingungen von Künstlerinnen – erarbeitet worden. Andererseits wurden in den feministischen Analysen der sozialen und historischen Bedingungen weiblicher Lebenszusammenhänge in den Zwanziger Jahren zum Teil auch die Bildmaterialien der Illustrierten eingehend als Quelle ausgewertet. Erst seit den späten 80er Jahren bahnt sich jedoch eine engere Verknüpfung beider Themenkomplexe an.[26]

Die Untersuchungen zu den Imagines der »Neuen Frau«, die die Aufsätze dieses Bandes unter verschiedenen Blickwinkeln beleuchten, haben implizit die Zusammenführung der historisch-soziologischen Fragen nach den »weiblichen Lebenzusammenhängen« und der kunsthistorischen Fragestellungen nach den Bildprägungen des Weiblichen durch die Künstlerinnen und Künstler in den Zwanziger Jahren gemeinsam. Denn der Typus »Neue Frau« ist auf ideengeschichtlicher wie ikonologischer Ebene zu einem Paradigma für die Zwanziger Jahre geworden. Ute Frevert charakterisiert ihn als »Inbegriff Weimarer Modernität«, als Symbol für die

22 Gisela v. Wysocki: Der Aufbruch der Frauen. Verordnete Träume, Bubikopf und »sachliches Leben«. Ein aktueller Streifzug durch Scherl's Magazin. In: Dieter Prokop: Massenkommunikationsforschung 1977; Ute Frevert: Vom Klavier zur Schreibmaschine, 1979; Ute Frevert: Frauen im Angestelltenberuf 1918-1933. In: Geschichte u. Gesellschaft 1981; Gabriele Wellner: Industriearbeiterinnen in d. Weimarer Republik. In: Geschichte u. Gesellschaft 1981; Irmgard Weyrather: Studentinnen der Weimarer Republik. In: Beiträge zur feministischen Theorie u. Praxis, 1981; Atina Grossmann: Die Neue Frau und die Rationalisierung der Sexualität in der Weimarer Republik. In: Die Politik des Begehrens 1985; Kristine von Soden: Die »Neue Frau« und die »Neue Sexualmoral«. In: Dies.: Die Sexualberatungsstellen der Weimarer Republik 1919-1933, Berlin-West 1988, S. 44-58.

23 Fridun Bastkowski/Christa Lindner/Ulrike Prokop: Frauenbewegung und die »Neue Frau« 1890-1933. In: Frauenalltag und Frauenbewegung im 20. Jahrhundert, Historisches Museum, Frankfurt am Main 1980, Bd. II.

24 Eine umfassende literaturwissenschaftliche Auswertung ist: Heide Soltau: Trennungsspuren. Frauenliteratur der Zwanziger Jahre, Frankfurt am Main 1983; Für eine beispielhafte monografisch-biografische Studie steht: Sissi Tax: marieluise fleißer. schreiben, überleben. ein biographischer versuch, Frankfurt/Main-Basel 1984.

25 Kristine von Soden, Maruta Schmidt (Hg): Neue Frauen. Die zwanziger Jahre, Berlin-West 1988.

26 Hanna Höch-Symposium, Berlin-West 1989; Hanne Lorecks Ausstellung »Auch Greta

Garbo ist einmal Verkäuferin gewesen. Das Kunstprodukt ›Neue Frau‹ in den Zwanziger Jahren«, Berlin-West 1990; von Soden/Schmidt 1988 (wie Anm. 25); FrauenKunstWissenschaft »Imagines der Neuen Frau«, Heft 9/10 1990.

»moderne Fortschrittlichkeit der Republik, ihre Urbanität, ihre Technikbegeisterung, ihre Sachlichkeit und ihr demokratisches Profil.«[27]

Die Aufsätze dieses Buches sind also ausdrücklich unter dem Gesichtspunkt der Zusammenführung beider Argumentationsstränge koordiniert worden. Diesem Konzept liegt die Annahme einer besonders engen Wechselbeziehung der Lebensrealitäten und der Bildprägungen der »Neuen Frau« zugrunde, die – wie oben angedeutet – gerade in den Zwanziger Jahren zum Amalgam des Alltagsmythos »Neue Frau« gerannen.

Hieraus werden erneut die zwei grundlegenden Prämissen deutlich, die den Gedanken dieses Bandes zugrunde liegen: Die eine geht davon aus, daß die »Neue Frau« partiell ein mediales Produkt ist, das sich angesichts der zunehmenden Massenmedien in den Zwanziger Jahren nicht nur in den klassischen Bildgattungen, sondern auch über die Illustriertenkarikatur und -fotografie, den Film und die Revue konstituiert hat. Die breite Leitbildfunktion eines immer fester konturierten ikonografischen Typus der »Neuen Frau«, wie wir ihn seit Mitte der Zwanziger Jahre vorfinden, läßt nach den Interessen fragen, die hinter den Bildformulierungen liegen und die ihrerseits wiederum die Lebensrealitäten prägten. Die zweite Prämisse geht davon aus, daß in den Imagines der »Neuen Frau« nicht nur normierende Aspekte enthalten sind, sondern wir durchgängig auch nach ihren emanzipatorischen Anteilen forschen müssen. Das heißt, unser Erkenntnisinteresse hat die Hypothese zur Voraussetzung, daß die Konstruktionen der »Neuen Frau« nicht nur in Aufbruchsphantasmen leerliefen und in Komsumverhalten oder der Mentalität des Funktionierens mündeten, sondern partiell auch zu Befreiungsschritten aus alten, verkrusteten, geschlechtsspezifischen Mustern führten. Um diesen Schnittpunkt von Fremdbestimmung und Selbstbestimmung in den Selbstbildern und Fremdbildern als »Neue Frau« geht es den Aufsätzen des Buches.

Die vorliegenden Texte haben also die Absicht, die Konturierung und Vereinheitlichung der Bildprägungen der »Neuen Frau« zu einem Typus zu analysieren, und dennoch die Abweichungen, Gegenentwürfe und »Restvorstellungen« älterer Weiblichkeitsmuster nicht aus dem Auge zu verlieren, die in diesem Phänotyp aufgehoben sind. Das heißt, daß die Texte ihren Blick auch auf die Veränderungen derjenigen Weiblichkeitsbilder richten, die quer zum Typus »Neue Frau« liegen oder die von ihm ausgegrenzt werden.

27 Ute Frevert: Kunstseidener Glanz. Weibliche Angestellte. In: von Soden/Schmidt 1988 (wie Anm. 25), S. 25.

Aufgrund solcher sich ausdifferenzierender Fragestellungen wurde im Zusammenhang mit den Visualisierungen der »Neuen Frau« der »Typus«-Begriff selbst Gegenstand unserer kritischen Befragungen. Das Bemühen, den Phänotyp »Neue Frau« in seinen Konturen zu fassen, um dann seine ikonologischen und damit einhergehenden ideologischen Veränderungen zu beschreiben, erschien uns als Herangehensweise zunehmend ergänzungsbedürftig.

Diese Verlagerung unseres Blickwinkels wurde ausgelöst durch Weiblichkeits-Entwürfe von Frauen wie Hedwig Dohm[28], aber auch aus der Zeit der Weimarer Republik selbst, z.B. von Elsa Herrmann[29] oder Alice Rühle-Gerstel[30], die weniger von einem statischen Modell, einem Typus der »Neuen Frau« ausgingen, sondern die Umbruchsphase, die das Geschlechterverhältnis weiterhin beherrschte, ins Zentrum ihrer Entwürfe stellten. Sie sprachen von den Frauen, die sich aktiv an diesen Veränderungen beteiligten, als »Übergangs-Geschöpfe«.[31] Das war keineswegs teleologisch gemeint als auf ein bestimmbares Ziel gerichtete Transformation, sondern als »conditio sine qua non« eines Umbruchs in Permanenz. So versuchte Elsa Herrmann 1929 die »Frau von vorgestern«, die »Frau von gestern« und die »Frau von heute« zwar typologisch voneinander abzugrenzen, dennoch setzte sie an den Anfang ihres Buches mit dem Titel »So ist die Neue Frau« die Prämisse: »Nie aber gibt es eine vollkommen neue Generation, die vollkommen Neues aus sich heraus schaffen kann. Deshalb trägt jede einzelne Epoche neben ihrem eigenen Stempel auch den verflossener Zeiten«[32], und Alice Rühle-Gerstel sprach drei Jahre später ebenfalls von einer Übergangsposition der »Neuen Frau«, »die noch keine ausgeprägte psychologische und nur eine rare, soziale Erscheinung ist [...], bedroht von hintergründigen Überfällen aus dem Dunkel der bisherigen Weiblichkeit.« In »Bilanz der Weiblichkeit« schrieb sie 1932 weiter: »Heute steht das weibliche Geschlecht an einer Umbruchstelle seiner Entwicklung. Der Übergang von der alten zur neuen Weiblichkeit vollzieht sich nicht geradlinig [...]«[33]

Daß diese Perspektive der ständigen Selbst-Infragestellung eine fundamentale Verunsicherung nicht nur der Männer hervorbrachte, drückt sich in Charakterisierungen der eigenen Existenz als »Fröste der Freiheit« aus, wie Marieluise Fleißer es formulierte.[34] Die inneren Diskrepanzen als »Frauen im Übergang«, die konstitutiv waren für die theoretischen Selbstbestimmungen einiger Autorinnen, entziehen sich grundsätzlich einer Fixierung und dem, was

28 Hedwig Dohm bezeichnete bereits 1876 ihre Frauengeneration als eine sich im »Übergangsstadium von dem Magdtum der Frau zu ihrer Freiwerdung« befindliche. Hedwig Dohm: »Im Schoß der Zukunft ruht das Ideal des Frauentums«. In: Dies.: Den Frauen Natur und Recht, Berlin 1876.

29 Elsa Herrmann: So ist die Neue Frau, Hellerau 1929.

30 Alice Rühle-Gerstel: Die Frau und der Kapitalismus. Eine psychologische Bilanz (1932), Frankfurt am Main 1972.

31 Der Begriff »Übergangs-Geschöpf« fällt bei Hedwig Dohm 1902 im Zusammenhang mit der Veröffentlichung ihres Romans »Christa Ruland«. Dort heißt es weiter: »Wir, die junge Frauengeneration [...] stehen alle noch wie auf einer Brücke; die Brücke ruht nicht auf festgefügten Pfeilern, darum schwankt sie; und sie hat auch kein Geländer und wir schwanken mit. [...] Und am Ende der Brücke ist eine Sphinx. Es ist ein Zwiespalt in uns Werdenden zwischen dem Altererbten und den Neuerrungen [...]. Wir haben noch die Nerven der alten Generation und die Intelligenz und den Willen der Neuen«. Hedwig Dohm: Selbstanzeige des Romans Christa Ruland. In: Die Zukunft, Berlin 3. Mai 1902. Zit. nach: Hedwig Dohm: Erinnerungen und weitere Schriften, Zürich 1980, S. 149/150.

32 Herrmann 1929 (wie Anm. 29), S. 6.

33 Rühle-Gerstel 1932 (wie Anm. 30), S. 408/409.

34 Marieluise Fleißer: Avantgarde (1962). In: Günther Rühle (Hrsg.): Marieluise Fleißer: Gesammelte Werke, Frankfurt/Main 1972, Bd. III, S. 120.

wir als Stereotyp, Phänotyp, als eingefrorene moderne Ikonografie der »Neuen Frau« suchten und fanden. Ein methodisches Ergebnis ist daher, daß, wenn wir den Typus »Neue Frau« in Bezug auf die Konzeptionen der »Frau im Übergang« analysieren, unser Blick frei wird auch für die visuell beobachtbaren Brüche in den Schablonen der »Neuen Frau«.

Diese methodische Erweiterung machte auch eine zeitliche, mediale und geografische Dezentralisierung unserer Untersuchungen möglich.

Sie führt zur Einbeziehung der Präfigurationen der »Neuen Frau« in der Vorkriegsszeit bis zu den beginnenden Zwanziger Jahren (A. Dorgerloh) und ihrer späteren Modifikationen in den Dreißiger Jahren (A. Lammert). Dabei ergeben sich interessante Beobachtungen: Waren ältere Weiblichkeitsmuster wie etwa die Femme fatale über die großbürgerliche Figur der mondänen Dame bereits in den frühen Zwanziger Jahren teilweise in die Typologie der »Neuen Frau« aufgenommen worden, so gab es erst zu Beginn der Dreißiger Jahre massive Versuche, bildliche Formen des Mütterlichen mit dem Typus »Neue Frau« in Deckung zu bringen.

Die Erweiterung der mediale Perspektive bringt darüberhinaus das Bildspektrum der Illustrierten (A. Dorgerloh), der Fotografie (S. Leßmann), des Films (K. Sykora) und der Revue (K. Beuth) ins Blickfeld, deren Präsentationsformen uns durch narrative und kommentierende Elemente vertiefende Auskünfte über die Kontextualisierung der »Neuen Frau« geben können.

Und schließlich schweift der Blick über die deutschen Grenzen hinaus, insbesondere nach Sowjetrußland (R. Dehnel, A. Raev) und in die USA (K. Beuth), Länder, auf die viele Menschen in der Weimarer Republik mit Faszination blickten, weil man annahm, dort habe sich ein Teil der »Neuen Lebensformen« der Moderne bereits verwirklicht.

Die junge Sowjetunion galt auch für viele Künstler und Künstlerinnen der Weimarer Republik als gesellschaftspolitisches Experiment, innerhalb dessen die Revolutionierung von Kunst und Leben gleichermaßen möglich schien. Die Situation zu Beginn der Zwanziger Jahre, als die künstlerischen Arbeits- und Lebensgemeinschaften sich von einer gegen die Werte der zaristischen Gesellschaft gerichteten Bohème zum Mikrokosmos einer klassenlosen Gesellschaft wandelten, in dem der »neue Mensch« mitgestaltet werden sollte, ist für die Autorinnen des vorliegenden Bandes entscheidend. Hier setzen ihre Fragen nach dem Modellcharakter der sowjetischen Künstlerin als »Neuer Frau« an.

Konkret geht es ihnen dabei zunächst um Untersuchungen zur Stellung der Künstlerinnen und ihrer Œuvres im Kontext der Avantgardegruppierungen und speziell um die Lebens- und Arbeitsgemeinschaften der Künstlerpartnerschaft oder Künstlerehe. Erstaunlich häufig nämlich fanden sich Paare wie Natal'ja Gončarova und Michail Larionov, Elena Guro und Michail Matjuschin, Varvara Stepanova und Alexander Rodčenko, Ol'ga Rozanova und Alexej Krutschenych zusammen und fügten sich als solche in den größeren Kreis der Avantgardegruppen ein. Den nun vorliegenden Quellen nach zu urteilen, haben die Künstlerinnen diese primäre partnerschaftliche Beziehung vorwiegend als inspirierend empfunden (R. Dehnel). Dabei schätzten sie sowohl den Austausch von Ideen und die gegenseitige Unterstützung als auch die immer wieder für die eigene Kreativität notwendige Getrenntheit und Ungebundenheit von ihren Partnern. Aussagen wie von Elena Guro »Wie glücklich ich bin, daß ich einen Freund habe, der mich nicht beim ernsthaften Arbeiten stört, sondern mir im Gegenteil dabei hilft«[35] scheinen dies zu bestätigen. Hier eröffnen sich Fragen nach dem Verhältnis der Mikrostruktur einer Künstlerpartnerschaft zur Peergruppe der Avantgardegemeinschaften, denen sie sich zuordnete. War die persönliche Bindung an einen männlichen Künstler für die Künstlerinnen ein Vehikel, um in den sonst als männerbündisch bekannten Avantgardegruppen fester Fuß zu fassen, oder gelang hier ein Modell der »Kameradschaftsbeziehung«, das wie im Fall Gončarovas und Larionovs auf der künstlerischen Ebene die Liebesbeziehung bis zum Tod der Künstlerin überdauerte?[36] Die bisher vorliegenden Ergebnisse lassen weitere interessante Ergebnisse über die Relation zwischen Avantgardegruppierungen und junger Sowjetgesellschaft unter dem Blickwinkel der Geschlechterfrage erwarten. Wie verhält sich zum Beispiel die Peer-Gruppe »nach außen«, wenn ihre weiblichen Mitglieder unter geschlechtsspezifischen Gesichtpunkten stigmatisiert werden, wie dies im Falle Gončarovas angesichts eines Pornografieprozesses 1910 geschah, in dem ihr vorgeworfen wurde, sie korrumpiere mit ihren Aktdarstellungen jugendliche Betrachter? Sprechen die heftigen Verteidigungsreden ihrer männlichen Künstlerfreunde, die Gončarovas Kunst »frei von jeglicher erotischer Implikation« sprachen, nur von einer geschlossenen Solidarität »nach außen« und nicht zugleich von einer geschlechtsspezifischen Neu-

35 Regine Dehnel: Frau. Kollegin. Konkurrentin. Künstlerpartnerschaften in der russischen Avantgarde, Vortragsmanuskript der Tagung in Petzow, Sep. 1992, S. 5, vgl. Abdruck in diesem Band.

36 Dehnel (wie Anm. 35), S. 11.

tralisierung nach innen?[37] Die Kategorie der Geschlechtsneutralität, die die russischen Avantgardekünstlerinnen zunächst als »destruktive Befreiung von der Last der alten Geschlechtermythen«[38] empfanden, beanspruchten auch Künstlerinnen am Bauhaus wie Lucia Moholy-Nagy für sich und ihre Arbeiten.[39]

Den Autorinnen des vorliegenden Bandes geht es darum, dieses Konzept der »Übergeschlechtlichkeit« je nach dem historischen und ideologischen Kontext der Avantgardegruppen kritisch zu untersuchen, das heißt seine Chancen aber auch seine Grenzen zu bestimmen.

Erste Ergebnisse zeigen einerseits, daß eine Künstlerin wie Varvara Stepanova speziell in ihren Körperfigurationen eine »eigene Variante des Konstruktivismus« entwickeln konnte (A. Raev). Durch die Verknüpfung expressiver und malerischer mit geometrischen Elementen gestaltete sie einen subtilen Gegenentwurf zur männlichen Allmachtsphantasie einer »vom Himmel gesehenen, suprematistischen, geschlechtslosen Aufsicht auf die Welt.«[40]

Andererseits konnte die Behauptung einer Geschlechterneutralität auch zur »Umgehung der (historisch weiterhin) virulenten Geschlechterproblematik«[41] (A. Baumhoff) und damit zu einer »modernen« Variante alter Beziehungmuster führen, wie sie ein enttäuschter Brief Rozanovas an Krutschenych beschreibt: »Bei irgendwelchen Notaren ist die Büroangestellte zugleich Angestellte und Geliebte. Möglicherweise kann auch ich Deiner Meinung nach diesen beiden Zielen dienen: Geliebte und Illustratorin.«[42]

Im Unterschied zum Modellcharakter der »Neuen Frau«, wie er zumindest ansatzweise in den relativ kleinen Kreisen der europäischen Avantgardegruppierungen zu finden war, liegt der aus Amerika stammenden Variante des Konzepts »Neue Frau« eine ganz andere Struktur zugrunde. Der Einfluß des amerikanischen »Girls« war durch zwei Haupteigenschaften charakterisiert: durch sein massenhaftes Auftreten und durch seine Uniformität. »Die Amerikanerin als Typ hat kontinental gesiegt«, schrieb Fritz Giese 1925 in seinem Buch »Girl-Kultur«: »[...] Es entwickelte sich ein internationaler Frauenstil mit Verschiebung aller soziologischer Differenzierung. Er war echt amerikanisch-uniform, ob er Stenotypistin, Gräfin oder Industriefrau blieb. Der Bubikopf, der bestimmte modische Universalschnitt, die bestimmte modische ›schlanke‹ Linie, der Sportkörper ohne Fett und erotische Fraulichkeit: das war der internationale Frauenstil um 1924.«[43]

37 Vgl. Shane Sharps Untersuchung des Pornografieprozesses gegen Gončarova, Vortrag während des Symposiums »Frauen-Kunst-Revolution«, Frankfurt am Main, 26.-27.3.1992. In: Katharina Sykora: »Als Frauen haben sie gemalt, konstruiert, gekämpft. Als Künstler und Genossen sind sie in die Geschichte eingegangen«. In: kritische berichte 2/1992, S. 127.

38 Viktoria Schmidt-Linsenhoff: Befreiung oder Selbsttäuschung? Konstruktivismus, sexuelle Indifferenz und die »Amazonen der Avantgarde«. Vortrag während des Symposiums »Frauen-Kunst-Revolution«, Frankfurt/Main 1992. In: Sykora 1992 (wie Anm. 37), S. 126.

39 Anja Baumhoff: Frauen und Foto am Bauhaus. Ein modernes Medium im Spannungsfeld von Geschlecht, Kunst und Technik. In: FrauenKunstWissenschaft Heft 14, 1992, S. 41.

40 Andreas Haus: Proletarier aller Länder und Mütterchen Rußland. Zit. nach: Sykora 1992 (wie Anm. 37), S. 126.

41 Baumhoff 1992 (wie Anm. 39).

42 Dehnel 1992 (wie Anm. 35), S. 11.

43 Fritz Giese: Das Girl als Vorbild. In: Ders.: Girl-Kultur, München 1925, S. 139.

Eine der wichtigsten Mittel des kulturellen Transfers dieses amerikanischen Typus' war neben der Mode die »Revue«. Sie stellte durch »das Prinzip der großen Ziffer, der uniformen Tracht und der maschinenmäßigen Reihung«[44] exemplarisch die Struktur des Typus »Neue Frau« in ihrer massenhaften Erscheinungsweise dar. Für die weiblichen Beteiligten der Revue – d.h. für die Darstellerinnen und die Zuschauerinnen gleichermaßen – bedeutete dies etwas grundsätzlich anderes als für die männlichen Betrachter. Für viele Frauen im Publikum wurde das Revue-Girl aus mehrfachen Gründen zum Aufstiegstraum par excellence. Es versprach zum einen den Schritt von der »grauen« Bürotätigkeit in den – wenn auch sehr schlecht bezahlten – Glamour des »Scheinwerferlichts«, wie es eine Fotolegende in der Zeitschrift »Uhu« signalisierte: »Gretel Grow, gestern noch Berliner Sekretärin, heute Revuetänzerin in Hollywood.«[45] Darüberhinaus barg das Modell des Girls das Versprechen, auf der Bühne selbst wiederum »aus der Reihe tanzen« zu können und damit den entscheidenden Sprung vom Rädchen im Getriebe des Massenornaments zum Star zu machen. Daß die Vielzahl der Zuschauerinnen die Revue als Sprungbrett zum individuellen Aufstieg unter dem Motto »Auch Greta Garbo ist einmal Verkäuferin gewesen«[46] mißverstehen konnten, obwohl sie dadurch lediglich mit ihrer Stellung als »Kleiner Angestellten« versöhnt wurden, ist gerade der Gleichförmigkeit der Strukturen auf und vor der Bühne zu verdanken. Denn dadurch, daß dem Massenornament der Revue die ebenso strukturierte Masse der ZuschauerInnen gegenübersaß, kam die Wirkungsmacht des »Girls als Vorbild« (F. Giese) zustande. Siegfried Kracauer beschreibt dies in seinem Aufsatz »Das Ornament der Masse« von 1927: »Mit den Tillergirls hat es begonnen. Diese Produkte der amerikanischen Zerstreuungsfabriken sind keine einzelnen Mädchen mehr, sondern unauflösliche Mädchenkomplexe, deren Bewegungen mathematische Demonstrationen sind. [...] Der Regelmäßigkeit ihrer Muster jubelt die durch die Tribünen gegliederte Menge zu.«[47]

Der Jubel der männlichen Zuschauer wird dabei eine andere Tönung gehabt haben als derjenige der Zuschauerinnen. Angesichts der scheinbar ins Unendliche tendierenden Mengenreihung der nur wenig bekleideten Girls und den entsprechenden Werbestrategien, die mit ihrer Nacktheit kokettierten (K. Beuth), kann man vermuten, daß für viele männliche Zuschauer die Hauptattraktion der Revuen eine erotische war. Zwei Blickstrategien lassen sich hier erah-

44 Giese 1925 (wie Anm. 44).

45 Loreck 1990 (wie Anm. 26) o.S.

46 Irmgard Keun: Gilgi. Eine von uns, München 1989, S. 11.

47 Siegfried Kracauer: Das Ornament der Masse (Frankfurter Zeitung 9./10.Juni 1927). In: Ders.: Das Ornament der Masse. Essays, Frankfurt am Main 1977, S. 50/51.

nen, denen es noch weiter nachzugehen gilt. Zum einen kann man davon ausgehen, daß die Quantität der vorgeführten weiblichen Körper beim männlichen Zuschauer Omnipotenzvorstellungen von deren unendlicher Verfügbarkeit vorspiegeln sollte, die jedoch nicht in Überwältigungsphantasien umschlagen durften. Die Bannung dieser potentiell im weiblichen Massenornament aufgehobenen Bedrohung erfolgte zum einen dadurch, daß mit den fließbandartig perfekten Bewegungen auch das »Funktionieren« des weiblichen Massenornaments mitvermittelt wurde, das so »auf Knopfdruck« als an- aber auch wieder abschaltbar erschien. Zum anderen wurde der erotische Signalwert des individuellen weiblichen Körpers dadurch relativiert, daß er im Bild einer technisch berechenbaren großen Körpermaschine aufgehoben schien: »Die Massenbewegung der Girls [...] steht im Leeren, ein Liniensystem, das nichts erotisches mehr meint, sondern allenfalls den Ort des Erotischen bezeichnet.«[48]

Neben der Revue, die als komplexe Bildgestalt eine exemplarische Vermittlerrolle für die Formierung und den Transport des Mythos »Neue Frau« in den Zwanziger Jahren einnahm, gab es – wie bereits erwähnt – gerade für die Zwischenkriegszeit wichtige, von der klassischen Ikonografie bis dahin jedoch weitgehend unbeachtete Bildmedien, an denen sich mehr über die Kontextualisierung des Typus' ablesen läßt. »Der geschriebene Diskurs, der Sport, aber auch die Photographie, der Film, die Reportage, Schauspiele und Reklame, all das kann Träger der mythischen Aussage sein.«[49]

Die »kleine Form« gilt als genuine ästhetische Prägung der Zwanziger Jahre (A. Lütgens). Ihre literarischen Erscheinungsweisen waren das Feuilleton, der Essay, die Kurzprosa, denen als bildästhetische Entsprechung die zeichnerische und malerische Skizze zur Seite trat. Die literarische und die bildnerische »kleine Form« tauchen beide vornehmlich im Medium der »Illustrierten Zeitschrift« auf. Der journalistische Kurztext und die Illustriertenskizze wiederum sind Resultate einer spezifischen Wahrnehmung: der Großstadtwahrnehmung. Die Metropole der Moderne mit ihrer neuen Unübersichtlichkeit und dem ungewohnten Tempo zwang den Passanten und Passantinnen die Fragmentierung des Blicks auf. Sie brachte aber auch jene literarische und visuelle Umsetzung der schnellen Apercus hervor, derer sich Schriftstellerinnen wie Mascha Kaléko, Dinah Nelken, Erika Mann und Künstlerinnen wie Jeanne Mammen oder Elfriede Lohse-Wächtler annahmen. Gerade in den

48 Kracauer 1927 (wie Anm. 47), S. 52.

49 Barthes 1964 (wie Anm. 8), S. 86.

für ihre Zeit repräsentativen Text- und Bildfindungen der »kleinen Form« läßt sich ablesen, wie Künstlerinnen einerseits die »Metropole als Chance, als einen Bewegungsraum [...] entdecken, der mit Mut und Lust durchschritten werden kann«[50], und wie die Großstadt anderen zum Ort ihres Scheiterns wird, zur »Weltstadt, Abgrund neben Abgrund.«[51]

Den männlichen Passanten eröffnet sich die moderne Metropole aufgrund der langen Geschichte männlicher Flanerie als andersartige, vielschichtige Projektionsfläche, sei es als alte Faszinationsmetapher der »Hure Babylon«, sei es als Paradigma moderner Gleichzeitigkeit: als »Girl im Pullover«.[52] Die Thematisierung der »Straße« in der Kunst des Nachkriegsexpressionismus und Verismus und in seinen kinematografischen Pendants der Straßenfilme, nimmt einen wichtigen Stellenwert in der Neusituierung der Geschlechter im modernen sozialen Kaleidoskop der Großstadt ein (K. Sykora). Nehmen sich die »Neuen Frauen« das gleiche Recht wie die männlichen Flaneure und treten im öffentlichen Bereich der Straße und ihrem halböffentlichen Annex, den Cafés und Bars, auf, und bevölkern sie sie zudem noch während der berühmten »Großstadtnacht«, werden sie dem lauernden Laster und der Verderbnis der Demi-Monde zugeordnet. Das Haus – sei es die »Hintertreppe« des proletarisierten Kleinbürgertums oder die »sichere« Wohnung des Mittelstandes – wird dagegen als moralisierende Alternative zum »Schritt vom Wege«, der immer ein Schritt auf die Straße ist, ausgewiesen.

Doch für die moderne Metropole ließen sich diese klaren Kategorien von »Innen« und »Außen« nicht mehr durchgängig aufrecht erhalten. »Die Straße dringt in das Haus« lautete bereits 1911 ein Bildtitel Umberto Boccionis, und so geraten auch die klaren Weiblichkeits-Zuordnungen ins Wanken. Der männliche taxierende Blick verliert seine Deutungsmacht, wenn er z.B. die »Neuen Frauen« in der großstädtischen Öffentlichkeit als »öffentliche Frauen«, d.h. als Prostituierte mißinterpretiert – eine Einschätzung, mit der sich zahlreiche Passantinnen, die auf den Berliner Straßen lustwandelten, konfrontiert sahen. Diese Destabilisierung des männlichen Blicks auf die als weiblich konnotierte Großstadt und auf die sich in ihr bewegenden »Neuen Frauen« wird zum Teil in malerischen und filmischen Großstadtbildern auch ästhetisch als Zerstörung einer eindeutigen Perspektivierung reflektiert. Daß diese Verunsicherung, diese Aufkündigung des Ein-Deutigen am

50 Barbara Naumann: »Hergefegt vor einem unwirtlichen Wind«. In: Sigrun Anselm/Barbara Beck (Hrsg.): Triumph und Scheitern in der Metropole. Zur Rolle der Weiblichkeit in der Geschichte Berlins, Berlin 1987, S. 159.

51 Fleißer 1962 (wie Anm. 34), S. 123.

52 Harold Nicolson: The Charm of Berlin. In: Der Querschnitt, Mai 1929.

großstädtischen Phänotyp der »Neuen Frau« thematisiert wird, läßt gerade auf dessen Beweglichkeit und eine real noch existente Variabilität innerhalb des Typus schließen.

Die Irritation, die die Uneindeutigkeit der Weiblichkeitscodes hervorrief, beruhte auf der Vielfalt der Lebensentwürfe, die alle derselben Typologie der »Neuen Frau« zugeordnet wurden. Künstler wie Karl Hubbuch (B. Götz) und Künstlerinnen wie Marta Astfalck-Vietz (S. Leßmann), die in ihren modernen Weiblichkeitsbildern das Spektrum der Rollenmöglichkeiten, das der »Neuen Frau« zuerkannt wurde, aufzufächern versuchten, sahen sich gleichzeitig mit den zunehmend fixierten Bildprägungen der »Neuen Frau« konfrontiert. Dadurch waren sie einem bildnerischen Dilemma ausgesetzt, das den Kern der Konstruktion »Neue Frau« selbst traf. Durch deren verengte Typisierung, die gleichwohl als Zeichen für Modernität stand, wurden nämlich auch die »Spielräume« immer enger, innerhalb derer sich ein modernes weibliches Rollenspektrum leben und darstellen ließ.

Die Fotografien Marta Astfalck-Vietz' stellen sich dieser Herausforderung durch ihre bewußt zwischen Sich-Zeigen und Sich-Verweigern changierenden Selbstinszenierungen. In ihren unterschiedlichen Verkleidungen verweigert die Künstlerin die eindeutige Identifizierung (S. Leßmann). Authentizität liegt in jeder Facette der Selbstinszenierung. Die Verkleidungen, die Masken verweisen nicht mehr auf eine dahinterliegende Substanz, sondern beziehen ihre Authentizität gerade aus der Bewegung, aus dem Wandel: »Maske ist Geheimnis und Prophezeiung einer Person, die im Ver/Wechselspiel sich selbst sucht; eine Person, die wandelbar ist in der Verwandlung, sich immer neu verdichtet, viele Personen, doch keine faßbare Persönlichkeit.«[53]

Auch Karl Hubbuch scheint in dem Vierfach-Porträt seiner Frau Hilde Isai von 1929 (B. Götz) der porträtierten Künstlerin die Attribute der »Neuen Frau« wie eine modisch variierbare Hülle angezogen zu haben. Die Ambivalenz von Maske und »Authentizität«, wie sie der Konstruktion der »Neuen Frau« strukturell zueigen ist, wird in seinem Bild deutlich. Gerade durch die ausgeprägte Physiognomie und eigenwillige Körpersprache Hilde Isais tritt nämlich die dialektische Verknüpfung von Individualität und Typus besonders hervor. Erst die fast karikierende Betonung der individuellen Züge läßt die Zeichen der »Neuen Frau« wie eine »zweite Haut«, d.h. äußerlich und auswechselbar erscheinen. Umgekehrt verleiht

53 Leo Navratil: Schizophrenie und Kunst, München 1965, S. 107; vgl. Sabina Leßmann: »Weiblichkeit ist Maskerade« in diesem Band.

Hilde Isai dem Typus durch ihre Verkörperung Lebendigkeit und legitimiert seine Gültigkeit durch ihre persönliche »Variation zum Thema«. Karl Hubbuch hat sie somit als perfekte Figuration des Mythos »Neue Frau« wiedergegeben und damit den Mythos ein weiteres Mal fortgeschrieben.

Der Text basiert auf der gemeinsamen Tagungskonzeption und weiterführenden Diskussionen von Annette Dorgerloh, Doris Noell-Rumpeltes, Ada Raev und Katharina Sykora. Für die Bereitstellung schriftlichen Quellenmaterials danke ich Irene Below/Bielefeld und Barbara Determann/Frankfurt am Main.

Katharina Sykora

Annette Dorgerloh

»SIE WOLLEN WOHL IDEALE KLAUEN...?«

Präfigurationen zu den Bildprägungen der »Neuen Frau«

»Noch zu keiner Zeit war der Schrei nach der Erlöserin Weib ... so allgemein wie heute.« Und gehen erst »beide Geschlechter Hand in Hand im Streben nach den Idealen des Neulandes, so könnte langsam das goldene Zeitalter anbrechen, das wir erhoffen und von der Höherentwicklung erwarten«[1], schrieb 1924 die Ärztin Emanuele Meyer.

Wie sie richteten viele desorientierte und zutiefst verunsicherte Bildungsbürger im Nachkriegsdeutschland ihre Hoffnung auf die Ausprägung neuer, zeitgemäßer Ideale. Das Kaiserreich mit seinen gerüsteten Helden war auf den Schlachtfeldern untergegangen, und mit den alten Institutionen hatten auch deren Symbole ihre Kraft eingebüßt. Angesichts der Schmach der besiegten Krieger und der entthronten Autoritäten vermochten die alten Bilder männlicher Macht für eine begrenzte Zeit nicht mehr integrierend zu wirken.

Als die einstmals so gut gerüsteten Männer aus dem Weltkrieg wiederkamen[2], waren sie geschlagen und verwundet, physisch wie psychisch. So zeigen Karikaturen des »Simplizissimus« aus dem Winter 1918/19 mehrfach alte Männer, die gebeugt und ohne Hoffnung heimkommen. »Abschied« lautet mehrdeutig der Titel einer Zeichnung aus dem Simplizissimus vom Dezember 1918 (Heft 38). Gezeigt wird vor der Kulisse Straßburgs ein kraftlos und resigniert davonreitender gepanzerter Mann, der eher an Don Quichotte als an einen Kriegshelden erinnert. »Nackt ins neue Jahr« – so ist die Titelzeichnung der letzten Dezemberausgabe des Simplizissimus 1918 überschrieben (Abb. 1). Der Krieg hat die jungen Helden in alte Männer verwandelt, denen nichts mehr geblieben ist. Die der Jahreszeit angemessene trostlose Winterlandschaft ist zudem als ein Symbol des Todes zu lesen.

Das Titelblatt der Neujahrsnummer 1919 (Abb. 2) setzte eine Allegorie des Neuanfangs dagegen: Die »Hoffnung« ist eine junge Frau, auf einer Wiese liegend, die gleich der sie umgebenden Natur nach langem Winterschlaf erwacht. Es ist nicht die starke, heroische Gestalt der alten Frauenallegorien; knabenhaft schlank und in ihrer

1 Emanuele Meyer: Das Weib als Persönlichkeit, Zürich und Leipzig 1924, S. 119.

2 Sofern sie überhaupt wiederkamen: der ›Frauenüberschuß‹ erreichte in Deutschland nach dem Krieg einen Stand von 2,5 Mio.

1 Th. Th. Heine: Nackt ins neue Jahr. Titelblatt des »Simplizissimus«, 23. Jg., H. 40/1918

reinen Natur ohne Vergangenheit ersteht hier der Entwurf einer gewandelten Germania. Alle heroische Wehrhaftigkeit[3] ist getilgt, und, legitimiert durch den ewigen Kreislauf der Natur, vermag sich die Hoffnung jungfräulich zu perpetuieren. Mit dieser Figur wurde an ein seit der Romantik präsentes Sehnsuchtsmotiv angeknüpft, das insbesondere im Jugendstil in Verbindung mit der Femme fragile weit verbreitet war. Das Bild einer ›neuen Frau‹, unbefleckt und gleichsam eine säkularisierte Madonna, sollte zu einer starken Hoffnungsträgerin werden und Sinnbild der neuen Zeit sein. Vor dem

3 Vgl. z.B. das Gemälde »Germania 1914« von Friedrich August Kaulbach (Berlin, Deutsches Historisches Museum).

4 »Die gefolterte Germania«, Zeichnung im Simplizissimus, H. 45/1919.

Erwartungshorizont der unmittelbaren Nachkriegszeit vermochte die weibliche Allegorie in dieser Gestalt als ›unverbrauchte‹ Utopie versöhnlich zu wirken. Sowohl die Hoffnung auf Erneuerung als auch Schmerz und Trauer wurden wieder einmal auf weibliche allegorische Figuren geworfen. Denn während noch »Germania am Pranger« steht[4] und damit als Allegorie stellvertretend von der Rolle des Aggressors in die Opferrolle geschoben wird, ist der Kriegsgott schon dabei, zu verdrängen: »Mars bügelt sein Zivil«, so eine Zeichnung von H. Kley im Simplizissimus, Heft 39/1918, und geht zur Tagesordnung über.

Kriegsbedingt hatte sich jedoch in der ›Heimat‹ für die Frauen inzwischen vieles verändert. Das lernte auch der Landsturmmann auf Urlaub »Daheim bei Muttern«. Die Karikatur von Olof Gul-

2 E. Schillung: Hoffnung. Titelblatt des »Simplizissimus«, 24. Jg., H. 1/1919

bransson (Simplizissimus Januar 1916) zeigt einen Soldaten, der einer die Komposition beherrschenden Straßenbahnschaffnerin hinterhertrottet: »Der Landsturmmann Josef Hiendlmayer muß seinen ganzen Urlaub auf der Trambahn zubringen, weil seine Frau dort Schaffnerin geworden ist«, erklärt die Bildzuschrift. Die Karikatur reflektiert sowohl die konkrete Situation der Kriegszeit im ›Hinterland‹, greift aber weiter darüber hinaus auf die veränderte soziale Stellung vieler Frauen, indem sie auch deren dadurch gewonnenes Selbstbewußtsein vorführt. Die Berufstätigkeit der Frau bewirkte, zusammen mit der tiefgreifenden Nachkriegsernüchterung, die entscheidende Erweiterung der Lebens- und Erfahrungsräume von Frauen. »Beruf ist mehr als Arbeit. ... die Berufsarbeit ist eine soziale Funktion und zugleich eine kulturelle. ... Frauenarbeit hat es zu allen Zeiten der Geschichte gegeben, nicht aber Frauenberufsarbeit«[5] schrieb Otto August Ehlers Ende der Zwanziger Jahre.[6] »Denn je höher der Wert der weiblichen Berufsarbeit veranschlagt wird, desto tiefer ist nach psychologischem Gesetz die eigne Befriedigung und die Erfüllung durch eben diese Arbeit.«[7]

Diese verstärkte Selbständigkeit und Mündigkeit – gesetzlich verankert in der Weimarer Republik – war nicht zuletzt auch ein Erfolg der älteren Frauenbewegungen und zeigte sich in einer quantitativ wie qualitativ neuartigen Präsenz von Frauen in der Öffentlichkeit.

Die Malerin Sabine Lepsius (1864-1942) reflektierte 1920 ihre Nachkriegserfahrungen: »Muß man denn als Individuum zugrunde gehen, weil Deutschland stürzt? ... Es stürzt doch nicht Deutschland allein, sondern ganz Europa, und das ist schön und herrlich, denn es befreit sich eine geknechtete Kaste, und sobald die Befreiung sich vollzogen haben wird, geht das Leben gebessert voran.«[8]

Doch nicht Frauen ihrer Generation, sondern der ihrer Töchter waren die entscheidenden Protagonistinnen der Zwanziger Jahre. Für die bürgerlichen Frauen, aber auch für die neue Schicht der weiblichen Angestellten, der Ladenmädchen und Stenotypistinnen brachte die Erweiterung der Bewegungsradien in den Großstädten neue Chancen und Möglichkeiten. Schwer erkämpfte Positionen wie das Frauenwahlrecht fanden sie bereits vor, und frei von jenem ihre Müttergeneration charakterisierenden moralischen Legitimationsdruck lebten und prägten sie eine neuartige Freizeitkultur aus.

»Umsonst war Vater nicht Trompeter bei den Garde-Dragonern«, sagt das Bubikopf-Jungmädchen und schneidet keck den ro-

5 Statistisch: 1907 – rund 8 1/2 Mio. erwerbstätiger Frauen, 1925 – rund 11 1/5 Mio. (gegenüber etwa 12 Mio. Hausfrauen). Von diesen war die knappe Hälfte verheiratet lt. Zählung, ca. 1 Mio. verwitwet und geschieden. Aufschlußreich sind die Arbeitsbereiche der berufstätigen Frauen: 43,6 % Landarbeit, Industrie und Handwerk: 28,6 %; Handel, Verkehr, Gastronomie: 12,9 %; häusliche Dienste: 10,3 %; Gesundheitswesen: 2,4 %; Verwaltung und Unterricht: 2,2 % (nach Ehlers wie Anm. 6).

6 Otto August Ehlers: Berufe der Frauen. In: Westermanns Monatshefte, H. 884 (74. Jg.), April 1930, S. 153.

7 Ehlers 1930 (wie Anm. 5), S. 156.

8 Sabine Lepsius: Brief an Reinhold Lepsius. Ostersonntag 1920. Deutsches Literaturarchiv Marbach, Teilnachlaß Lepsius. A: Lepsius. 66. 1539.

„Umsonst war Vater nicht Trompeter bei den Garde-Dragonern!"

3 H. Abeking: Praktische Uniformverwertung. Karikatur aus »Lachen links«, 3. Jg., Nr. 3 (Januar 1926)

ten Haarbusch des väterlichen Prunkhelms ab, da er eine rasante Kurzhaarperücke ergibt (Abb. 3). »Praktische Uniformverwertung« unterschrieb Heinrich Abeking seine Karikatur.[9] Die junge Frau trägt bereits als modische Attribute kurzen Rock und Bubikopf. Mit der flammend roten Perücke käme noch eine mondäne Note hinzu, eine für das junge Mädchen offenbar attraktive Variationsmöglichkeit. Beides sind Bestandteile des Phänotyps »Neue Frau«, die, nicht nur im Bereich der Karikatur, in den Medien der Zwanziger Jahre thematisiert wurde. Insbesondere stand das junge Mädchen, die junge Frau in einem bislang unbekannten Maß im Zentrum öffentlichen Interesses.

In dem jungen Mädchen sah man jetzt nicht mehr nur »das Weib im Kleinen«. Die Jungmädchenzeit wurde als eine eigenständige Lebensphase mit spezifischerem Wertesystem anerkannt. Eine entscheidende Rolle spielte hierbei die Berufstätigkeit. Zu dem »anmutigen Geist« junger Mädchen der Vorkriegszeit war nun der »ernste Sinn« hinzugekommen, der »seinen Teil sucht und will am Ernst der Welt.«[10] Der durch Berufsarbeit gewonnenen Selbständigkeit kam hierbei größte Bedeutung zu.

Das Ideal eines gutbürgerlichen jungen Mädchens um die Mitte der Zwanziger Jahre besaß nach Ilse Reicke folgende Aspekte: »ein durchgebildeter, gesunder Körper, häusliche Tätigkeit, Beschäftigung mit Dichtung, Musik und Kunst, endlich das Hineinwachsen in die vier großen Probleme der Weltanschauung, des Frauentums, des sozialen Lebens, des Vaterlandes: das alles erwartet heute die Welt von ihr. Das praktische Leben aber fordert dann über kurz oder lang von ihr auch die Ausbildung für einen Beruf.«[11] Sie ist

9 In: Lachen links. 3. Jg. Nr. 3 (Januar 1926).

10 Ilse Reicke: Das junge Mädchen. Ein Buch der Lebensgestaltung. Berlin 1928 (10. völlig veränderte Auflage), S. 31.

11 Reicke 1928 (wie Anm 10), S. 34.

sich sicher, daß der Trend zur weiblichen Berufstätigkeit nicht nur eine Folge der »deutschen Verarmung« sei, »der Zug zum Beruf kommt vor allem aus einem neuen Kulturideal! Und das heißt: die selbständig denkende Frau, das selbständig werdende junge Mädchen!«[12]

Höchst aufschlußreich sind ihre Ausführungen zur Berufswahl von Abiturientinnen vor und nach dem Weltkrieg: »An demselben Berliner Gymnasium studierten 1911 von 22 Abiturientinnen elf Medizin, im Jahr 1921 aber wandte sich die Hälfte der Nationalökonomie zu, und Ostern 1923 gingen überhaupt nur noch vier von 18 Schülerinnen zur Universität – die anderen gingen ›tippen‹.«[13] Die gewiß nur bedingt repräsentative Statistik verweist jedoch mit ihrer Schwerpunktverlagerung auf einen Wertewandel auch in den bürgerlichen Schichten.

Diese Entwicklungen wurden in den Bildmedien der Zwanziger Jahre nicht nur widergespiegelt, sondern von diesen auch mit ausgeprägt. Es ist hierbei möglichst genau zu unterscheiden zwischen Idealbildern und Realität. Das Geflecht der Zuschreibungen und der von den Frauen selbst entwickelten Entwürfe wirkte sowohl auf den Alltag als auch auf die Fiktionen und Phantasien, so daß das Bild einer »neuen Frau« oftmals widersprüchliche Projektionen und Funktionen vereinigte. Das Phänomen Neue Frau der Zwanziger Jahre wurzelt in Entwicklungen, die bereits vor 1900 diskutiert wurden bzw. bildliche Gestaltung fanden.

Ich möchte im folgenden zwei Aspekte dieser Vorgeschichte herausgreifen; zwei Bereiche, die für die Konstituierung des Bildes der Neuen Frau von entscheidender Bedeutung waren. Das sind zum einen Darstellungen der gefährlich starken Frau, der Femme fatale, die vor den Hintergrund der normativen Frauenbildnisse gestellt werden. Wie sich die tatsächlichen Räume der Frauen seit der Jahrhundertwende erweiterten, soll zum andern eine Betrachtung von Zimmer und Straße verdeutlichen, unter besonderer Berücksichtigung des Sports, vor allem des Reitens und Fahrradfahrens.

Femme fatale – das Bild der bedrohlich aktiven Frau

Das, was in den disziplinierten und kodifizierten repräsentativen Porträts nicht so deutlich sichtbar wurde, Anzeichen eines Wandels des Frauenbildes, ein Aufweichen festgefügter Rollenbilder, brach

12 Reicke 1928 (wie Anm 10), S. 245.

13 Reicke 1928 (wie Anm 10), S. 249.

sich bereits seit der Jahrhundertwende vor allem im Bereich der Karikatur, jenem »nervösen Auffangorgan« (Aby Warburg), aber auch im Plakat und Buchschmuck, Bahn.

So entwarf Hoffmann v. Vestenhoff in seiner Buchgrafik für die Zeitschrift »Jugend« 1898 Mann und Frau in Pendantbildern in antiker Gewandung als »Die Verbündeten«. Dennoch fällt die offensive Geste der amazonenhaften Frau auf – im Gegensatz zu dem ausgesprochen defensiven Mann, der sich mit dem Schild zu schützen sucht. Die aufreizende und gefährliche Femme fatale, die zahlreichen Salomes, Judiths und Undinen der Jahrhundertwende waren ein Ausdruck angst- wie lustauslösender Männerphantasien – mit realem Kern. Die Titelblätter und Karikaturen der »Jugend« präsentierten seit der Jahrhundertwende immer wieder ironisierte Bilder der aktiven und potentiell mächtigen Frau, wenngleich ihre Macht zunächst nur auf dem irrationalen Gebiet der Gefühle sichtbar wurde. Gefährlich, jung und wissend spielte sie mit dem Mann und seiner Liebe bzw. seiner Lust. So z.B. bei Ludwig Zumbuschs Titelblatt der »Jugend«, Heft 23/1898: Zwei junge Mädchen werfen nach dem Vorbild Goyas auf einem Tuch ein altes Männchen mit Oberlehrerhabitus wie einen Harlekin in die Luft in tänzerisch-bewegter, übermütiger Geste – eine Vorwegnahme des »Blauen Engels«, jener Filmikone nach Heinrich Manns Roman »Professor Unrat« von 1905.

Bedrohlich blieb vor allem auch das Wasser, dieses die Männer lockende, aber doch fremd und gefährlich bleibende Element, traditionelles Sinnbild weiblicher Sexualität. Die unheimlichen Wasser-Frauen suchen nicht nur gestandene Eisläufer hinabzuziehen; als »Schlinggewächse« bringen sie bereits den kleinen Jungen Verderben[14] (Abb. 4).

Quantitativ überwogen die Frauen-Entwürfe männlicher Künstler bei weitem jene von Künstlerinnen. Aber auch hier gab es neue Züge, wie es der »Jugend«-Titel mit der selbstbewußt lachenden Frau mit keckem Hütchen von Julie Wolfthorn Heft 25/1898 sichtbar machte. Das »Wunder weiblicher Kraft« – so der Titel eines Zirkusplakates von 1910, das eine männerstemmende Frau zeigt[15], – weckte Ängste; eine Entwicklung, die mit einer zunehmenden Panzerung des Mannes korrespondierte.

Die auffallend häufige Darstellung des gerüsteten Mannes um und nach 1900 erscheint symptomatisch, sowohl im Zusammenhang mit der deutschen Aufrüstung vor dem Krieg, aber auch als Aus-

14 Vgl. R. M. Eichler: Schlinggewächse. »Jugend«, H. 34/1898.

15 Les Leandros (Gertrud und Karl Rechenbach), Kraftakrobatik. documenta artistica / Märkisches Museum, Berlin.

4 R. M. Eichler: Schlinggewächse. In: »Jugend«, Nr. 34/1898

druck des sich wandelnden Geschlechterverhältnisses. Das Schild des Mannes wurde zur Rüstung, zum Körperpanzer. Im Weltkrieg glaubten die soldatischen Männer mit ihrer Kriegstechnik über die Macht der Femme fatale, personifiziert in der Nixe, zu triumphieren: Eine Karikatur von Karl Arnold im Simplizissimus (Heft 2/ 1915) zeigt unter dem Titel »O diese Barbaren« einen Wassermann, der die Nixen warnt: »Kinder bleibt unten – ich habe in der Times gelesen, daß die Besatzung eines deutschen U-Bootes eine Seejungfrau vergewaltigt hat!«

Derartige vom Nationalismus gespeiste männliche Machtphantasien erwiesen sich jedoch zunehmend als untragbar. Der symbolischen Erniedrigung der gefährlichen Femme fatale folgte nach Kriegsende eine Versachlichung auch des männlichen Blicks auf die Frau.

5 Autoreklame – der Wagen der Selbstfahrerin. In: Die Kunst für Alle, H. 8/1927

Die beunruhigende Sinnlichkeit der Frau wurde auch dann herangezogen, wenn es galt, neue, noch unheimliche Phänomene zu verbildlichen, wie es das Auto in seiner Frühzeit war. In einem Plakatentwurf für Auto-Aktien von A. Gallen-Kallela 1907 »Bil-Bol«[16] wird der männliche Fahrer im Geschwindigkeitsrausch, der als Hexenritt gedeutet wird, von der mänadenhaften nackten Frau neben ihm geradezu bedroht. Die noch fremde Wahrnehmung hoher selbstbestimmter Geschwindigkeit war offenbar nur über den Körper der Frau, des andern Geschlechtes, faßbar.

Zwanzig Jahre später hatte sich auch dieser Technikbereich völlig versachlicht. Die Frau ist, wie im Beispiel der gleichnamigen Werbeanzeige, längst zur ›Selbstfahrerin‹ geworden, wenngleich der massige Mann – kompositorisches Gegengewicht zum Auto – seinen Fuß besitzergreifend und den Anspruch auf Dominanz signalisierend auf die Karosse setzt (Abb. 5).

Ort der Bilder – Ort der Frauen: Haus und Straße

Noch zu Beginn des Jahrhunderts konnte von einer selbstverständlichen Präsenz der Frau ohne Begleitung im öffentlichen Stadtraum keine Rede sein. In der Schrift »Der gesellschaftliche Verkehr« (1906) stellte der Kunstkritiker Oscar Bie denn auch fest: »Die Geschlossenheit des Zimmers, des Saales, der Terasse oder des Gartenplatzes, alle privaten Zirkel mit begrenzter Gesellschaftsklasse, mit Angehörigen einer Gemeinschaft, mit gemeinsamen Interessen,

16 Lithographie. Gallen-Kallela, Museum Suomi, Finnland.

oder noch besser mit gemeinschaftlicher Interesselosigkeit bilden die feineren Bewegungskünste aus; Künste delikatester Körperrhythmik auf einem zierlichen Felde. Hier ist die Domäne der Frau.«[17] Die Begriffe ›Zimmer‹ und ›Straße‹ werden in Bies Text zu Sinnbildern der Geschlechter. Die männlich konnotierte Straße charakterisiert er als »ehrlich und unmittelbar, bei aller Lebhaftigkeit doch ernst und still.« Das Zimmer hingegen als ihr Antipode erscheint »mittelbarer, paradoxer, reicher an jenen zivilisierten Lügen, die die Kunst mehr befruchten als die zweckvolle Wahrheit.«

Für das Haus, den Innenraum galt ein anderes Zeitmaß als für die Straße. So wunderte sich auch Emil Rocco, daß »für die Damen die Zeit ein weit dehnbarerer Begriff ist als für Männer.«[18] In dieser Polarisierung sah Bie eine Kontinuität, die seit der Renaissance Gültigkeit hatte. Das sollte sich jedoch mit der Entwicklung hin zur Moderne wandeln.[19] War der private Bereich des bürgerlichen Hauses noch eindeutig hierarchisiert bzw. geschlechtsspezifisch strukturiert, so bot doch die Straße vielfältige Möglichkeiten der Selbstdarstellung; Zeichensysteme, die zu ›lesen‹ infolge ihrer Mehrdeutigkeit komplizierter wurde.

Noch um 1900 glaubte Emil Rocco, Autor eines Anstandsbuches, daß das Verhalten eines Menschen auf der Straße dem Beobachter einen sicheren Anhalt zu dessen Beurteilung gibt. War es schon für einen Mann wichtig, sich normgerecht zu bewegen, so hatte ein junges Mädchen »noch viel mehr darauf zu achten, daß sie nicht durch ein unangemessenes Benehmen auffalle. Eiliges Gehen, Sichumsehen nach Vorübergehenden, öfteres Stehenbleiben, lautes Sprechen und Lachen und ähnliche Unarten lassen auf einen Defekt in der gesellschaftlichen Bildung schließen. Bei jungen Herren urteilt man in dieser Beziehung ja weniger streng...«[20] Als besonders unpassend, ja geradezu gefährlich für eine Frau galten Menschenaufläufe auf der Straße: »Bist du durch einen unglücklichen Zufall in einen solchen Menschenknäuel geraten, so suche dich in ein nahes Haus zu flüchten oder sprich den Ersten, dem du Vertrauen schenken zu können glaubst, um Schutz an; selbst ein minder Zartfühlender würde dir schwerlich seine Hilfe versagen.«[21] Bei öffentlichen Aufzügen, Illuminationen etc. sollten Damen überhaupt nur Zuschauer sein, so wie junge Mädchen bei einbrechender Dunkelheit das Haus grundsätzlich nicht mehr zu verlassen hatten. Eine Frau allein auf der Straße wirkte geradezu ungehörig.[22] Als Verhaltensmaßregel empfahl Emil Rocco auch in einer solchen Situation ein »un-

17 Oskar Bie: Der gesellschaftliche Verkehr, Berlin 1906, S. 8-10.

18 Emil Rocco: Vom Umgang in und mit der Gesellschaft, Halle/Saale 1898, S. 290.

19 Zunehmend wird die Straße, die Stadt, vom männlichen Flaneur als weiblicher Körper rezipiert. Vgl. die Beiträge von A. Lütgens und K. Sykora.

20 Rocco 1898 (wie Anm. 18), S. 273.

21 Rocco 1898 (wie Anm. 18), S. 278.

22 Das wurde allenfalls »im Notfall und bei kurzen Wegen in belebten Straßen, so lange es nicht allzu spät und dunkel ist«, akzeptiert. Rocco 1898 (wie Anm. 18), S. 278.

6 Andere Zeiten – andere Sitten. (Nach: le Rire) In: »Jugend«, Nr. 52/1898

beirrtes Vorwärtsgehen und Vermeiden alles Auffallenden.«[23] Die Präsenz von Frauen ohne männlichen Begleiter auf der Straße war also trotz der Straßenbeleuchtung an das Tageslicht gebunden.

Noch um 1900 konnten die in Pendantbildern einer Karikatur vorgeführten Restaurantszenen (Abb. 6), die eine Umkehrung von Geschlechterrollen in der Öffentlichkeit thematisierten, Erstaunen auslösen.[24] Während früher die Frau den Mann bediente, hatte heute der Kellner die Wünsche der Frau zu erfüllen, die nun selbstverständlich und ohne schützende Begleitung ihren Platz eingenommen hat.

Die Erweiterung weiblicher Räume: »Das trojanische Rad«

Weibliche Porträts nach 1900 zeigen Frauen nur ausnahmsweise im öffentlichen Raum. Das Vorführen von Muße als Ausdruck des erreichten sozialen Status – entscheidender Ausdruckswert der Damenbildnisse – war mit der Geschäftigkeit der Straße und dem damit verbundenen schnellen Wechsel von Eindrücken nicht vereinbar.

Dem Ort der Frau – Haus und Garten – wurde im allgemeinen Verständnis, die Kunstforscher und -kritiker eingeschlossen, auch die Künstlerin mit ihren Werken zugeordnet.[25] So thematisierte auch das Gros der Künstlerinnen nicht die Straße, sondern die umgrenzten, abgeschlossenen Räume der Frau: Interieurs und Gärten.[26] Das sollte sich erst allmählich wandeln; Malerinnen und Gra-

23 Rocco 1898 (wie Anm. 18), S. 278.

24 Übernommen aus »Le Rire«, in: »Jugend«, Nr. 52/1898.

25 Vgl. Emil Waldmann: Das Bildnis im 19. Jahrhundert, Berlin 1921. Künstlerinnen werden allenfalls im Kapitel »Gesellschaftsporträt« erwähnt, d.h. im konventionellen Bereich; der Bereich der Innovationen wurde für ihn nur durch männliche Künstler wie Liebermann abgedeckt.

26 Vgl. Robert L. Herbert: Impressionismus. Paris – Gesellschaft und Kunst, Stuttgart/Zürich 1989 (dt.).

fikerinnen wie Jeanne Mammen oder Ilse Fischer trugen mit ihren Darstellungen von Straßen-, Kneipen- und Revueszenen entscheidend zu einer Erweiterung der Motivfelder von Künstlerinnen bei.

Wie rigide die geschlechtsspezifischen Bewegungsradien noch zur Jahrhundertwende abgegrenzt waren, verdeutlicht das Kapitel ›Reisen‹ in Emil Roccos Handbuch: Es war ausschließlich an die männlichen Leser gerichtet.[27] Alleinreisende Frauen wie die Schriftstellerin und Malerin Marie von Bunsen, die allein in einem Paddelboot die großen deutschen Flüsse abfuhr, waren zum Beginn des Jahrhunderts eine seltene Erscheinung.

Ende der Zwanziger Jahre zeigen die farbigen Illustrationen Lore Simckes zu dem Aufsatz »Natur, Romantik, Technik und Mode«[28] Frauen ganz selbstverständlich allein oder zu zweit beim Camping, bei der Autoreparatur, beim Bergsteigen. Natürlich kommt hierbei der Mode als der jeweiligen Tätigkeit entsprechende angemessene Kleidung eine wichtige Rolle zu. Schon Emil Rocco konnte um 1900 nicht umhin, den dennoch bergsteigenden Damen »kurze Kleider und knappen Anzug«[29] zu empfehlen.

Durch die anwachsende sportliche Betätigung von Frauen und die damit verbundene Entwicklung spezieller Wander- bzw. Sportkleidung hatte sich das Bild der Frau in der Öffentlichkeit seit dem späten 19. Jahrhundert erheblich verändert. Dazu trugen vor allem das Reiten und später das Radfahren bei.

Mit der reitenden Frau verbanden sich immer noch Elemente mythischer Zuschreibungen: die ›Amazone‹ als gefährlich-starke Kämpferin. Neben Darstellungen wie Max Liebermanns Bildnissen seiner Tochter als Reiterin oder Christian Rohlfs (»Amazone«, 1912) zeigt die expressionistisch-futuristische »Reiterphantasie der Dame in Rosa« von Alice Bailly (1913), daß sich zunehmend auch Frauen dieses Themas künstlerisch bemächtigten.[30] Der Berliner Journalist Paul Hildebrandt fühlte sich 1894 bemüßigt, die ›Amazone‹ zu verteidigen: »So erscheint den Fanatikern, welche die verkörperte Sanftmut als höchstes Frauenideal hinstellen, die Sportsdame gleich einer speerwerfenden Brünhild, einer stahlumgürteten Jungfrau von Orleans. Und doch ist das einer jener Trugschlüsse, die durch ein beschränktes Vorurteil herbeigeführt werden.«[31] Er berichtet von »Sportladies par excellence ... denen doch, wenn wir sie im Rahmen ihrer Häuslichkeit sehen, absolut nichts Walkürenhaftes anhaftet. Im Gegenteil! Sie sind in der Gesellschaft charmant, reizend – keine Spur von Emancipation!« Er hoffte noch, »daß sich mit der Passion für

27 Der Autor empfahl ihm eindringlich, möglichst allein zu reisen, da eine feste Reisebegleitung meist hinderlich sei. »Wenn du diese Winke befolgst, lieber junger Freund, [...] dann kannst du überzeugt sein, solches Reisen macht zum gebildeten, zum gewandten Manne!« Rocco 1898 (wie Anm. 18), S. 305.

28 In: Westermanns Monatshefte, 74. Jg., H. 886 (Juni 1930), S. 363-370.

29 Rocco 1898 (wie Anm. 18), S. 289.

30 Vgl. auch Ilse Fischers Gemälde »Mädchen mit Reitgerte« (1927).

31 P. H. (= Paul Hildebrandt): Amazonen. In: Wochen-Berichte für Kunst, Kunsthandel und Kunstgewerbe, hg. von Amsler & Ruthardt. Berlin 1894, S. 253.

32 Die moderne Frau der Jahrhundertwende, so Hildebrandt, »parliert[e] in zwei, drei Sprachen, sie ist über jeden Zola'schen Roman und über jedes Ibsen'sche Drama orientiert, sie singt, geigt, schreibt Feuilletons und macht Gelegenheitsgedichte, sie malt in ihren Musestunden [sic!] ein wenig Aquarell, knüpft Smirnateppiche, stickt Gobelins, sie huldigt dem Sport, versteht ihr Haus zu repräsentieren und trotz alledem ist – die Suppe niemals versalzen und das Filet so köstlich, daß angesichts dieser sprechenden Beweise jede Anklage verstummen muß. Lasse man also der Frau ihr Recht.« Hildebrandt 1894 (wie Anm. 31).

den Reitsport alle Tugenden eines deutschen Weibes wohl vereinen lassen. Die neue Zeit ist eben vielseitig, und das ist einer ihrer größten Vorzüge. ... Lasse man also der Frau ihr Recht.«[32]

War das Reiten in der Stadt vor allem ein Privileg vermögender Damen, so war die Verbreitung des Fahrrads von einer kaum zu überschätzenden Bedeutung für die wachsende Mobilität der Frauen. So berichtete die Malerin Ida Gerhardi 1896 aus Paris an

7 Fahrrad-Werbung um 1900. In: »Jugend« 1898

eine Freundin, sie fahre »viel Velociped, welche Vorstellung Dich beinahe ohnmächtig machen wird und was in Paris jede gesunde Dame und Frau von der höchsten Aristokratie bis in die tiefste Demimonde ausübt und ein unendliches Vergnügen darin findet.« Das Radfahren sei »eine gymnastische Übung, ... die sowohl Körper wie Geist auf das Angenehmste belebt und stählt. Es hat doch sehr viel für sich, mein Herz, sich in Paris zu tummeln und dort zu lernen, was gut, lustig und schön ist.«[33] Die Erfahrung der Metropole Paris, das Erlebnis des Flanierens übte auf die dort weilenden deutschen Künstlerinnen eine große Faszination aus. In einem Brief vom 22. September 1902 schrieb Sabine Lepsius neidvoll an ihren nach Paris gereisten Mann, sich der Zeit ihres Studiums an der Academie Julien erinnernd: »Mein Paris – der Zauber der Straßen, der Menschen – wie beneidenswert, einen ästhetischen Straßeneindruck zu haben!«[34]

Auch in Deutschland bemühten sich Frauen nach dem Vorbild der Französinnen und Engländerinnen, die öffentlichen Stadträume für sich zu erschließen.

Es ist aufschlußreich, daß die Fahrradbranche in ihrer Werbung von Anfang an vorrangig auf jüngere Frauen setzte.[35] Häufig findet sich das Motiv der kokett ans Rad gelehnten oder Fahrrad fahrenden jungen Frau vor einer machtvoll aufgehenden Sonne (Abb. 7). Damit wird ein alter Topos verwendet: es ist die weibliche Allegorie der Freiheit, die hier zur jungen Radlerin wird.

In einer Karikatur der »Jugend« wurde das Fahrrad bereits im Jahre 1898 hellsichtig als »Trojanisches Rad« stigmatisiert – das scheinbar harmlose Transport- und Sportgerät für alle hatte seinen Anteil an der Erschütterung von Grundfesten des patriarchalen Kaiserreichs (Abb. 8). Gerade der Umgang mit einem neuen Frauenideal in der Werbung produzierte Wunschbilder, die für breite Schichten erfüllbar wurden. Eine Differenzierung erfolgte nun weniger nach sozialen Gruppen, sondern stärker nach altersspezifischen Abstufungen und kulturellen Interessenlagen, wie es auch die Ausbreitung der verschiedenen Richtungen der Lebensreform- und später Wandervogel-Bewegung zeigt.

Im gleichen Jahr übernahm die »Jugend«, Nr. 23, eine Karikatur aus »Le Rire«; ein sehr aufschlußreicher Vorgang, denn scheinbar fand man das darin behandelte Problem auch für die deutschen Leser von Interesse (Abb. 9). Zu sehen sind die Rückansichten zweier nebeneinander laufender Figuren. Es ist eine spiegelbildliche

33 Ida Gerhardi: Brief an Elisabeth Gebhardt vom 28.3.1896. In: Annegret Rittmann (Hrsg.): Briefe. Ida Gerhardi (1862-1927). Manuskript in Drucklegung. Ich danke der Herausgeberin für diesen Hinweis.

34 DLA Marbach. A: Lepsius, Nr. 66. 1539. Brief an Reinhold Lepsius, der über Paris nach Spanien reiste, während Sabine Lepsius mit ihrem dritten Kind im Wochenbett lag.

35 Zwar gab es auch traditionelle Beispiele wie die Fahrradfirma ›Monarch‹, die ihren Namen in einer Darstellung ihrer Fabrik mit potentem rauchenden Schlot versinnbildlichte – Technik und Industrie phallisch besetzt.

Das trojanische Rad (Life.)

8 Das trojanische Rad. (Nach: Life) In: »Jugend«, Nr. 31/1898

9 Mein Freund Anatole und seine Frau. (Nach: Le Rire) In: »Jugend«, Nr. 23/1898

Mein Freund Anatole und seine Frau. (Le Rire.)

Projektion, die eine Aufhebung der Geschlechterdifferenz suggeriert. »Mein Freund Anatole und seine Frau« – so lautete der Titel der Karikatur. Eine Kombination aus männlichen und weiblichen äußeren Merkmalen, die insgesamt an die Radfahrerkleidung erinnert, signalisiert einen Modewandel, der durch zunehmende maskuline Anleihen geprägt war. Erstmals fielen mit der Benutzung des Rads in großem Umfang die langen Röcke in der Öffentlichkeit.

Der Angleichung in der Sportkleidung war eine Angleichung der Arbeitskleidung vorausgegangen. Für die Arbeiterinnen gehörte auch das Frequentieren der Straßen selbstverständlich zum Alltag. Bereits die knabenhafte »Bergarbeiterin in die Grube hinabsteigend« von Constantin Meunier (um 1882) besitzt jene unprätentiöse Beiläufigkeit, die die Frauenbilder der Zwanziger Jahre auszeichnet. Die Arbeitskleidung verschleift die Geschlechterunterschiede, die in der sonstigen Kleidung so deutlich betont wurden. Allerdings handelt es sich hierbei um einen ausgesprochenen Männerberuf. Die neuen Frauenberufe der 20er Jahre, die »Angestelltenkultur« mit ihrer dominierenden ›sauberen‹ Büroarbeit, bedingten und bewirkten dann andere Maßstäbe.

Die harten Folgen der Versailler Verträge hatten die Nachkriegsgesellschaft aufgerüttelt; wirtschaftliche Faktoren wurden in enger Verbindung mit kulturellen Äußerungen der Mode und der Sitten gesehen, satirisch zu deren Erklärung herangezogen, wie es die folgenden Karikaturen zeigen:

»Nach der Vermögensabgabe« (Simplizissimus 24. Jg. Heft 3/1919), Zeichnung von D. Lendecke, erkundigten sich die Damen der heruntergekommenen Oberschicht: »Sagen Sie, Fräulein, was ist denn jetzt der letzte Chic in Proletarierkostümen?« Einige Monate später deutet sich der Übergang in der Mode an: »In Nöten« (Simplizissimus Heft 36, 1939): die junge Frau in knappster Reizwäsche stöhnt: »Wie hübsch könnte man jetzt mit der Stoffnot kokettieren, wenn die dumme Kohlennot nicht wäre.«

Die Darstellungen verweisen auf wichtige Entwicklungen in der Mode der Zwanziger Jahre: Das ist zum einen eine Versachlichung – Ursache und Folge der eminent gewachsenen Bedeutung der Konfektion – die zu einer Liberalisierung und partiellen Angleichung im äußeren Erscheinungsbild der Frauen verschiedener sozialer Schichten führte. Zum anderen bewirkte der Modewandel jedoch gleichzeitig eine potentielle bis offensichtliche Erotisierung. »Gestählte Körperlichkeit« war das Ideal, aber mit romantischem Einschlag. »Wo wäre die Frau, die sich dauernd damit begnügt, Arbeiterin oder nur Kameradin des Mannes zu sein?« schrieb Ruth Goetz 1930.[36]

Gerade die sexuelle Freizügigkeit der jungen Frauen empörte viele Vertreterinnen der älteren bürgerlichen Frauenbewegung. »Wer diese Weiber mit Bubikopf oder sonst verwegener Frisur, kurzem Rock und überschlagenem Bein, Rauchringel in die Luft blasend und Zeitung lesend, sieht, den packt der Ekel wider willen, und er wird sich entmutigt sagen, daß – solange dieser Typ im Wachsen statt im Aussterben ist – an ein Neuland mit dem Weibe als starker Beispielsmacht nicht zu denken ist.«[37] Emanuele Meyer, selbsternannte »Ruferin in der Wüste«, konnte in einem »rauchenden Weibe nicht mehr das Bild der weiblichen Würde und Hoheit« finden. Ihr Ideal eines »Neuweibes« sollte Züge der Kameradschaftsehe mit den traditionellen Werten der patriarchalen Familie verbinden. Sie versuchte, ihren Adressatinnen ein asketisches Ideal nahe zu bringen, und forderte zu einem Boykott aller »Modenarrheiten« auf. Es ist

36 Ruth Goetz: Natur, Romantik, Technik und Mode. In: Westermanns Monatshefte, 74. Jg. Bd. 2/1930, S. 364.

37 Meyer 1924 (wie Anm. 1), S. 101-119.

bemerkenswert, daß auch sie »Frauenmacht« vor allem als »konsumierende Kaufmacht« verstand, an die sie appellierte – wenngleich zunächst noch ohne Erfolg.

Im Nachkriegsdeutschland, einer Gesellschaft, die sich in einem das 20. Jahrhundert prägenden beschleunigten Prozeß soziokultureller Ausdifferenzierung und Modernisierung befand, wurde immer wieder der Ruf laut nach einem übergreifenden »Ideal«-Typ, am Bild der Frau exemplifiziert, der die neuen Ansprüche und Selbstbilder verkörpern sollte.

Diese Entwicklung wurde vielfach eher als Verunklärung begriffen. Die Zeit wurde kurzlebiger, ein Prozeß, der bereits im 19. Jahrhundert mit der Entwicklung der Eisenbahnreise einsetzte und im frühen 20. Jahrhundert mit der Elektrifizierung und Individualisierung des Verkehrs einen neuen Schub erfuhr. Die damit einhergehende Vereinzelung in der Gesellschaft fand ihr Gegengewicht in einer neuen Typisierung. Das Porträt spielte dabei eine große Rolle, um neben Werbung, Fotografie und Film Standards zu hinterfragen und neuzusetzen.

Die nur gering variierten traditionellen Darstellungsmodi gerade beim Damenporträt zeigen, wie eng das Korsett der Konventionen geschnürt war, dessen Unzeitgemäßheit jetzt offenbar wurde. Anleitungsbücher für korrektes Verhalten aus der Vorkriegszeit beschreiben diese Muster bis ins kleinste Detail. Die auffallend große Zahl von Anstandsbüchern um und nach 1900 ist sowohl als Ausdruck des Bedürfnisses sozial aufsteigender Schichten nach Teilhabe an der ›Gesellschaft‹, die an eine Beherrschung der Rituale gebunden ist, aber auch als ein Symptom für deren Wandel zu lesen: der Wunsch nach bindender Festschreibung angesichts einer allmählichen Veränderung und Auflösung.

Eines dieser Anleitungsbücher »Vom Umgang in und mit der Gesellschaft« aus dem Jahre 1898 widmet der Haltung des Körpers ein eigenes Kapitel, in dem minutiös Vorschriften erteilt werden. So ist beispielsweise der Arm »so zu halten, daß er nicht wie ein Stab aus dem Körper herausragt, aber auch nie so zu biegen, daß ein spitzer Winkel entsteht. [...] Die Hand halte man etwas gekrümmt, die Finger geschlossen.«[38] Die Füsse sollen nicht zu eng beieinander stehen – das würde fatal an die stramme Haltung des Soldaten »im Gliede« erinnern, empfohlen wird im Stehen wie auch im Sitzen die klassische Ponderation. Das Übereinanderschlagen der Beine war ebenso streng untersagt wie das In-die-Seiten-Stemmen der Arme.

38 Rocco (wie Anm. 18), S. 8.

Die Vorgabe zur Dämpfung aller Affekte, Ausdruck einer umfassenden Disziplinierung insbesondere des weiblichen Körpers, läßt ermessen, daß bereits die heute gering erscheinenden Abweichungen – die »feinen Unterschiede« (Bourdieu) – der Verhaltens- und Darstellungsmodi in Kunst und Leben der Vormoderne bzw. der beginnenden Moderne eminente Bedeutung besaßen.

An dem Prozeß der Durchsetzung stärker selbstbestimmter Lebens- und Arbeitsstrategien hatten Künstlerinnen einen wichtigen Anteil. Vielfach wurden emanzipatorische Ansätze jedoch weniger auf dem Gebiet der auftragsgebundenen Bildnismalerei – Sabine Lepsius sprach mehrfach vom »Sklavenbrot der Porträtindustrie« – als im Bereich der Künstler- und Selbstbildnisse sichtbar.

Die Porträtmalerei als einträgliches Genre war jedoch nach wie vor eine Hauptdomäne der professionellen Künstlerinnen, die von ihrer Arbeit lebten. So mußten in der Regel für jeden Porträtauftrag Kompromisse ausgehandelt werden. Wurde das fertiggestellte Porträt – die Zustimmung der Auftraggeber vorausgesetzt – ausgestellt, bekam es für eine begrenzte Zeit Öffentlichkeit, bevor es in den Privatbereich der Besitzer überging.

Hier standen sich dann das Bildnis und sein Gegenstand, in der Regel die Dame des Hauses, gegenüber. Der Hintergrund der Porträtdarstellung war oftmals der Salon selbst, das Wohnzimmer, oder das Gemälde war wenigstens auf dessen Farbigkeit abgestimmt. Auf diese Weise fand eine Verdopplung – des Raumes wie auch der Dargestellten – statt:

Das gemalte Porträt konnte mit seinem behaupteten Anspruchsniveau zu einer ständigen Herausforderung an die Hausfrau werden, indem mit dem Bild und über das Bild ihre Rolle und ihr Platz (sozial wie unmittelbar räumlich) immer wieder als positiver Spiegel vor Augen geführt wurden.

Das gemalte Porträt sollte als Traditionsproduzent auch und gerade in jener krisengeschüttelten Zeit Kontinuität signalisieren. Diese vom Zimmer als Ausdruck der Privatsphäre geprägten Selbstentwürfe wurden jedoch immer wieder temporär mit anderen Entwürfen konfrontiert: Blieb man schon gesellschaftlich ›unter sich‹, so gelangten doch über die Medien, vor allem über die illustrierte Presse zunehmend neue, sich verändernde Bildausprägungen in das Haus. So zog Maler Mopp (d.i. Max Oppenheimer) 1929 in einem Aufsatz mit dem bezeichnenden Titel: »Der Kampf des Malers mit seinem Objekt« das Fazit: »Dem Porträtmaler von heute genügt nicht mehr der glücklich komponierte, in den Raum gestellte Mensch. Die Umwelt schwingt hinein, das Zimmer, die Straße, die Stadt.« – An die Stelle von Attributen und Emblemen treten »symbolhaft Umwelt und Gegenstände.«[39]

»Und die Formen der äußeren Kultur wären noch im 19. Jh. selbst sicherer und fester gewesen, wenn uns eine Generation großer Bildnismaler [...] täglich und stündlich gezeigt hätte, wie man aussieht. Denn man selbst weiß ja nicht, wie man aussieht. Wenigstens seit der Erfindung der Photographie weiß man es nicht mehr«, schrieb der Kunsthistoriker Emil Waldmann 1921.[40] Diese Äußerung in einem Buch über Bildnismalerei des 19. Jahrhunderts offenbart eine Haltung, die zu Beginn der Zwanziger Jahre von einer Vielzahl desorientierter bildungsbürgerlicher Deutscher geteilt wurde. Der ratlose Blick zurück vermochte keine Antwort zu geben auf die drängenden Fragen des Heute; die alten Bildnisse konnten einer Nachkriegsgesellschaft nicht mehr Spiegel und Bestätigung sein.

Bereits 1905 hatte Karl Scheffler in seiner Schrift »Konventionen der Kunst« von »Interimskonventionen« gesprochen, die für eine Übergangszeit, wie sie die gegenwärtige darstellt, gelten, und zwar so lange, bis sich neue Konventionen herauskristallisiert und durchgesetzt haben werden. Diese Hoffnung auf einen neuen, verbindlichen Kodex teilte er mit vielen Zeitgenossen. Das Unbehagen, das Waldmann beschrieb, lag in einem Fragwürdigwerden der noch immer verwendeten tradierten Muster, und einem tiefen Mißtrauen gegen die verwirrenden Ausprägungen der Gegenwart begründet, die auch und gerade auf die Präsentationen der Frau abzielten.

Noch zu Beginn des Jahrhunderts wurde nur den älteren Frauen zugestanden, was für die Bilder männlicher Repräsentation obligatorisch war: gespannte und straffe Körperhaltung, der ein inspiriert-entschlossener Blick entsprach. Die individuelle Ausprägung der Züge, die in den ›schönen‹ Damenporträts zugunsten einer Typisierung zurückgedrängt wurden, war bei den Herrenbildnissen zentraler Bildgegenstand, zumal die Kleidung eine eher untergeordnete Rolle spielte. »Die Toilette des Herren trägt den Stempel der Nüchternheit auf der Stirn, kaum daß einmal eine geringfügige Änderung zu entdecken wäre: Farbe, Stoff und Schnitt sind mit geringen Abwechslungen jahraus jahrein dieselben.«[41] Auch im lockeren Sitzen wurde in der Regel eine entschlossene Festigkeit vorgeführt. Die häufig gewählte Denkerpose sollte den Dargestellten zudem als geistig Tätigen ausweisen; die Betonung von Kopf und Händen

39 In: Das Kunstblatt. 13. Jg. 1929, S. 75.

40 Waldmann (wie Anm. 24), S. 14f.

41 Waldmann (wie Anm. 24), S. 22.

stand für die Bürgertugenden, sie waren Mittel und Ausdruck des individuell Erreichten wie auch generell des bürgerlichen Aufstiegs. Dieser Typus wurde in der Rückschau zu einem Sinnbild der gesamten Epoche. So konnte ein Rezensent der Ausstellung »Berliner Porträts« von 1905 – es war Karl Scheffler – über das Gros der Herrenporträts schreiben: »Dieser Mann mußte so aussehen! Wie ähnelt dieser Mann seinem Jahrzeht! Wie sicher malt sein Bild die Epoche, der er angehört!«[42]

Das änderte sich jedoch spätestens nach der Jahrhundertwende: »Vor der Gegenwart und der Zeit direkt vorher versagte dieser Zauber. Da zerflatterte das die Erscheinungen einer Epoche Zusammenhaltende, die Fähigkeit, sie zu erfassen, setzte aus.«[43] Die Hoffnung, auch im frühen 20. Jahrhundert einen Porträttyp vorzufinden, der die gesamte Gegenwart zu verkörpern vermochte, konnte sich nicht erfüllen. Parallel zur Kontinuität einer vom Impressionismus geprägten Richtung individueller Bildnisse bis in die 30er Jahre hinein war das Repertoire der konventionellen Bildformeln als nicht mehr ausreichend, nicht mehr zeitgemäß kritisiert worden.

Oscar Bie's Wort aus dem Jahre 1906 »Gestorben ist der Stil – es leben die Stile«[44] ist symptomatisch hinsichtlich der Wahrnehmung einer differenzierter gewordenen Realität. Mit den Kriegs- und Revolutionserfahrungen verbreitete und vertiefte sich diese Wahrnehmungsweise.

Angesichts der brüchig gewordenen Werte wuchs der Wunsch nach Vergewisserung, nach Selbst-Bestätigung im Bildnis. Das Individuum suchte nach authentischen Bildern, doch das überkommene Repertoire der Darstellungsmuster erweckte Mißtrauen, die Wahrheit schien sich von den diversen Masken nicht mehr zu unterscheiden. Obwohl die Existenzberechtigung der Porträtmalerei insgesamt von Avantgardepositionen aus immer wieder hinterfragt wurde, gewann diese Gattung, besonders in der neusachlichen Malerei, in den Zwanziger Jahren als Medium der Vergewisserung wieder an Gewicht. Die auffallende Häufung des Masken-Themas in den zwanziger Jahren ist ein wichtiges Indiz für die Auflösung tradierter Rollenbilder.[45]

Die Vorstellung von der ent-larvenden Maske korrespondiert mit Auffassungen der Theoretiker der Moderne: Das Äußere, die Oberfläche vermag mehr auszusagen über die Persönlichkeit des Trägers als dessen vermeintliches inners Wesen. Mit der Akzeptanz

42 Karl Scheffler: Berliner Porträts. In: Kunst und Künstler, 3. Jg. (1905), S. 325.

43 Scheffler 1905 (wie Anm. 42), S. 326.

44 Oscar Bie: Was ist moderne Kunst? Berlin 1906, S. 44.

45 So fragte sich Venceslas Nebersky 1928, ob man überhaupt noch gute Porträts, die auch gute Bilder sind, malen kann. Er schloß seinen Aufsatz mit der Empfehlung: »Setzt euch eine Maske auf, die das wahre Gesicht, das häufig genug sogar euch unbekannt ist, enthüllt, und euer Porträt wird ebenso wahrheitsgetreu sein wie die Negermasken oder die Masken von Ensor.« Venceslas Nebesky: Die Krise des Porträts. In: Das Kunstblatt, Jg. 12/1928, S. 55.

der verschiedenen Masken verband sich offensichtlich ein starker Wunsch nach Authentizität und entlastender Eindeutigkeit auch und gerade im Frauenbild.

»Die Frau ist es müde geworden, das Ideal des Mannes zu sein, der zur Idealisierung nicht mehr die rechte Kraft hat, und hat es übernommen, sich als ihr eigenes Wunschbild auszudenken«, vermutete Robert Musil. »Sie will überhaupt kein Ideal mehr sein, sondern Ideale machen, zu ihrer Bildung beitragen, wie die Männer es tun; wenn auch vorläufig ohne Erfolg.«[46]

In diesem Punkt irrte Musil. Sowohl die zeitgenössische Bedeutung als auch der utopische Gehalt des Konglomerats, welches der schillernde Begriff der »Neuen Frau« umfaßt, zwischen ›neuem Vamp‹, ›Jungmädchen‹ und der ›sachlichen Berufstätigen‹, bezeichnete eine neue Breite der Möglichkeiten weiblicher Existenz und ihrer bildlichen Erfassung in der modernen Gesellschaft, wie es sie nie zuvor gegeben hatte. Der unterstellten Erfolglosigkeit steht eine große Zahl von Versuchen der Frauen selbst gegenüber, erreichte und angestrebte Positionen öffentlich vor- und auszustellen, wie es u.a. die Ausstellung »Die Frau von heute«, veranstaltet 1928 vom Verein der Berliner Künstlerinnen, zeigt.

Bezeichnend ist, daß gerade das scheinbar objektive Medium der Fotografie besonderes Mißtrauen erweckte. Obwohl der neue Frauentyp vor allem in den modernen Bildmedien wie Fotografie und Film präsent war, reproduziert in zahllosen Illustrierten, so wurde die Fixierung des neuen Idealbildes doch an die traditionellen Kunstgattungen herangetragen.

Emil Waldmann erwartete die Lösung von einer »Generation großer Bildnismaler«, die auf dem Gebiet der Bildnismalerei den neuen Frauentyp zu fassen hätten.

Zwar besitzt gerade die Gattung der Porträtmalerei durch ihre Repräsentationsfunktion zahlreiche retardierende Momente, doch lassen sich an ihrem Apparat kulturell-symbolischer Formen, ihren Entwürfen und Gegenentwürfen die gesellschaftlichen Muster und ihr Wandel besonders deutlich ablesen.

Sie bleibt allerdings gebunden an eine kleine, zahlungskräftige Oberschicht und steht damit im Widerspruch zu der Ausprägung der Neuen Frau als Massenphänomen.

46 Robert Musil: Die Frau gestern und morgen. In: Die Frau von Morgen wie wir sie uns wünschen. Hg. von Friedrich M. Huebner, Leipzig 1929, S. 100f.

Es ist zu fragen nach den Anstößen, die die Bildnismalerei in ihrem Spannungsfeld von Privatheit und Öffentlichkeit aus den zunehmend arrivierten subkulturellen Bereichen empfing und in welcher Weise Aspekte der »Neuen Frau« ausgeprägt bzw. vereinnahmt wurden.

Die Entstehungsgeschichte des Porträts der Journalistin Sylvia von Harden (1926) von Otto Dix ist hierfür aufschlußreich. Im nächtlichen Berlin sprach der Maler die ihm unbekannte Frau an: Er müsse sie unbedingt malen. Später erklärte er ihr den Grund: »Sie repräsentieren eine ganze Zeitepoche.«[47]

Es bestand ein auffallendes, die gesamten Zwanziger Jahre durchziehendes Bemühen seitens der Kunst- und Kulturkritik, diese »Neue Frau« verbindlich zu klassifizieren. Wettbewerbe wie der von dem Industriellen Georg Schicht ausgelobte Preis zur Darstellung des »schönsten deutschen Frauenporträts« 1926, die Suche nach der »schönsten Frau« oder der »schönsten Warenhausverkäuferin«[48] und Ausstellungstitel wie »Die Frau von heute« signalisierten ein breites Bedürfnis nach verbindlichen Festschreibungen für das Idol einer »Neuen Frau«.

Immer noch versprach sich die bürgerliche Kunstkritik eine hohe erzieherische Wirkung durch die von ihnen ausjurierten und ausgezeichneten Werke. Dahinter stand der Wunsch der fast ausschließlich männlichen Kunstkritiker bzw. Jurymitglieder, mit der Auswahl und dem Installieren der neuen Leitbilder auch über die Printmedien bedrohlich empfundene Entwicklungen kanalisieren und damit in gewisser Weise entschärfen zu können.

Eine von Karl Wolfskehl in der Zeitschrift »Der Querschnitt« (März 1928) beschriebene Episode wirft ein Schlaglicht auf diese Bemühungen: Während eines gemeinsamen Besuches hinter den Kulissen einer Berliner Revue[49] erklärt der Wolfskehl begleitende Zeichner Rudolf Großmann, daß er unbedingt eines der Girls als besonders typisch im Bild festhalten will. »Sie wollen wohl Ideale klauen, schnippt es zurück von siebzehnjähriger belustigter Kräusellippe.«[50] Diese Äußerung ist aber auch als Ausdruck eines neuen Selbstbewußtseins der jungen Protagonistinnen selbst ernstzunehmen. Gerade mit den Solistinnen und Girls der Glamour-Revuen verbanden sich, dem Film vergleichbar, in der Weimarer Republik vielerlei Aufstiegsphantasien junger Frauen. Es bleibt dennoch zu

47 Sylvia von Harden: Erinnerungen an Otto Dix. In: Frankfurter Rundschau, 25.3.1959.

48 In Berlin 1926.

49 Vermutlich die Haller-Revue »Wann und Wo«, die seit Ende 1927 lief. Diesen Hinweis verdanke ich Kirsten Beuth.

50 Karl Wolfskehl: Revue von der Kehrseite. (März 1928) In: Christian Ferber (Hrsg.): Der Querschnitt. Magazin der aktuellen Ewigkeitswerte, Frankfurt/M., Berlin 1981. S. 206.

fragen, ob es sich hierbei überhaupt um eigenbestimmte Entwürfe von Frauen handelt. Sowohl der Erfolg als auch die Selbständigkeit in einer vom Alltagsleben abgehobenen Sphäre besaßen eine hohe Anziehungskraft, wenngleich sie immer auch eine potentielle Verfügbarkeit implizierten.

Friedrich Möhl konstatierte 1923, daß der moderne, mondäne Schönheitstypus die heldische Schönheit der Jahrzehnte vor dem

10 Rudolf Schlichter: Margot. 1924. Öl/Lw. 110,5 x 75 cm, Märkisches Museum, Berlin

Weltkrieg verdrängt hatte. Zu seinem Bedauern werde der neue Typus in Deutschland und Amerika bereits als »eingeboren« betrachtet. »Das Rassige, die Strenge der Form, tritt völlig zurück gegenüber dem Geschmeidigen, Geglätteten, das vom Madonnentypus, vom Lieblichen und Anmutigen durch den Ausdruck des Selbstbewußtseins, durch den bestimmten Willen zu gefallen und zu herrschen wesentlich abweicht.«[51] Dieser Ausdruck entspräche der gesellschaftlichen Stellung und Macht dieser Frauen.[52]

Die Präsenz der Frauen in öffentlichen Räumen und Ämtern, verbunden mit einer zunehmenden Differenzierung soziokultureller Zeichensysteme – Kleidung, Verhalten auf der Straße bzw. in öffentlichen Etablissements –, die ihre äußerlich ablesbare Eindeutigkeit verloren, muß auf die konservative Gesellschaft stark verunsichernd gewirkt haben.

Ein Beispiel für diese Uneindeutigkeit ist Rudolf Schlichters Porträt »Margot« von 1924 (Abb. 10). Er gestaltete mit Elementen wie der Zigarette und der in die Seite gestemmten Hand und den kurzen Haaren den neuen, maskulin-sachlichen Frauentyp, die unabhängige, berufstätige Frau. Das weißgeschminkte Gesicht mit dem kleinen rotgemalten Mund ist in seiner Individualität festgehalten, die sich zugleich als Typus präsentiert. Das Porträt wirkt beiläufig, wie zufällig vor der tristen großstädtischen Hinterhofkulisse festgehalten, damit den sozialen Ort beschreibend. Das Bild allein erklärt nicht, ob es sich um eine Prostituierte handelt oder um eine Angestellte.[53] Es könnte auch eine Sekretärin sein, die zu einer Zigarettenpause aus dem Büro getreten ist. Selbstbewußt in sich ruhend, so ist sie dem Betrachter gegenübergestellt, den sie ohne einen Anflug der Koketterie älterer Frauenbildnisse kühl fixiert.

Selbstbildnisse von Künstlerinnen jener Zeit, z.B. von Grete Jürgens (1928) oder Grete Csaki-Copony (1929), weisen denselben sachlichen Ernst auf. Charakteristisch ist eine Zurückdrängung der bisher geschätzten weichen Weiblichkeit. Individuelle Züge werden herausgehoben, Hartes und Kantiges betont.[54]

Das Bemühen, den neuen Frauentyp zu fassen, verband sich für die Autoren des Buches »Die Frau von morgen, wie wir sie uns wünschen« (1929) mit der Frage, was denn in der Zukunft von ihr zu erwarten sei. Georg von de Vring, ein Autor dieser Sammlung von Männerphantasien, vermutete, daß die Frau von heute »in Einzelexemplaren schon die Frau von morgen«[55] sei. Mitautor Robert Musil war sich »nicht einmal ganz sicher, ob es die neue Frau wirklich gibt

51 Friedrich Möhl: Frauenschönheit und schöne Frauen. In: Die Schönheit. Mit Bildern geschmückte Zeitschrift für Kunst und Leben, 19. Jg. 1923. S. 159.

52 Möhl differenziert jedoch deutlich zwischen Amerika und Deutschland: »Während gemütvolle Menschen eine gewisse Kälte, einen Mangel an Gemüt und Seelenadel der modernen amerikanischen Schönheit stört und vielleicht abstößt, haben sich die deutschen Schönheiten von diesem berechnenden Stolz, der in Raffiniertheit ausartet, noch freigehalten.« Er hoffte noch, »daß sie lieben und sich der Liebe opfern können«, während er bei den Amerikanerinnen auch bei Hingabe und Eheschließung vor allem rationales Kalkül walten sah. Möhl 1923 (wie Anm. 51).

53 Margot war eine Prostituierte, die Schlichter mehrfach darstellte.

54 Es ist zu fragen, inwiefern sie mit der Verdrängung weiblicher Elemente auch auf den Meisterdiskurs der männlichen Künstler reagierten.

55 Georg von de Vring: Offensive der Frau. In: Die Frau von Morgen... (wie Anm. 46), S. 51.

oder ob sie sich nur vorübergehend dafür hält.«[56] Der Suche nach dem einen, verbindlichen Idealtyp setzte Ilse Reicke in ihrem 1925 erschienenen Kompendium »Das junge Mädchen – Ein Buch der Lebensgestaltung« vier verschiedene Gruppen bzw. Typen der Frauen von heute entgegen:

1. der ›mütterliche Typus‹, »der gegen früher eine starke, bewußte Wendung ins Staatsbürgerliche gemacht hat«, öffentlich sichtbar sowohl in der Hausfrauenbewegung als auch in der Kommunalverwaltung;

2. der schwesterliche ›Iphigenientypus‹, zu dem die in den Sozialberufen tätigen Frauen zählen, und die keineswegs nur »geschlechtslose Arbeitsbienen« seien;

3. die ›Kameradin‹. Zu diesem Typus zählte die Verfasserin die Frauen der akademischen und künstlerischen Berufe, denen der »Lebensberuf auch leidenschaftlich gelebter Lebensinhalt ist«, und die deshalb den Zwängen der Familie eine kameradschaftliche Freundschaft mit dem Mann vorziehen;

4. die ›Dame‹, »die als gefährliches, aber ästhetisch-reizvolles Luxusgeschöpf uns aus allen eleganten Zeitschriften und Modeblättern entgegenblickt.«[57]

Der Begriff »Dame«, noch um 1900 als ein »veralteter Ausdruck auf die Frauen aus den besseren Ständen beschränkt«[58], umfaßte in den Zwanziger Jahren vor allem die Mondäne, die in den Femme fatale-Entwürfen der Jahrhundertwende wurzelte, und deren Prototyp das Bildnis der skandalumwitterten Tänzerin Anita Berber von Otto Dix (1925) wurde. Es ist aufschlußreich, daß während der Zwanziger Jahre gerade Männer, Schriftsteller wie Kunstkritiker, diesen Typ so hervorhoben[59], während die Frauen tendenziell eher den sachlichen Typ vertraten und selbst von einer »kühleren Herzenstemperatur« sprachen.[60]

In den Projektionen der neuen Femme fatale verbanden sich Faszination und Schrecken; fehlten den Frauenbildern der Zwanziger Jahre diese Züge, wurde das von den Kritikern als Mangel beanstandet.[61] Stets sind die intendierten Funktionen konkreter Bild- und Argumentationsstrategien vor dem Hintergrund ihrer Diskurse zu prüfen, will man nicht dem Konstruktionscharakter der Neuen Frau aufliegen.

Die »Neue Frau« ist insgesamt als ein Ausdruck allmählicher Wandlungen des Frauenbildes wie auch der sozialen Existenz seit 1900 zu begreifen, verstärkt durch die Folgen des Ersten Weltkrie-

56 Musil 1929. In: Die Frau von Morgen... (wie Anm. 46), S. 91.

57 Reicke 1928 (wie Anm. 9), S. 9.

58 Brockhaus' Conversations-Lexikon Bd. 4. Leipzig/Berlin/Wien 1894, S. 709.

59 So malte der Schriftsteller Alexander von Gleichen-Rußwurm in seiner Novelle »Zet – eine moderne Liebe.« (In: Westermanns Monatshefte, Jg. 41, 1926/27, Bd. 1, S. 89) voller Genuß den Prototyp der Mondänen aus. Der Mann, der ihr zu verfallen droht, kann sich jedoch im letzten Moment losreißen und sein vernichtendes Urteil aussprechen: »Höre, Zet, ich hab's jetzt durch und durch erkannt. Hier geht's nicht weiter. Du bist ein Schluß, ein Ende; hier ist eine Sackgasse, hier hört die Welt auf.«

60 Goetz 1930 (wie Anm. 36).

61 Der Rezensent des »Cicerone« vermerkte über die Ausstellung »Die Frau von heute«, veranstaltet 1928 vom Verein der Berliner Künstlerinnen, hier herrsche »das Bestreben, die ernstliche Berufsarbeit der Frau zu würdigen, bis zur Verdrängung derjenigen Werte vor, die den oft gerühmten Zauber des weiblichen Geschlechts ausmachen. Auffällig, wie wenig Eleganz, Anmut und holde Gefährlichkeit, wie viel rüstiges Wesen die Malerinnen ihren Schwestern zuerkannt haben.« In: Cicerone. 21. Jg. 1929, S. 677.

ges, der wie ein Katalysator wirkte. Die Herausbildung der ›realen Utopie‹ Neue Frau war Teil und Ausdruck eines gesellschaftlichen Umbruchprozesses, der sich auf wirtschaftlichem wie kulturellem Gebiet mit neuartigen Möglichkeiten, aber auch Verunsicherungen darstellte. Dieser Prozeß manifestierte sich auch in der Suche nach neuen Idealen. Was zuvor in Einzelfällen und in subkulturellen Bereichen wie der Bohème ausgeprägt war, wurde in der Weimarer Republik zu einem Massenphänomen: Selbständigkeit und Erfolg von Frauen durch Berufstätigkeit, die Erschließung neuer (Stadt-) Räume und ein bisher unbekanntes Spektrum an Wahlmöglichkeiten für die eigenen Rollen. Über die »Verwandlung der Frau« schrieb Emil Lucka 1929: »Es ist für unsere Zeit ... charakteristisch, daß alles zugleich da ist. Scheinbar längst überlebte Formen und Inhalte stehen neben dem, was der Gegenwart angemessen erscheint und dazu Utopien jeder Art.«[62]

Dieser Wandel ist in den Bildprägungen der Alltagskultur, der Werbegraphik, den Zeitschriften als Tendenz bereits vor der Jahrhundertwende nicht nur angelegt, sondern auch sichtbar, weit mehr als in den traditionellen Genres wie dem repräsentativen Bildnis, obwohl er sich dort für das imaginäre Museum der Kunstgeschichte am nachhaltigsten ausgeprägt hat.

62 Emil Lucka: Verwandlung der Frau. In: Die Frau von Morgen... (wie Anm. 46), S. 77.

Regine Dehnel

FRAU. KOLLEGIN. KONKURRENTIN?

Künstlerpartnerschaften in der russischen Avantgarde

»Deine Pflicht ist es ganz in Deinem zukünftigen Manne aufzugehen, ganz nach seiner Eigenart und seinen Wünschen Dich ihm zu widmen, sein Wohl immer vor Augen zu haben und Dich durch selbstsüchtige Gedanken nicht leiten zu lassen.«
Carl Woldemar Becker an seine Tochter Paula am 7.2.1901

»Du hast nun gewählt. Beides wirst du schwerlich vereinigen können. So sei das, was du gewählt hast, ganz!«
Der Vater Käthe Kollwitz' an seine Tochter

»Aber wir sind doch mit Dir glücklich – wo gäbe es das, daß sich zwei so zärtlich verständen und liebten. Ich aber hätte dies beinahe übersehen.«
Tagebucheintragung von Elena Guro am 1.7.1911

Den Ausgangspunkt meiner Überlegungen bildet eine auffällige Häufung von Künstlerpartnerschaften in der russischen Avantgarde. Wohl sind diese in Rußland vereinzelt schon vor 1900 anzutreffen und auch die westeuropäische Kunstgeschichte kannte im späten 19. und frühen 20. Jahrhundert solche.[1] Der folgende Umstand legt es jedoch nahe, die Künstlerpartnerschaften der russischen Avantgarde einer genaueren Untersuchung zu unterziehen. Es fällt nämlich auf, daß die Frauen in Rußland, trotz oder ungeachtet der Beziehungen, die sie mit heute namhaften Künstlern eingingen, als eigenständige, bedeutende Künstlerpersönlichkeiten im historischen Gedächtnis haften geblieben sind.

Daß letzterer Fakt hervorhebenswert ist, verdeutlicht ein Blick in die westeuropäische Kunstgeschichte. Erst in den letzten Jahren wurde dort dank einer engagierten Forschungsarbeit vor allem von Frauen damit begonnen, die weiblichen Parts von Künstlerpartnerschaften aus dem dominierenden Aureol ihrer männlichen Partner

1 Als Beispiele für das späte 19. Jahrhundert ließen sich in Rußland Lagoda-Šiškina und Šiškin sowie Polenova und Polenov anführen. Für Westeuropa wären u.a. Auguste Rodin und Camille Claudel, Sonja und Robert Delaunay, Hans Arp und Sophie Täuber-Arp, Otto Moderson und Paula Moderson-Becker, Gabriele Münter und Wassily Kandinsky, Hannah Höch und Raoul Hausmann zu nennen.

zu befreien und ihre Kunst außerhalb des Klischees von Abhängigkeit und Nachahmung zu betrachten.[2] Die bis heute in Kunstkritik und Kunstgeschichtsschreibung herrschende Zurückstellung von Frauen als Künstlerinnen und die Reduzierung auf ihr negativ interpretiertes Geschlecht betrifft auch und gerade Künstlerinnen, die eine Beziehung mit einem Künstler eingingen.[3] Ein Studium von Tagebüchern, Briefwechseln und Erinnerungen jener Künstlerinnen und Künstler, die in Partnerschaften vereint waren, läßt den Gedanken aufkommen, im Charakter eben dieser Partnerschaften wäre die Zurückstellung der Frauen in ihrer Zeit wie auch in der gegenwärtigen Rezeption mit angelegt.[4] Mit Betroffenheit stellt man nach dem Lesen dieser Dokumente fest, daß die Beziehungen primär von der bevormundenden, bedrängenden Einflußnahme seitens der Künstler auf die Kunst und die Lebensart der Frauen, von Vereinnahmung, Ausnutzung und Ausgrenzung bis zu rücksichtslosester Behinderung gekennzeichnet waren. Offenkundige Konkurrenzangst, Unwillen ob der Emanzipationsbestrebungen der Künstlerinnen und Domestizierungsversuche werden in Tagebuchaufzeichungen und Briefen offensichtlich.[5]

Schlußfolgert man einen Zusammenhang zwischen dem Charakter von Künstlerpartnerschaften und der Präsenz von Frauen in Kunstgeschichte und Kunstgeschichtsschreibung, so liegt es umgekehrt nahe, zwischen den Partnerschaften russischer Künstlerinnen und ihrer spürbaren Rolle bei der Entwicklung der russischen Avantgarde ebenfalls einen Zusammenhang zu vermuten. Dieser Vermutung soll hier nachgegangen werden.

Zur Untersuchung der interessierenden Frage wurden Natal'ja Gončarova und Michail Larionov, Elena Guro und Michail Matjušin, Varvara Stepanova und Aleksandr Rodčenko sowie Ol'ga Rozanova und Aleksej Kručenych herangezogen. Die Auswahl bezieht sich zunächst nur auf die wohl bekanntesten Beispiele. Sie müßte perspektivisch durch Ksenija Boguslavskaja und Ivan Puni, Nadežda Udal'zova und Aleksandr Drevin sowie eine Reihe anderer Paare ergänzt werden.[6] Aufschlußreich wäre zudem der Vergleich dieser Beziehungen mit denen Marianne Werefkins und Alexander Jawlenskys oder Gabriele Münters und Wassily Kandinskys, d.h. mit russischstämmigen Paaren, die vor allem außerhalb Rußlands wirkten und arbeiteten bzw. mit gemischten Paaren. Dies würde vermutlich die Abhängigkeit der gelebten Partnerschaften vom konkreten gesellschaftlichen Kontext, von Freundesmeinungen, finan-

2 Marina Sauer: Die Bildhauerin Clara Rilke-Westhoff. 1878-1954, Bremen 1986; Reine-Marie Paris: Camille Claudel. 1864-1943, Paris 1984.

3 Kerstin Kolter: Frauen zwischen »angewandter« und »freier« Kunst. Sonja Delaunay in der Kritik. In: Ines Lindner/Sigrid Schade/Silke Wenk/Gabriele Werner (Hrsg.): Blick-Wechsel. Konstruktionen von Männlichkeit und Weiblichkeit in Kunst und Kunstgeschichte, Berlin 1989, S. 203-214; Bernd Fäthke: Die Wiedergeburt der »›Blauen Reiter‹-Reiterin« in Berlin. Von der Diskrimierung der Frau in der Kunst am Beispiel Marianne Werefkin. In: Berlinische Galerie (Hrsg.): Profession ohne Tradition. 125 Jahre Verein der Berliner Künstlerinnen, Berlin 1992, S. 237-248.

4 Gisela Kleine: Gabriele Münter und Wassily Kandinsky. Biografie eines Paares, Frankfurt am Main 1986; Berlinische Galerie (Hrsg.): Hannah Höch. Eine Lebenscollage. Archiv-Edition. Bearbeitet von Cornelia Thater-Schulz. 2 Bde., Berlin 1989.

5 Renate Berger charakterisiert Künstlerpartnerschaften entsprechend vor allem als »künstlerische Kapitulation« für die Frauen. Renate Berger: Malerinnen auf dem Weg ins 20. Jahrhundert. Kunstgeschichte als Sozialgeschichte. Köln 1982, S. 232.

6 Viktoria Schmidt-Linsenhoff nennt außer den genannten Paaren Valentina Kulagina und Gustav Klucis, Vera Nikolskaja und Aleksandr Nikolskij, Sara Lebedeva und Vladimir Lebedev, Nina Simonovič-Efimova und Ivan Efimov, Valentina Chodasevič und Vladimir Tatlin. Viktoria Schmidt-Linsenhoff: Die Ikonographie der Gleichheit und die Künstlerinnen der russischen Avantgarde. In: kritische berich-

te. Zeitschrift für Kunst- und Kulturwissenschaften, Marburg, 4/1992, S. 24. Diese Aufzählung läßt sich durch weitere Beispiele ergänzen.

ziellen und anderen Abhängigkeiten deutlicher zu Tage treten und die Gratwanderung zwischen Selbstbestimmung und Fremdbestimmung transparenter erscheinen lassen.

Bei der Betrachtung der Partnerschaften wurden primär Tagebücher, Briefe und Erinnerungen von Zeitgenossen herangezogen. Ich bin mir darüber im Klaren, daß es sich insbesondere bei den Tagebüchern und Briefen um hochgradig persönlich gefärbte Dokumente handelt, deren Aussagen nur bedingt objektivierbar sind. Dessenungeachtet halte ich Vergleiche und Verallgemeinerungen für notwendig und möglich.

Betrachtet man die vier o.g. Partnerschaften, so fällt zunächst Folgendes auf. Mit Ausnahme von Guro und Matjušin sind die Partner und Partnerinnen, die zueinander finden, gleichaltrig. Keines der Paare war durch ein in welcher Art auch immer institutionalisiertes Lehrer-Schüler-Verhältnis miteinander verbunden. Alle vier Bekanntschaften erfolgten zu einem Zeitpunkt, als sich Künstlerinnen und Künstler noch in der Ausbildung befanden oder eben erst ihre eigene künstlerische Laufbahn begannen. Formale Vorteile wie eine Lehranstellung oder Etabliertheit im Kunstbetrieb hatte keiner der Partner vorzuweisen. Entsprechend scheinen die Begegnungen das Ziel zukünftigen professionellen Künstlertums nicht in Frage gestellt zu haben, noch trat einer der Partner an den anderen mit der Erwartung heran, der Beziehung den Beruf zu opfern. Die Orientierung beider Partner gerade an den modernen Kunstprozessen dürfte dabei das Ausbleiben hierarchischer Strukturen und einseitiger Abhängigkeitsverhältnisse innerhalb der Partnerschaften begünstigt haben. Sie schloß über die Ausbildungszeit hinaus finanzielle oder institutionelle Vorsprünge des einen oder anderen aus, da die Zugehörigkeit zur Avantgarde zunächst weder gesellschaftliche Akzeptanz noch materielle Sicherheit gewährte. Zudem dürfte der ausgeprägte Drang der Vertreter der russischen Avantgarde, jegliche Normen und Traditionen in Kunst und Gesellschaft zu negieren, einen unvoreingenommeneren Umgang der Geschlechter miteinander erleichtert haben.

Interessanterweise beginnen mit der Bekanntschaft nicht nur ganz persönliche Beziehungen und Zuneigungen. Es setzt ein Prozeß gemeinsamer künstlerischer Arbeit ein, der die Paare über Jahre und Jahrzehnte vereint. Die gemeinsame künstlerische Arbeit wird dabei zum dominanten Bezugspunkt, zum Mittelpunkt des Zusammenlebens.

In Marina Cvetaevas Essay »Natalja Gontscharowa (Leben und Werk)«, den sie 1929 vollendet, klingt dies, bezogen auf Gončarova und Larionov so. »Über Gontscharowa zu sprechen, ohne über Larionow zu sprechen, ist unmöglich. Zum ersten und zum wesentlichen: Larionow war der erste, der Gontscharowa sagte, daß sie Malerin ist, der erste, der ihr die Augen öffnete, nicht für die Natur, die sie sah, sondern für diese ihre eigenen Augen. ... Über Gontscharowa zu sprechen, ohne über Larionow zu sprechen, ist auch darum noch unmöglich, weil sie [...] schon fünfundzwanzig Jahre lang Seite an Seite arbeiten und noch fünfundzwanzig Jahre lang arbeiten werden.«[7] (Abb. 1). Wirklich begleitet die gemeinsame Arbeit die beiden Künstler ein Leben lang, hält sie auch dann zusammen, als neue persönliche Bindungen und Beziehungen entstehen. Sie bewahren ihre familiären Bande und ihre enge künstlerische Zusammenarbeit, obgleich sich schon bald nach ihrer Übersiedelung nach Paris 1914 zwischen den beiden eine private Kluft auftut und sie spätestens seit 1921 in ihren Briefen jeweils Grüße an den Partner des anderen ausrichten.[8] Insbesondere auf dem Gebiet des Theaters setzen sie ihre Zusammenarbeit fort. Ungeachtet der veränderten privaten Situation teilen sich beide eine Wohnung, empfangen gemeinsam Gäste.[9] Ende der fünfziger Jahre lassen sie ihre Ehe offiziell registrieren, um im Todesfalle jeweils füreinander als Erben auftreten zu können. Dabei spielt A. K. Tomilina, seit den zwanziger Jahren Modell und Freundin Larionovs, auch zu dieser Zeit eine wichtige Rolle im Leben Larionovs und nach dem Tode Gončarovas 1962 wird er sie heiraten.

1 Michail Larionov und Natal'ja Gončarova (im Vordergrund) mit weiteren Vertretern des russischen Kubofuturismus. Sankt Peterburg 1913

Bemerkenswert ist nicht nur, daß beide Künstler trotz neuer Neigungen und Bindungen den schöpferischen Kontakt zueinander bewahren. Bemerkenswert ist zudem, in welchem Maße sie von den russischen Zeitgenossen einerseits als untrennbare Einheit, andererseits aber als eigenständige Persönlichkeiten mit selbständigem Profil und unverwechselbarer Leistung begriffen werden. Marina Cvetaeva schreibt in dem o.g. Essay: »der Name Larionow begegnet einige Male in meiner Lebensbeschreibung. Anfangs wollte ich schon ein gesondertes Kapitel ›Gontscharowa und Larionow‹, aber ich habe es sein lassen, als ich begriff, daß absondern- mindern ist. Wie auch in einem Buch über Gontscharowa Larionow in ein besonderes Kapitel bringen, wenn im Buch Gontscharowa, ihrem Dasein, ihrem Schaffen, Larionow von der ersten Zeile an in jeder Zeile ist.« Die Autorin fährt fort: »›In allem ist sie ihm verpflichtet‹. – ›Er ist in

7 Marina Zwetajewa: Gedichte. Prosa, Leipzig 1989, S. 223 ff.

8 G. Pospelov: Nasledie Gončarovoj i Larionova. In: Naše Nasledie, Moskva 1990, N. 1, S. 154.

9 J. Annenkov: Dnevnik moich vstreč. Zikl tragedii. t.2. Leningrad 1991, S. 283.

allem ihr verpflichtet‹. – ›Das ist er, der sie- sonst, ohne ihn wäre‹. – ›Ohne sie wäre er ...‹ und so weiter, solange sie noch leben. Aus dem Angeführten wird deutlich, daß sie gleich sind. Das – über die Paarigkeit des Rufes im Schaffen. Und über die Paarigkeit im Leben.«[10] Auch wenn Marina Cvetaevas Beschreibung des Paares Larionov-Gončarova als Teil eines umfangreichen Essays vor allem ein literarisches Produkt ist, welches weniger Anspruch auf Wahrhaftigkeit als viel mehr auf Bildhaftigkeit und eine damit verbundene gewisse Idealität hat, scheint die grundsätzliche Einschätzung der Partnerschaft, dafür sprechen andere zeitgenössische Dokumente, durchaus real. Nicht nur Ely Eganbury schreibt 1913 über die beiden: »Ihre Kunst, in ihren Grundlagen verschieden, berührt sich in vielen Punkten und ergänzt einander.«[11] Auch Jurij Annenkov geht in seinem Essay »Michail Larionov und Natal'ja Gončarova«, der die Beziehung der beiden bis in die fünfziger Jahre hinein reflektiert, den zahlreichen Berührungspunkten innerhalb dieser Partnerschaft nach, ohne einen der Partner in Abhängigkeit oder Unterordnung zu dem anderen zu sehen. So zitiert er auch eine Äußerung Djagilevs aus dem Jahre 1913. »Der bemerkenswerteste Avantgardekünstler [in Rußland] ist eine Frau: ihr Name – Natal'ja Gončarova.«[12]

Während Gončarova und Larionov bei ihrer Begegnung beide achtzehn Jahre zählen, sind E. Guro und M. Matjušin zum Zeit-

10 Marina Zwetaeva 1989 (wie Anm. 7), S. 283.

11 Ely Eganbury: Natal'ja Gončarova. Michail Larionov, Moskva 1913, S. 11.

12 J. Annenkov 1991 (wie Anm. 9), S. 196.

2 Elena Guro (links) und ihre Schwester Ekaterina Guro, vor 1910

punkt ihrer Bekanntschaft wesentlich älter. Als sie 1906 eine gemeinsame Wohnung beziehen, ist Guro 29 Jahre alt (Abb. 2), Matjušin 45. Ähnlich wie Larionov und487Gončarova aber eint eine enge Zusammenarbeit auch diese Partner. Nach partiell bereits gemeinsamen Ausbildungsjahren in der Mal- und Zeichenschule Zvanceva beginnt mit der Herausgabe des Gedichtbandes »Leierkasten« von E. Guro 1909 ihre gemeinsame Verlagstätigkeit. 1910 initiieren sie gemeinsam die Gründung der Künstlervereinigung »Jugendbund«. Gemeinsam auch beteiligen sie sich an der Herausgabe des futuristischen Manifestes »Eine Ohrfeige dem öffentlichen Geschmack« sowie des ersten Sammelbandes der russischen futuristischen Dichter »Teich der Richter«. Nach dem Tod von E. Guro am 6. Mai 1913 auf der von den Künstlern gemieteten Datsche in Uusikirkko löst eine intensive »Gedenkarbeit« Matjušins an Guro die schmerzhaft abgebrochene Zusammenarbeit ab. Die drei einzigen Teilnehmer des »Ersten Allrussischen Kongresses der Futuristen«, neben Matjušin Kručenych und Malevič, beschließen, den Sammelband »Drei«, welcher Gedichte von Guro, Chlebnikov und Kručenych enthält, herauszugeben und ihn dem Andenken E. Guros zu widmen (Abb. 3). Nachdem Matjušin bereits um 1909 und 1912 Guros Stücke

3 Michail Matjušin (links), Kazimir Malevič und Aleksej Kručenych (rechts) vor Herausgabe des Sammelbandes »Drei«, 1913

»Harlekin« und »Herbsttraum« vertont hatte, vollendet er 1914 einen musikalischen Zyklus, der mit ihrem Werk verbunden ist. Er ergänzt zu den beiden genannten Stücken die Komposition »Don Quixote«. Jahr für Jahr begeht er mit Freunden und Schülern den Todestag E. Guros mit der Aufführung eines Schauspiels oder einem musikalisch-literarischen Abend. Im Frühjahr 1933 entwirft er »Im Gedenken an Elena Guro« ein »Traum-Märchen« über den russischen Kubofuturismus.[13] In dieser intensiven »Gedenkarbeit« eine verspätete oder gar billige Widergutmachung Matjušins an Guro zu sehen, entspricht wohl kaum den Tatsachen. Nicht nur die künstlerische Zusammenarbeit hatte das Paar geeint. Hohe persönliche Achtung und wechelseitige Akzeptanz prägten die Jahre ihres Zusammenlebens. Tagebuchaufzeichnungen und Briefe von E. Guro aus den Jahren 1907-1912 legen Zeugnis davon ab. Es erklingen zärtliche, liebevolle Worte über und an Matjušin. Die Bedeutung, die Guro Matjušin für ihr eigenes Befinden und ihre Arbeit beimißt, ist spürbar. Am 11.9.1907 schreibt sie: »Ich kann ohne Dich nicht arbeiten, Du bist meine Sicherheit, hier aber ist der ewige Druck der scheinbaren Überlegenheit...«[14] Kurze Zeit darauf: »Ohne verwandte Seele ist alles trist, es ist ein Unglück, es gibt so vieles, worüber mit Dir zu reden wäre, worin ich Dich um Rat bitten möchte,... Du bist meine Inspiration.«[15] Matjušin seinerseits scheint sie, ihren Briefen nach zu urteilen, aufzumuntern und zu loben. Dabei ist wesentlich, daß Guro selbst offenbar in der Lage ist, trotz aller Sehnsucht nach Matjušin, die Entfernung von ihm und die damit verbundene Ungebundenheit, die sie sich während der Sommermonate organisieren, nicht nur zu ertragen, sondern zu schätzen. Sie notiert: »Wie glücklich ich bin, daß ich einen Freund habe, der mich nicht beim ernsthaften Arbeiten stört, sondern mir im Gegenteil dabei hilft.«[16] Einen wichtigen, wenn nicht den wichtigsten Platz in der Korrespondenz nehmen Äußerungen zu ihrer eigenen und zu Matjušins Arbeit, zu deren Wechselwirkungen ein. »Ich bin unendlich froh, daß ich ständig Nachricht vom Gang Deiner Arbeit erhalte. Das treibt mich noch mehr voran und fasziniert mich, ich fühle, ich bin nicht allein.«[17] E. Guro scheint durch Matjušin selbstsicherer, ruhiger. Sie träumt von ihrer gemeinsamen Tätigkeit. »Durch Dich bewege und entwickele ich mich. Ich hoffe so sehr auf Dich, bin so überzeugt von Deiner Arbeit ... Wir werden gemeinsam arbeiten und uns ohne Ende regen.«[18] Daß die äußerst sensible, feinnervige, nach Äußerungen der Zeitgenossen »jenseitige« Guro so intensiv

13 B. N. Kapeljus: Archivy M. V. Matjušina i E. G. Guro. In: Ežegodnik rukopisnogo otdela Puškinskogo doma 1974. – Moskva 1976, S. 3-23.

14 Zentralnyj gosudarstvennyj archiv literatury i iskusstva (ZGALI: Zentrales Staatsarchiv für Literatur und Kunst) F.134. op.1. d.44. Pis'ma Guro E. G. k Matjušinu. Ijun'-sentjabr' 1907, S. 8. Ich danke an dieser Stelle meiner Freundin V. A. Kečemajkina für die umfangreichen Zuarbeiten zu Materialien aus russischen Archiven und Bibliotheken.

15 ZGALI (Anm. 14), S. 69.

16 ZGALI (Anm. 14), S. 41.

17 ZGALI (Anm. 14), S. 147.

18 ZGALI (Anm. 14), S. 157.

auf Matjušin reagiert, ihn als Stütze empfindet, auf ihn vertraut, muß man nicht zwangsläufig mit tradiertem Rollenverhalten gleichsetzen. Zweifellos weiß sie um den Wert ihrer eigenen Arbeit, ist deshalb froh über die Möglichkeit eigenständiger, ungestörter Tätigkeit. Sie setzt sich und ihre Werke nicht herab, um Matjušin zu dienen, ordnet sich diesem nicht unter oder nach, sondern bewegt sich auf gleicher Ebene mit ihm. Er ist ihr nach ihren eigenen Worten »Freund«, Partner für gedanklichen Austausch, Geliebter – nicht Gatte im traditionell-hierarchischen Sinne. Auch die Zeitgenossen begreifen und behandeln E. Guro nicht als Matjušins Frau, sondern als selbständige Persönlichkeit mit eigenem künstlerischen Credo und unzweifelhaftem künstlerischen Talent. B. Lifšic, nach eigenen Worten nüchterner Rezipient ihrer Gedichte, »hielt es doch für notwendig, mit ihr nähere Bekanntschaft zu schließen.«[19] A. Blok, zu Beginn des Jahrhunderts anerkannter Führer der literarischen Szene, vor dem sich Dichter aller Richtungen verneigten, notiert 1913 in seinem Tagebuch: »E. Guro ist der Aufmerksamkeit wert.« Nach Erinnerungen Matjušins ließ er ihr diese kurze Zeit darauf auch zukommen.[20] Die Wertigkeit, die Zeitgenossen Guro zubilligten, findet eine Reflexion nichtzuletzt in der Überlegung eines der ausgewiesensten russischsprachigen Kenner der russischen Avantgarde, E. Kovtun, Guro stelle in der Künstlergemeinschaft Guro/ Matjušin den initiierenden, aktiven Part dar.[21]

So, wie Gončarova und Larionov, Guro und Matjušin neben- und miteinander arbeiteten, hatten auch V. Stepanova und A. Rodčenko ein Gebiet besonders intensiver gemeinsamer Arbeit: die Gestaltung von Büchern, Zeitschriften, Almanachen. Als die beiden 1916 eine gemeinsame Wohnung beziehen, sind sie 22 bzw. 25 Jahre alt. 9 Jahre später erblickt ihre Tochter Varvara das Licht der Welt. Im Briefwechsel, den die beiden führen, berichten sie einander von Ausstellungen und Büchern, vor allem aber von eigenen Ideen und Plänen. Dabei ist Stepanova die erste und engste Vertraute Rodčenkos in künstlerischen Belangen. Alle Arbeitseuphorie und Begeisterung wird von Rodčenko an Stepanova weitergegeben. Stepanova ihrerseits zitiert in ihren Tagebuchaufzeichnungen häufig Rodčenko. Seine ungeheure Produktivität, seine ganze Persönlichkeit beeindrucken sie stark (Abb. 4). In den schwierigen, durch Krieg und Nachkrieg sowie die verschärften Formalismusdebatten geprägten vierziger/fünfziger Jahren ist es die Stepanova, die versucht und der es gelingt, Arbeit für sich und Rodčenko zu beschaffen. Sie

19 B. Lifšic: Polutoraglazyj strelec, Moskva 1991, S. 108.

20 E. F. Kovtun: Elena Guro. Poet i chudožnik. In: Pamjatniki kul'tury. Novye otkrytija, 1976, Moskva. 1977, S. 319.

21 J. F. Kovtun: Die Geschöpfe lieben Aufmerksame. Über das Œuvre von Jelena Guro. In: Matjuschin und die Leningrader Avantgarde, Karlsruhe 1991, S. 37.

4 Aleksandr Rodčenko und Varvara Stepanova, 1936

trauert darum, daß Rodčenko nicht alle Möglichkeiten schöpferischer Arbeit nutzen kann. Wie weit dabei ihre künstlerische Besessenheit geht und wie wichtig es ihr ist, daß Rodčenko künstlerisch arbeitet, mag ein Zitat aus der Zeit des Zweiten Weltkriegs verdeutlichen. »Wie schade, daß es Dir im Sommer nicht gelang, zu photographieren. Du hast begonnen, irgendwie neu zu photographieren. ... Ich träume davon, daß es Dir gelänge, zum Photographieren an die Front zu fahren.«[22] Rodčenko seinerseits spürt die Bedeutung Stepanovas für seine Arbeit. In den Kriegsjahren, als beide räumlich getrennt sind, schreibt er ihr zwar zunächst, es sei gut, daß wenigstens einer von ihnen (er), in Moskau ist. Dem aber folgt das Bekenntnis: »Meine Fabrik steht still. Der Motor (das bist Du) ist in Perm zurückgeblieben.«[23]

Aufschlußreich für die Charakterisierung der Partnerschaft Rodčenko-Stepanova sind die Erinnerungen ihrer Tochter. »Wie arbeiteten Stepanova und Rodčenko? Rodčenko dachte sich die ersten Skizzen aus. Das war das erste Wort auf der Suche, wenn gerade erst das Schema, die winzigste Ahnung des Buches, des Einbandes, Albums ersteht. Die Ausführung realisierte Stepanova, das ist schon die ›scharfe Artillerie‹, das ist schon die genaue Untersuchung des Materials, seine Verwendung unter Ausnutzung aller Möglichkeiten

22 A. M. Rodčenko: Stat'i. Vospominanija. Avtobiografičeskie zapiski. Pis'ma, Moskva 1982, S. 121.

23 A. M. Rodčenko 1982 (wie Anm. 22), S. 122.

der Polygraphie. Und dann die gemeinsame Gestaltung der Seiten. Rodčenko beherrschte die Grundlagen der Komposition und die Gewichtung des Fotomateriales auf der Aufnahme und im Viereck der Textseite hervorragend.«[24] Es wird deutlich, daß beide aufs engste und zugleich ebenbürtig nebeneinander arbeiteten. Die scheinbar traditionell geschlechterspezifische Arbeitsteilung, bei der er die Ideen entwickelt, während sie sie umsetzt, widerspricht meines Erachtens nicht dieser Ebenbürtigkeit, setzen doch beide neben den Gemeinschaftsarbeiten die individuelle Arbeit fort und weisen die Gemeinschaftsarbeiten auch als solche aus. Insofern kann man vermuten, daß Varvara A. Stepanova eher unbegründet einem klischeehaften, tradierten Bild folgt, wenn sie diese Gleichwertigkeit der Partner an anderer Stelle wieder zurücknimmt, indem sie über ihre Mutter schreibt: »Sie war wie eine Ergänzung, wie die zweite Hälfte des Künstlers.«[25] Der Briefwechsel, die individuellen künstlerischen Biografien und der von der Tochter selbst beschriebene Arbeitsprozeß zeigen eben gerade, daß Stepanova keine einfache Ergänzung zu Rodčenko war, sondern daß Stepanova und Rodčenko gleichwertig nebeneinander arbeiteten und sich auch so begriffen.

Es scheint fast so, als wären es schon die jüngeren Zeitgenossen und die folgenden Generationen, die aus den Bündnissen zweier selbständiger Künstlerpersönlichkeiten nur noch einen (meist den Mann) hervorheben, oder aber das Thema der Lebens- und Schaffensgemeinschaft mit seinen Auswirkungen auf Kunst und Leben beider Partner allzu schnell abhandeln. S. Tret'jakov etwa erwähnt in seinem Essay »Rodčenko« aus der Serie »Zukünftige. Über die Freunde in der Avantgarde der zwanziger Jahre« die Verbindung Rodčenkos und Stepanovas mit keinem Wort.[26] In den umfangreichen Ausstellungskatalogen der letzten Jahre figurieren Matjušin und Guro, Stepanova und Rodčenko in Beiträgen und Untersuchungen mehr oder weniger nebeneinander. Anhänge und Chroniken sind bezüglich ihrer Beziehungen aufschlußreicher als die Hauptteile der Kataloge. Auch im Katalogtext zur Personalausstellung von O. Rozanova, welche im Frühjahr 1992 in St. Petersburg gezeigt wurde, erscheint lediglich die sehr harmonisierende Feststellung, »die Freundschaft Rozanovas und Kručenychs verkörperte in den Augen der Zeitgenossen den Verbund von Malerei und Poesie.«[27] Die ganze Wiedersprüchlichkeit und Problematik der Beziehungen dieser beiden Künstler kann man erst anhand der im Anhang publizierten Briefausschnitte erahnen.

24 V. A. Rodčenko: Momenty tvorcestva. In: A. M. Rodčenko. V. F. Stepanova, Moskva 1989, S. 141.

25 Warwara A. Rodtschenko. Momente des Lebens. In: Alexander M. Rodtschenko. Warwara F. Stepanowa. Die Zukunft ist unser einziges Ziel..., München 1991, S. 216.

26 S. Tret'jakov: Rodčenko. In: Strana-perekrestok, Moskva 1991, S. 545-548.

27 N. Gur'janova: Živopis' Ol'gi Rozanovoj. In: Ol'ga Rozanova. 1886-1918, Moskva 1992, S. 90.

5 Ol'ga Rozanova (links), Ksenija Boguslavskaja und Kazimir Malevič auf der letzten futuristischen Ausstellung »0.10«, Petrograd 1915

Als sich Rozanova und Kručenych 1912 kennenlernen, sind beide 26 Jahre alt (Abb. 5). Unter dem Eindruck der Begegnung mit Kručenych beginnt Rozanova mit eigenen Versuchen in der zaum-(Überverstand)-Poesie. 1917 publiziert Kručenych einige ihrer Gedichte in seinen Sammelbänden »Balos« und »Zeilenlos«. Kručenych selbst beschäftigt sich nach seiner Begegnung mit Rozanova verstärkt mit der Malerei. Dabei kann man Ähnlichkeiten zu den Arbeiten der Rozanova erkennen. Rozanova wiederum illustriert 1913 Chlebnikovs und Kručenychs Gedichtband »Spiel in der Hölle« und »Te li le«. 1916 gestaltet sie dann Arbeiten zu Kručenychs »Universalem Krieg«. Die unmittelbare Zusammenarbeit der beiden hatte damit begonnen, daß Kručenych Rozanova einlud, eines ihrer Bilder, das »Restaurant«, ganz unabhängig von seinen Gedichten in seinem Band »Den Aufbegehrenden« zu reproduzieren. Zunehmend dann wurde die Beziehung zwischen seiner Poesie und ihren graphischen Arbeiten nicht nur immer enger, sondern ihre Bildsprache begann, teilweise seine Poesie zu dominieren. Kručenych selbst äußerte sich dazu folgendermaßen: »Wenn jemandem beispielsweise am meisten gefällt, wie Te li le (in malerischer Hinsicht) geschrieben ist, und nicht der Sinn (ein zahnloser Sinn, der übrigens in der zaum-Poesie fehlt) und nicht die praktische Seite (auch diese gibt es im zaum nicht), so hat dieser Liebhaber recht und ist keineswegs ein Tölpel.«[28] Hinsichtlich ihrer gemeinschaftlichen Arbeit am futuristischen Buch und in ihrer die Gattungsgrenzen überschreitenden künstlerischen Tätigkeit verkörpern Rozanova und Kručenych wirklich den oben zitierten Verbund von Poesie und Malerei. Dabei ist dieser Verbund keineswegs der Ausdruck einseitiger Beeinflussungen oder gar Abhängigkeiten. Rozanova hatte sich bereits vor der persönlichen Bekanntschaft mit Kručenych mit dessen und Chlebnikovs Poesie beschäftigt und diese gegen andere verteidigt. Andererseits war die Tätigkeit des »Jugendbundes« insgesamt durch eine deutliche Orientierung auf die Synthese der Künste gekennzeichnet. Guro, Matjušin, Filonov, Chlebnikov dichteten und malten, suchten nach Verbindungen und Berührungen zwischen den verschiedenen Künsten. Man kann davon ausgehen, daß Kručenych und Rozanova viel eher durch die Bekanntschaft mit Kunstwerken des jeweils anderen damit begannen, sich persönlich füreinander zu interessieren, als daß ihre künstlerische Betätigung auf bisher fremdem Terrain aus ihrer persönlichen Bekanntschaft erwuchs. Es scheint sich zu bestätigen, was sich auch bei den anderen Paaren angedeutet hatte. Das Interesse an der Kunst war nicht nur Ausgangspunkt der Bekanntschaften und wesentlicher Motor für das wechselseitige Interesse. Auf beiden Seiten existierte darüber hinaus eine Kunstbesessenheit, eine Besessenheit, die mit dem Willen verbunden war, die eigene Kunstausübung um keine Preis aufzugeben und doch die fachliche Ehrlichkeit einschloß, den Partner oder eben die Partnerin (!) um ihrer Kunst Willen besonders hoch zu achten und wertzuschätzen, entsprechend also nicht zu behindern, sondern zu fördern.

Dabei begleiteten durchaus Irritationen, Zweifel und Ängste die Beziehungen, so auch Rozanovas und Kručenychs »Verbund von Malerei und Poesie«. Schon in den ersten Worten eines Gedichtes Kručenychs aus der Frühzeit ihrer Bekanntschaft, von 1912, klingt dies an. »Wieder verliebt, unerwartet, unpassend ...«[29] Im Herbst 1913 schreibt Rozanova nach einer halbjähriger Trennung an Kručenych: »... Ich wollte nicht, daß die Leute über unsere Beziehung mehr wissen, als wirklich war, sie aber vermuteten mehr und machten auf dieser Grundlage Andeutungen ... Fragten, wieviel Du mir für die Zeichnungen zahlst und warum ich nicht darüber rede, offensichtlich wohl, entweder ›zu viel‹ oder ›zu wenig‹. Daß Du

28 Vera Terechina: Dar i trud Ol'gi Rozanovoj. In: Ol'ga Rozanova 1992 (wie Anm. 27), S. 81.

29 Ol'ga Rozanova 1992 (wie Anm. 27), S. 116.

mich ausbeutest, zum Illustrieren, Drucken und Binden Deiner Bücher zwingst... Bei irgendwelchen Notaren ist die Büroangestellte zugleich Angestellte und Geliebte. Möglicherweise kann auch ich Deiner Meinung nach diesen beiden Zielen dienen: Geliebte und Illustratorin Deiner Bücher. Jedoch die erste war ich noch nicht, und für die zweite hast Du mich Dummköpfin geheißen.«[30] Erschrecken und Unwillen, sich außer der Kunst (sich selbst) noch jemand anderem zu widmen, prägen offenbar Kručenychs Verhältnis zu Rozanova. Rozanova ihrerseits fühlt sich benutzt, enttäuscht und beleidigt, auch als Künstlerin. Beiden gelingt es offenbar schwerer, als den drei anderen Paaren, künstlerische und persönliche Gemeinschaft zu verbinden. Dabei wissen beide sehr wohl um die künstlerische Stärke des anderen. Kručenych widmet schon 1912 seinen Gedichtband »Den Aufbegehrenden« »der ersten Künstlerin Petrograds O. V. Rozanova«. Aber er zieht es vor, Distanz zu wahren. Unter den zahlreichen begeisterten Äußerungen von Zeitgenossen über Rozanova ist es ausgerechnet die von Kručenych, die ihre »weibliche Hinterlist« hervorhebt.[31]

Zweifellos gestalteten sich die künstlerischen und persönlichen Beziehungen der Paare innerhalb der russischen Avantgarde nicht ohne Probleme. Das Beispiel Kručenych-Rozanova zeigt, daß um die eigene Unabhängigkeit und Souveränität gebangt wurde, diese Angst zu Tendenzen der Ausnutzung oder Vereinnahmung führen konnte. Zugleich aber gab es den Widerspruch und Widerstand gegen solche Tendenzen. Nicht nur die Männer, auch die Frauen waren sich der Wertigkeit ihres Tuns bewußt und verteidigten diese. Daß sie damit wie auch in der Auseinandersetzung mit Vereinnahmungstendenzen Erfolg hatten, dafür stehen ihre zahlreichen überlieferten Werke ebenso, wie die Erinnerungen der Zeitgenossen. Dafür spricht u.a. auch der Fakt, daß sie in das zeitgenössische wie historische Gedächtnis nicht als Frau dieses oder jenes Künstlers sondern als eigenständige Persönlichkeiten eingegangen sind. Ungeachtet der Problematik der genannten Beziehungen entsteht insgesamt der Eindruck, daß die Frauen innerhalb der untersuchten Partnerschaften vergleichsweise breite Möglichkeiten zu schöpferischer Arbeit und individueller Selbstverwirklichung besaßen. Dies wird nicht nur im Vergleich etwa zu der Beziehung H. Höchs und R. Hausmanns oder der Stellung und Rolle G. Münters in ihrer Partnerschaft mit Kandinsky und im Umfeld des »Blauen Reiters« offenkundig.

30 Ol'ga Rozanova 1992 (wie Anm. 27), S. 116.

31 Ol'ga Rozanova 1992 (wie Anm. 27), S. 116.

Der Unterschied offenbart sich auch in der historischen Perspektive. Der gleiche Djagilev, der Natal'ja Gončarova 1913 als den wichtigsten russischen Künstler bezeichnet hatte, war reichlich 10 Jahre früher entschieden despektierlicher mit einer anderen Künstlerin, Sängerin und Kunstmäzenin, der Fürstin Teniševa umgegangen, als es darum ging, diese als Geldgeberin für das Journal »Welt der Kunst« zu gewinnen.[32] Fürstin Teniševa selbst resümierte noch Anfang der neunziger Jahre des vorigen Jahrhunderts in ihrem Tagebuch: »Wie zutiefst ungerecht und kränkend ist das Verhältnis zur Frau als Künstlerin, Frau als Schauspielerin? ... Damit die Frau ihren Weg bewältigt, bedarf es entweder völlig ausschließlich glücklicher Bedingungen, oder aber einer Reihe von Erniedrigungen und Kompromissen mit dem eigenen Gewissen, der weiblichen Würde. ... Wie talentiert sie auch sein mag, immer wird sie hinter mittelmäßigen Künstlern stehen, und immer wird man es vorziehen, lieber einem drittrangigen Künstler als einer Frau mit offensichtlichem und deutlichem Talent, einen Auftrag zu geben. ... Eine Frau wird sich nur durch ein Wunder oder aber auf eine Weise hocharbeiten können, die mit der Kunst nichts gemein haben wird...«[33]

Angesichts der zeitlichen Differenz zwischen der Notiz von Teniševa, der Herausgabe der »Welt der Kunst« und Djagilevs Äußerung über Gončarova darf man von einer Veränderung im Umgang Djagilevs mit Künstlerinnen ausgehen, die symptomatisch für die Zeitumbrüche gewesen sein dürfte und der Zugehörigkeit von Gončarova und Teniševa zu zwei verschiedenen Generationen Rechnung trägt. Für eine veränderte Situation spricht aber auch, daß die Künstlerinnen der Avantgarde angesichts ihrer Partnerschaften nicht vor der Alternative Kunst oder Familie standen, welche kurz zuvor noch mit Unterordnung unter den Mann definiert worden war. Anna Golubkina, Jahrgang 1864, Vorgängerin und Wegbereiterin für die Frauen der Avantgarde in ihrem Erfolg in der Kunst und der Anerkennung als Künstlerin, hatte noch zwischen diesen beiden Seiten wählen müssen. Der Tochter ihrer Freunde, die Schriftstellerin werden wollte, riet sie: »wenn Du willst, daß aus Deiner Schreiberei etwas wird, so heirate nicht und gründe keine Familie. Die Kunst liebt keine gebundenen Hände. Zur Kunst muß man mit freien Händen kommen. Kunst ist eine Heldentat, und hier muß man alles vergessen, alles geben, die Frau aber in der Familie ist eine Gefangene.«[34] In der Zeit nach 1900 beantworten viele Künstlerinnen die Frage nach Kunst und Familie nicht mehr mit einem entwe-

32 Knjaginja M. K. Teniševa: Vpečatlenija moej žizni, Leningrad 1991, S. 166.

33 Knjaginja M. Teniševa 1991 (wie Anm. 32), S. 124.

34 A. A. Kamenskij: Anna Golubkina. Moskva: Izobrazitel' noe iskusstvo, 1990, S. 16f.

der oder. Sie entschlossen sich für die Künstlerpartnerschaft. Sie erreichten, daß die der Künstlerpartnerschaft innewohnenden besonderen Austauschmöglichkeiten zu künstlerischen Fragen auch für sie zur Motivations- und Inspirationsquelle wurden.

Bedeutungsvoll für die Partnerschaftlichkeit in den genannten Verbindungen dürfte der eingangs beschriebenen Zeitpunkt der Begegnungen gewesen sein, als keiner der Partner über finanzielle oder institutionelle Vorteile verfügte. Ein Umfeld, sowohl in der Ausbildung, als auch zu Beginn der künstlerischen Laufbahn, in welchem Frauen keine absolute Ausnahme mehr waren, könnte mit dazu beigetragen haben, daß die eigene Partnerin als Künstlerin akzeptiert wurde.[35] Zu erwähnen ist auch, daß die genannten Partnerschaften ohne Kinder oder mit nur einem Kind blieben.

Als letztendlich entscheidender Faktor für den partnerschaftlichen Charakter der Künstlergemeinschaften muß aber wohl hervorgehoben werden, daß die genannten Frauen über genug Ausdauer, Willen und Energie verfügten, sich wohl in die Partnerschaft ein-, nicht aber ihr unterzuordnen. Erst dadurch konnten sie, ob innerhalb ihrer Partnerschaften oder außerhalb dieser, ihre persönliche und künstlerische Freiheit behaupten.

Gerade der Vergleich zwischen Fürstin Teniševa und Gončarova zwingt jedoch auch zu Überlegungen, inwieweit Leistungsdruck, Abhängigkeitsverhältnisse oder Konkurrenzsituationen zwangsläufig Achtungsbezeugungen verdrängen und konfliktreiche Umgangsformen provozieren, und inwiefern diese Prozesse unabhängig vom Geschlechterdiskurs ihren Ausdruck finden.

35 Das Verhältnis weiblicher und männlicher Studierender lag an den russischen künstlerischen Ausbildungseinrichtungen bei 1:3 bis 1:10. Den Bedingungen des Kunststudiums für Frauen im letzten Drittel des 19. Jahrhunderts und deren Rolle für die Emanzipation der Künstlerinnen der Avantgarde wird perspektivisch mehr Aufmerksamkeit zu widmen sein.

Ada Raev

VARVARA STEPANOVA –

Konstruktivistin aus Überzeugung

Varvara Stepanova, geboren 1894 in Kaunas (Kovno), gestorben 1958 in Moskau, gehört zu jenen russischen KünstlerInnen, die sich mit ihrem Werk, ihrem Selbstverständnis und ihrem gesellschaftlichen Engagement vorbehaltlos dem Aufbau einer neuen Kultur in der jungen Sowjetunion zur Verfügung stellten. Wenn die 1991 in Köln gezeigte Ljubov' Popova-Ausstellung unter dem Titel »Tochter der Revolution«[1] stand, dann ist das eine Überschrift, die im Hinblick auf L. Popova verfehlt war, die Situation und die ästhetische Position der V. Stepanova jedoch treffend bezeichnen würde.

Aufgrund ihrer Generationszugehörigkeit (V. Stepanova war zwischen 5 und 13 Jahre jünger als die Avantgardistinnen L. Popova, A. Exter, N. Udal'cova, O. Rozanova und N. Gončarova) trat V. Stepanova erst nach der Revolution von 1917 wirklich in die künstlerische Öffentlichkeit. Ihr Vorteil bestand darin, daß sie zum einen in einer Zeit aktiv wurde und sich auf die Erfahrungen der gesamten russischen Avantgarde stützen konnte, als alte Strukturen aufgelöst und neue geschaffen wurden[2], und daß sie zum anderen durch die Ehe und Zusammenarbeit mit Alexander Rodčenko zur ständigen Selbstdefinierung gezwungen war. Alexander Lavrent'ev, der Enkel von Stepanova und Rodčenko, selbst Künstler und Buchautor, sagt über seine Großeltern: »Rodčenko und Stepanova waren nicht nur einfach Eheleute, sondern eine kleine schöpferische Gemeinschaft, in der jedes Glied sich an der Verwirklichung vieler gemeinsamer Projekte beteiligte und auch selbständig arbeitete.«[3]

Bei einem Vergleich der Arbeiten der beiden kommt man nicht umhin zuzugeben, daß V. Stepanova nicht selten von Ideen Rodčenkos inspiriert wurde – eine Tatsache, die in Verbindung mit der in Rußland wenn auch schwächer als anderswo ausgeprägten Tendenz, die Kreativität von Frauen geringer zu veranschlagen als die von Männern, dazu geführt hat, daß der Beitrag der Stepanova zum

1 Dazu erschien der Katalog Helga Dabrowski (Hrsg.): »Ljubow Popowa«. 1889-1924, München 1991.

2 Siehe dazu: Hubertus Gassner, Eckhart Gillen: Zwischen Revolutionskunst und sozialistischem Realismus. Dokumente und Kommentare. Kunstdebatten in der Sowjetunion von 1917 bis 1934, Köln 1977; Vladimir Pavlovič Lapšin: Chudožestvennaja žizn' Moskvy i Petrograda v 1917 godu, Moskva 1983; Hubertus Gassner: Konstruktivisten. Die Moderne auf dem Weg in die Modernisierung; und Nina Gurjanowa: Chronologie der russischen Kunst. In: Die große Utopie, Frankfurt/M. 1992.

3 Zit. nach Alexander Nikolaewitsch Lawrentjew: Warwara Stepanowa. Ein Leben für den Konstruktivismus, Weingarten 1988, S. 11.

Konstruktivismus erst in den letzten Jahren wieder ins Bewußtsein gebracht wurde.[4]

Die künstlerische Biographie der Stepanova und ihre Arbeit in verschiedenen Medien (Malerei, Graphik, Theater, Karikatur, Buchkunst u.a.) läßt die These zu, daß sie ihre Variante des Konstruktivismus entwickelt hat, die sich durch innere Konsequenz auszeichnet und so etwas wie eine Alternative zum programmatischen Technizismus und Rationalismus der männlichen Avantgarde-Konzepte beinhaltet, ohne daß es bisher verbale Hinweise darauf gibt, daß V. Stepanova etwa ein »weibliches Gegenmodell« zur, wie V. Schmidt-Linsenhoff unlängst aufgezeigt hat, insgesamt männlich geprägten sowjetischen Avantgarde im Auge gehabt hätte.[5]

Varvara Stepanova wuchs in einer kleinbürgerlichen Familie auf, in der insbesondere die Mutter darauf achtete, daß allen Kindern eine Ausbildung am Gymnasium zuteil wurde. 1910 ging Varvara Stepanova an die Kunstschule nach Kazan', die als künstlerische Lehranstalt außerhalb der Zentren Moskau und St. Petersburg einen guten Ruf genoß. Damit dieser Schritt möglich und legitimiert wurde, schloß sie mit dem Architekten D. Fedorov eine Scheinehe. Das war eine in Rußland gesellschaftlich akzeptierte Praxis, die es Frauen der Mittel- und Oberschicht nicht selten ermöglichte, intellektuelle Eigenständigkeit zu erlangen und doch den Schein »normaler« bürgerlicher Sozialisation zu wahren. D. Fedorov fiel im Ersten Weltkrieg 1914.

1913 lernte V. Stepanova in Kazan' A. Rodčenko kennen, verließ aber noch im selben Jahr die dortige Kunstschule und ließ sich in Moskau nieder, wo sie schnell Kontakt zur Avantgarde aufnahm. Zwischen ihr und Rodčenko entspann sich ein Briefroman in Form symbolistischer Gedichte, die sie 1915-16 zu einem Buch zusammenfaßte und mit von Beardsley, Bakst und Somov inspirierten Vignetten ausstattete. Stilistisch dem in Rußland gerade in der Buchkunst relativ lange nachwirkenden Jugendstil verpflichtet, beziehen sie sich ikonographisch auf die poetischen Namen, die sich V. Stepanova und A. Rodčenko gegeben hatten, z.B. Pierrot und Colombine.[6]

Das Jahr 1916 scheint für V. Stepanova eine Zeit voller Widersprüche gewesen zu sein. Um sich ihre Malstudien in den Ateliers von K. Juon und M. Leblanc leisten zu können, arbeitete sie zunächst als Weißnäherin in einer Fabrik, dann als Buchhalterin und schließlich als Sekretärin. Über diesen Aspekt ihres Daseins deutete

4 A. Abramova: Odna iz pervych. In: Dekorativnoe iskusstvo, 9, 1963; Stepanova Varvara Fedorovna. 1894-1958, Kostroma 1975; Künstlerinnen der russischen Avantgarde 1910-1930, Köln 1979/80; Aleksandr Nikolaevič Lavrent'ev: Poézija grafičeskogo dizajna v tvorčestve Varvary Stepanovoj. In: Techničeskaja éstetika, 5, 1980; Von der Malerei zum Design. Russische Konstruktivistische Kunst der Zwanziger Jahre, Köln 1981; Sieben Moskauer Künstler. 1910-1930. Kat., Köln 1984; Das Leben zur Kunst machen. Arbeiten auf Papier von Frauen der russischen Avantgarde. Stoffe und Porzellan aus der jungen Sowjetunion, Zürich 1989; Mjuda N. Jablonskaja: Russische Künstlerinnen. 1900-1935, Bergisch-Gladbach 1990; Rodtschenko. Stepanowa. Die Zukunft ist unser einziges Ziel, München 1991.

5 Viktoria Schmidt-Linsenhoff: Die Ikonographie der Gleichheit und die Künstlerinnen der russischen Avantgarde. In: Kritische Berichte, 4, 1992.

6 A. Rodčenko trug die Namen »König Leander der Feurige« oder Pierrot, V. Stepanova hieß »Königin Naguatta« oder Colombine.

sie in einem Gedicht an: »Um heute legte ich das schwarze Kleid an / Das schwarze Kleid meiner Traurigkeit.«[7] Noch entsprachen diesem Geist romantischer Melancholie und geheimnisvoller Sinnlichkeit sowohl ihr Äußeres als auch ihre Bilder. Eine ihrer ersten Ausstellungsbeteiligungen – 1916 auf der Ausstellung »Dekorative Künstler zugunsten Verwundeter« in der Moskauer Galerie Lemercier – ist mit zwei verschollenen Bildern unter dem Titel »Panneau« ausgewiesen, die vermutlich dem einzigen erhaltenen Gemälde aus ihrer frühen Zeit, den »Zwei Figuren« von 1912[8], verwandt waren.

Doch Neues war bereits im Kommen. Auf einem Foto von 1916[9] sitzt V. Stepanova vor einer Komposition, die sowohl von der Auseinandersetzung mit Vladimir Tatlins »Konterreliefs« (hier auf die Fläche übertragen) als auch mit Kazimir Malevičs suprematistischem Ansatz zeugt (Abb. 1). Doch nicht die Malerei sollte ihr allei-

7 Zit. nach Lawrentjew 1988 (wie Anm. 3), S. 14.

8 Das Gemälde »Zwei Figuren« von 1912 ist in Schwarz-Weiß in Lawrentjew 1988 (wie Anm. 3), S. 15, abgebildet.

9 Das Foto ist in Lawrentjew 1988 (wie Anm. 3), S. 13, abgebildet.

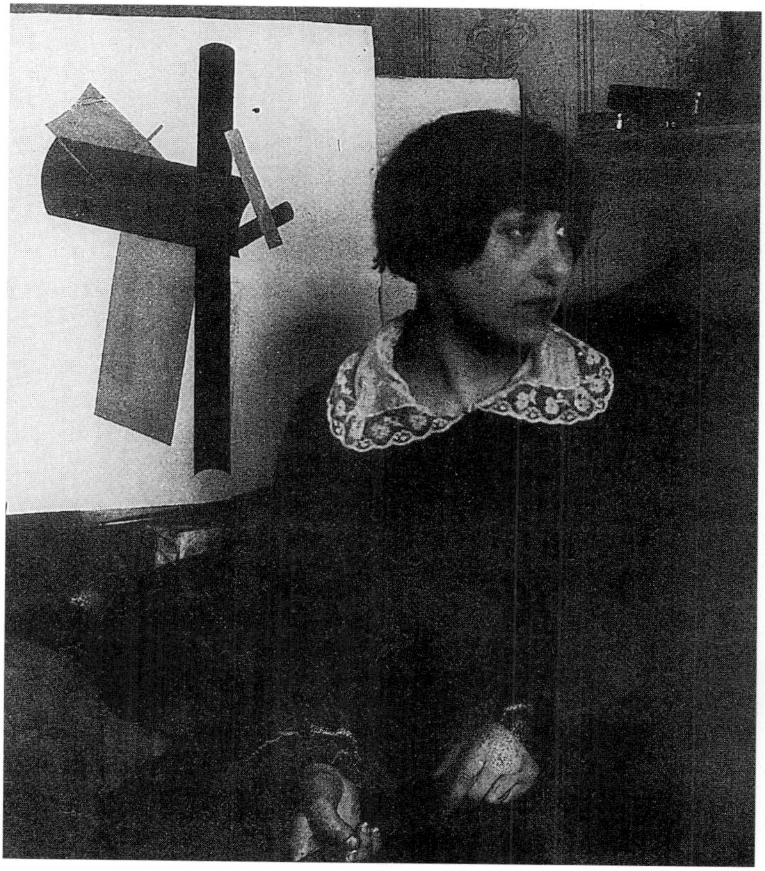

1 Foto: Varvara Stepanova, Moskau 1916

niges Betätigungsfeld bleiben – ihre erste wirklich eigenständige künstlerische Leistung sollte sich auf einem anderen Gebiet entfalten.

Angeregt von der in Künstlerkreisen zirkulierenden futuristischen Buchkunst[10], insbesondere von Ol'ga Rozanova, begann V. Stepanova, gegenstandslose, transrationale Gedichte zu schreiben und daraus ihr Konzept einer »Visuellen Poesie« zu entwickeln, in dem von der gemeinsamen Identität von Wort- und Bildschöpfer ausgegangen wird (Abb. 2). Das Collage-Prinzip und abstrakte Gouachen stehen manchmal in einer Ausgabe nebeneinander; Text und Bild sind zunehmend so miteinander verknüpft, daß von Illu-

10 Susan P. Compton: The World Backwards. Russian Futurist Books 1912-16, London 1978; Evgenij Kovtun: Russkaja futurističeskaja kniga, Moskva 1989.

2 Varavara Stepanova, Illustration zu »Rtny Chomle« (Visuelle Poesie). Gouache auf Papier, 1918

stration im herkömmlichen Sinne gar keine Rede mehr sein kann.[11] Über Anliegen und Programmatik ihres Büchermachens hat sich V. Stepanova im Katalog zur X. Staatlichen Kunstausstellung in Moskau 1919 geäußert, die unter dem Motto »Gegenstandslose Schöpfung und Suprematismus« stand: »Ich verbinde die neue Bewegung des gegenstandslosen Verses, als Klänge und Buchstaben mit dem malerischen Eindruck, der dem Versklang zu einer neuen lebendigen visuellen Aussage verhilft. Indem ich durch die malerische Graphik die leblose Eintönigkeit fortlaufender Druckbuchstaben zerstöre, gelange ich zu einer neuen Art des Schaffens. Auf der anderen Seite habe ich durch die Wiedergabe der gegenstandslosen Poesie der beiden Bücher ›Zigra-ar‹ und ›Rtny Chomle‹ mit Hilfe der malerischen Graphik den Ton als eine neue Eigenschaft in die Graphik eingeführt und dadurch ihre quantitativen Möglichkeiten vergrößert.«[12] Ein auffallendes Moment der bildnerischen Gestaltung dieser Blätter besteht darin, daß sich Stepanova nicht um mathematisch-geometrische Perfektion bemühte, sondern den Gestus der Hand gewähren ließ.

Der Umgang mit und die Reflexion über avantgardistisches Formenrepertoire[13] macht allein noch nicht die Rolle der Stepanova als Konstruktivistin aus – dazu bedurfte es der Rückkopplung formaler Neuerungen mit der aktuellen politischen Kultur und ihrer Nutzbarmachung für pragmatische Anliegen, was Stepanova denn auch mit aller Entschiedenheit vollzog.

Ihre Erfahrungen mit der »visuellen Poesie« setzte sie in Plakatentwürfen um, in denen futuristische Formgebilde mit politischen Tageslosungen verbunden sind. Ideologische Proklamationen wie »Der Proletarier ist der Schöpfer der Zukunft und nicht Erbe der Vergangenheit« oder »RSFSR – Die Zukunft ist unser einziges Ziel« gewannen dank der visuellen Darbietung eine spontane und geradezu kosmisches Geschehen suggerierende Sprengkraft.[14] Daß die Ausführung solcher und ähnlicher Entwürfe keinesfalls als künstlerische Randepisoden zu werten sind, macht die Zugehörigkeit der Stepanova zu verschiedenen kulturpolitischen Institutionen deutlich, innerhalb derer sie z.T. führende Positionen inne hatte. 1919-22 war sie zum Beispiel immerhin stellvertretende Leiterin des künstlerisch-literarischen Sektors der Abteilung »Bildende Kunst« im Volkskommissariat für Bildung; parallel dazu war sie 1920-23 Mitglied und zwei Jahre lang wissenschaftliche Sekretärin des von ihr mitgegründeten INCHUK (des Instituts für Künstlerische Kultur);

11 1918 entstanden aus V. Stepanovas »visueller Poesie« die Bücher »Rtny Chomle«, »Zigra-ar« und »Globolkin«; 1919 illustrierte sie A. Kručenychs Buch »Gly-gly«.

12 Zit. nach Lawrentjew 1988 (wie Anm. 3), S. 21-22.

13 V. Stepanova hat sich in Form von Zeitschriftenartikeln, Katalogtexten, Vorträgen, Tagebuchaufzeichnungen, Interviews und Briefen zu kunsttheoretischen Fragestellungen geäußert, die in ihrer Gesamtheit eine Vorstellung über die im Kontext des Konstruktivismus diskutierten Probleme darstellen und Aufschluß über wechselnde Perspektiven innerhalb dieser Bewegung geben. Siehe dazu auch: John E. Bowlt, Russian Art of the Avant-Garde. Theorie and Criticism, London 1988. Als grundlegend kann v.a. ihr Text »Über den Konstruktivismus« angesehen werden, der für den von ihr am 22. Dezember 1921 im INCHUK gehaltenen Vortrag verfaßt wurde, siehe Lawrentjew 1988 (wie Anm. 3), S. 173-184.

14 Abgebildet in: Lawrentjew 1988 (wie Anm. 3), S. 30-31.

1920-25 Dozentin an der Abteilung »Bildende Kunst« an der Akademie für Kommunistische Erziehung; 1924-25 Professorin für Textilgestaltung an den VCHUTEMAS und anderes mehr – übrigens ohne daß ihre künstlerische Produktivität darunter gelitten hätte. In den ersten Jahren nach der Revolution gelangten auch viele andere Künstlerinnen in die neu entstandenen Kulturinstitutionen, allerdings kaum oder nur für kurze Zeit in Leitungsfunktionen.

Zeitgleich mit A. Rodčenko führte V. Stepanova 1919 eine Reihe von Linolschnitten aus, in denen bisher Erprobtes und Neues begegnen (Abb. 3). Druckte Rodčenko geometrische, technoide Gebilde aus sich überschneidenden geraden oder kreisförmig verlaufenden Linien (er nutzte den Linolschnitt eher als Tiefdruckverfahren), so entschied sich V. Stepanova für eine derbere Bildsprache, in der das Verhältnis Schwarz-Weiß häufig in einem Blatt unterschiedlich behandelt ist – d.h. Hoch- und Tiefdruck sind miteinander kombiniert und verleihen der graphischen Struktur eine besondere Spannung und Lebendigkeit.

3 Varvara Stepanova, Figur No 49, Entwurf zum Bild. Linolschnitt, 1920

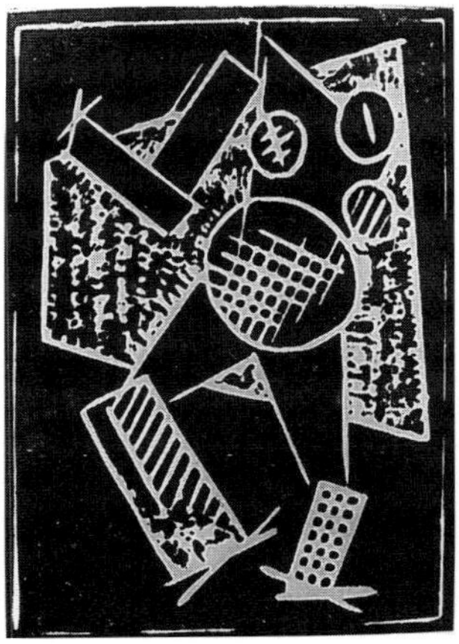

Zwischen verschiedenen von der Stepanova bearbeiteten Bildmedien und verwendeten Techniken lassen sich durchaus Berührungen ausmachen: so wie ihre farbigen Linien und Flächen in den Plakatentwürfen eine malerisch-weiche Farbgebung haben, so sind die Strukturen der Linolschnitte als mit der Hand gefertigt, als Ergebnis organischer Krafteinwirkung erkennbar. Konstruktive Elemente der Gestaltung wurden zwar zunehmend wichtig für die Stepanova, doch deutet sich eine Programmatik an, wenn sie in theoretischen Äußerungen diese eher in ihrer Eigenschaft als kreative Anknüpfungspunkte denn unter dem Aspekt der Formulierung und Einhaltung möglicher Regeln behandelt: »Das gegenstandslose Schaffen ist vorläufig nur der Beginn einer neuen großen Epoche, eines bis jetzt noch nie gesehenen Schöpfertums, dem es bestimmt ist, die Türen zu Geheimnissen zu öffnen, die tiefer reichen als die Wissenschaft und die Technik. ... Zugleich darf festgestellt werden, daß das gegenstandslose Schaffen kein eigenes System von Doktrinen geschaffen hat und möglicherweise, im Unterschied zu seinen Vorfahren, auch niemals schaffen wird, denn in ihm finden tausend Möglichkeiten ihren Platz und ein weites Feld für neue und wieder neue Erfolge«, schrieb sie im Katalog zur schon erwähnten X. Staatlichen Kunstausstellung 1919.[15]

Zwischen 1919-21 behandelte V. Stepanova in einer umfangreichen vielgestaltigen Folge von Bildern und Zeichnungen (Abb. 4)

15 Zit. nach Lawrentjew 1988 (wie Anm. 3), S. 169.

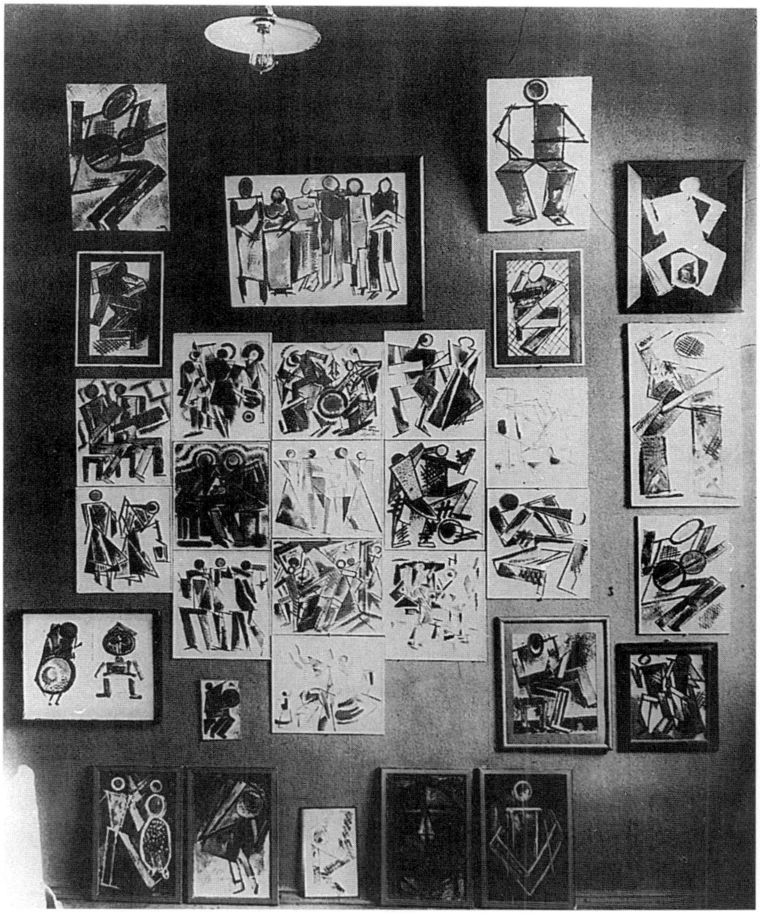

4 Foto: Arbeiten von V. Stepanova und A. Rodčenko im Atelier von Rodčenko und Stepanova, 1921

ein im Kontext des Konstruktivismus zentrales Thema, nämlich das Verhältnis von Figürlichem und Abstrakt-Geometrischem. Ausgehend von zum Teil recht konventionellen Genreszenen (»Spaziergang«, 1919, Tempera, Nachlaß) setzte sie aus Rechtecken, Quadraten, Dreiecken und Kreisen menschliche Figuren zusammen, wobei die Gestaltung von Figuren in zunehmend komplizierteren und extremeren Haltungen zu beobachten ist, zum Beispiel beim Musizieren (»Figur und Trommel«, 1920, Öl auf Karton, Nachlaß) und Tanzen (»Vier tanzende Figuren«, 1920, Öl auf Leinwand, Nachlaß). Die Herausforderung bestand darin, gestische Verläufe einzelner Figuren oder Gruppen plausibel und differenziert zugleich auf die Fläche zu projizieren, was die Analyse von Formen und Bewegungsstrukturen voraussetzt.

Stepanova modifizierte das von ihr verwendete geometrisch-expressive Gestaltungsprinzip im Hinblick auf verschiedene Mal- und Zeichentechniken, deren Radius von einer pastosen Ölmalerei über durchsichtig angelegte Temperabilder und Collagen bis hin zu zart angedeuteten Buntstiftzeichnungen reicht. Die malerischen Varianten weisen meist eine bewegte, zum Teil haptische Oberfläche auf. Winkelförmig angelegte Pinselstriche in kubistischer Art werden ergänzt durch kreuzförmige Lagen, die V. Stepanova bereits in ihrer »visuellen Poesie« und in den erwähnten Linolschnitten verwendet hatte. Durch die Pastosität und die Lichthaltigkeit der Farben werden sie jedoch nicht als heftige Schraffur wahrgenommen, sondern rufen eher den Eindruck eines farbigen Gewebes hervor (Abb. 5). 1922 faßte V. Stepanova ihre Überlegungen zur Faktur in einem Brief an Alexej Gan zusammen, in dem sie den Begriff »Fak-

5 Varvara Stepanova, Trompetenspieler. Tempera auf Papier, 1920

tur« mit Produktionsprozeß gleichsetzte und mehrere historische Etappen ausmachte.[16] Über ihren eigenen Umgang mit der Faktur äußerte sie sich zwar nicht, doch hatte sie sich mit diesem Problem in der Praxis bereits seit der »visuellen Poesie« auffallend intensiv beschäftigt. In den zeichnerischen Arbeiten (»Drei Figuren«, Buntstift auf Papier, ohne Jahr, Nachlaß), in denen die gerade, fein geführte Linie dominiert, ist die Nähe zu Rodčenko am größten, doch besteht ein wesentlicher Unterschied darin, daß die Stepanova zu entschiedeneren Deformationen bereit war. Hielt Rodčenko zum Beispiel an den Gelenken in Form von Kugeln fest und bewahrte weitgehend die menschlichen Proportionen, so nahm Stepanova darauf keine Rücksicht. Auch hat man bei ihren Figuren weniger den Eindruck der Gewolltheit von Bewegungen, sie wirken trotz der schematisierenden Darstellungsweise spontan und impulsiv.

Gezeigt wurde ein beträchtlicher Teil dieser Arbeiten (25 gemalte und 38 gezeichnete Versionen) auf der XIX. Staatlichen Kunstausstellung in Moskau 1920, wo unter angespannten Konkurrenzbedingungen auch Alexander Ševčenko, David Šterenberg, Vera Pestel', Vasilij Kandinsky und Nikolaj Sinezubov ausstellten. In ausführlichen Tagebuchaufzeichnungen hat V. Stepanova sowohl die Vorbereitung und die Eröffnung der Ausstellung begleitet als auch Reaktionen auf ihre und Rodčenkos Arbeiten festgehalten. Neben allgemeiner Wertschätzung wurden darin gerade gegen die Betonung malerischer Elemente bei der Stepanova Vorbehalte geäußert und daraus das Primat Rodčenkos in der Künstlergemeinschaft Rodčenko – Stepanova abgeleitet. Dazu stellvertretend folgendes Zitat: »Šemšurin fand, daß bei mir die Farbe überarbeitet sei, im scharfen Gegensatz zu Anti [gemeint ist A. Rodčenko – A. R.] (Tubenfarbe ist das Unterscheidungsmerkmal des Neuen), aber sie mache, daß die Sujets der Bilder langweilig seien. Das letztere sei, nach seiner Meinung, überhaupt ein Merkmal der Kunst von Frauen.«[17] V. Stepanova ließ dieses Urteil unkommentiert stehen, verwahrte sich weder gegen die Kritik an ihrer Technik noch gegen die pauschale Diffamierung weiblicher Kunst. Sie fuhr jedoch mit einer Meinungsäußerung von Marc Chagall fort, die wohl ihrer eigenen Auffassung über das Verhältnis ihrer und Rodčenkos Kunst entsprochen haben dürfte: »Chagall sah den kolossalen Unterschied zwischen unseren Arbeiten in der Offenbarung des Persönlichkeitscharakters des Künstlers. Bei mir ein ungestümes, unruhiges Temperament, unausgeglichen, mit einem gewissen Anteil von Chaos;

16 Siehe: Künstlerinnen der russischen Avantgarde 1979/80 (wie Anm. 4), S. 255.

17 Zit. nach: Rodčenko. Stepanova. Buduščee – edinstvennaja naša cel', München 1991, S. 129 (Übersetzung von mir – A. R.).

bei Anti: kalt, ruhig, analytisch, mit dem Streben nach Abstraktion.«[18] Die Stepanova war als Persönlichkeit stark genug, sensibel auf ständig neue Impulse der Kunstentwicklung zu reagieren und dabei, wie es scheint, trotzdem konsequent ihr eigenes spezifisches Konzept von Konstruktivismus weiter zu verfolgen.

Auf der Ausstellung »5 x 5 = 25«, die einen Wendepunkt in der Geschichte des frühen Konstruktivismus bedeutet, zeigte V. Stepanova noch einmal ihre geometrisch-expressiven Figuren, vollzog jedoch zunächst verbal und bald darauf auch in der Praxis gemeinsam mit den anderen TeilnehmerInnen der Ausstellung – mit Alexander Vesnin, Ljubov' Popova, Alexander Rodčenko und Alexandra Exter – die Abkehr von der Staffeleimalerei. Rhetorisch tat sie das in der Konfrontation der Begriffe »Komposition« und »Konstruktion«: »Die Komposition stellt die bewußte Annäherung des Künstlers an sein Werk dar. Technik und Industrie haben die Kunst mit dem Problem der Konstruktion als einem aktiven Prozeß und nicht als Akt kontemplativer Reflexion konfrontiert. Der unantastbare Wert des Kunstwerks als etwas Einzigartiges ist zerstört worden. Das Museum, das eine Schatzkammer dieser ›geheiligten‹ Wesenheit war, wird nun in ein Archiv umgewandelt.«[19]

Was V. Stepanova bereits 1920 in einem Text unter dem Titel »Konstruktion« als »aktive Handlung, Herstellung, Erfindung einer realen neuen Sache, zweckentsprechende Organisation« definiert hatte[20], sollte in der Perspektive von ihr in drei Bereichen realisiert werden: im graphischen Design, der Bühnen- und Kostümgestaltung und der Textilgestaltung; dazu kam pädagogisches Engagement einschließlich der Erarbeitung von Lehrprogrammen. Zwischen diesen Sphären, die im folgenden nur kurz angedeutet werden können, läßt sich im Schaffen der Stepanova ein Bindeglied ausmachen, das bis auf ihre Linolschnitte und sogar auf ihre frühe Figurenmalerei zurückgeht: der menschliche Körper (wenn auch meist ohne Betonung der Geschlechterspezifik) als Gegenstand und Projektionsobjekt ihrer künstlerischen Aktivitäten. Zunehmend brachte sie auch den eigenen Körper (die eigene Persönlichkeit) inszenatorisch mit ins Spiel.

1922 gestaltete V. Stepanova eine ganze Nummer (Nr. 3) der Zeitschrift »Kino-fot« (russ.), die Charlie Chaplin gewidmet war (Abb. 6) und in ihm einen Schauspieler feierte, in dessen exzentrisch-präziser Bewegungskultur konstruktivistische Prinzipien wie Zielgerichtetheit, Ökonomie und Plausibilität der Ausdrucksmittel

18 Zit. nach: Rodčenko. Stepanova 1991 (wie Anm. 17), S. 129.

19 Zit. nach: Jablonskaja 1990 (wie Anm. 4), S. 143-144. Siehe auch: J. Milner: The Exhibition 5 x 5 = 25. Its Background and Significance, Budapest 1992.

20 Lawrentjew 1988 (wie Anm. 3), S. 172.

6 Varvara Stepanova, Umschlag für die Zeitschrift »Kino-fot«, 1922, No 3

ausgemacht wurden. Scheinbar mühelos gelang der Stepanova die Übertragung der tragikomischen Bewegungen des Stummfilmstars in das strenge Schwarz-Weiß der Illustration – eine Transformation, die wohl nur dank der vielen vorausgegangenen Figurenbilder der Stepanova gelingen konnte und sich trotz der von der Typographie her erforderlichen Geometrisierung durch ein hohes Maß an Lebendigkeit und Humor auszeichnet.

Letzteres ist eine Qualität, die zu Stepanovas Variante des Konstruktivismus unbedingt dazugehört, einschließlich ihrer Darstellungskunst in den ca. 60 Porträtfotos, die Rodčenko von ihr gemacht hat und die man, weil die Fotos Stepanova häufig bei der Arbeit in verschiedenen Kunstbereichen zeigen, eben unter dem Titel »Varvara Stepanova – Konstruktivistin aus Überzeugung« zusammenfassen könnte.

»Es ist nicht so einfach, die Agitation für den Konstruktivismus durchzuführen, aber noch schwerer ist es, tatsächlich die Kunst aufzugeben und die Arbeit in der Produktion zu beginnen«[21], ge-

21 Tagebucheintragung der Stepanova vom 10.3.1922, zit. nach: Lawrentjew 1988 (wie Anm. 3), S. 55.

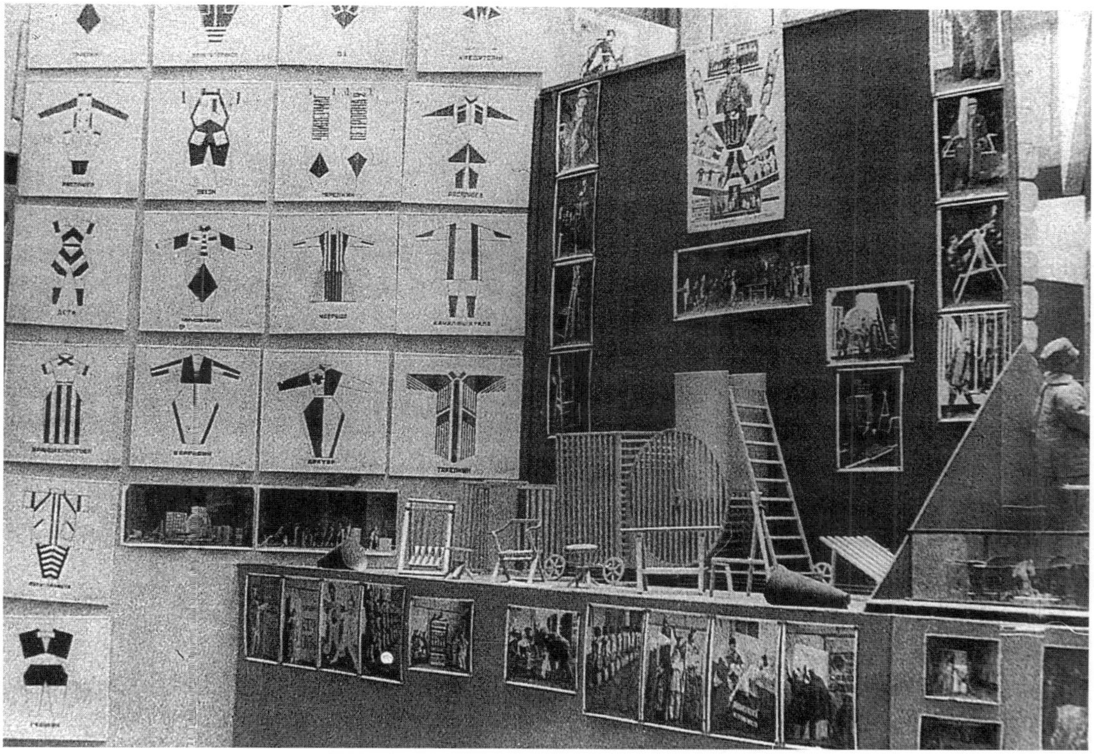

7 Foto von Alexander Rodčenko: Teil der Ausstellung »Exposition des Arts Décoratifs et Industriels«, Paris 1925, Kostüme und Dekorationen zu »Tarelkins Tod« von Varvara Stepanova

stand sich V. Stepanova 1922 ein und dürfte damit auch das Unbehagen anderer Symphatisanten des Konstruktivismus artikuliert haben. Als sie im selben Jahr die Arbeit am Theater von Vsevolod Mejerchol'd aufnahm, mag sie auf einen Kompromiß zwischen der Kunstabstinenz des radikalen Konstruktivismus und dem integrativen Charakter des Theaters gehofft haben (Abb. 7). Das Theater erwies sich als eine Art Sprungbrett und Experimentierfeld, von dem aus der Schritt in die Dreidimensionalität und damit in die Lebensrealität vollzogen werden konnte, ohne daß gleich die theoretisch geforderte Bindung an die Industrie nötig gewesen wäre.

Anknüpfend an L. Popovas Ausstattung des Stückes »Der großmütige Hahnrei« (ebenfalls bei Mejerchol'd) füllte V. Stepanova den Bühnenraum mit einer Art von »Klappmöbeln« aus weißen Holzlatten, wie sie Rodčenko zwei Jahre früher entworfen hatte. Diese Lattenkonstruktionen (Abb. 8) stellten einerseits Prototypen von modernen Gebrauchsgegenständen dar, waren aber andererseits so zusammengefügt, daß sie momentan verschiedene Konfigurationen annehmen konnten – etwa ein Tisch mühelos in einen Sarg verwandelt werden konnte.

Wie ernst es V. Stepanova mit der Komponente des Organisch-Körperlichen innerhalb des Konstruktivismus war, ist aus einem Interview über die Aufführung von »Tarelkins Tod« ersichtlich, in dem sie bildlich gesprochen den Finger auf die Wunde legte. Befriedigt äußerte sie sich über die von ihr entworfenen Ausstattungsgegenstände, deren Qualität für sie darin bestand, auf tektonischer Basis entstanden zu sein. Unbefriedigend verwirklicht fand sie dagegen den Zusammenhang von der mechanischen Ausstattung und dem Spiel der Akteure, obwohl weniger das gesprochene Wort als Clownerie und Attraktionen im Vordergrund gestanden hätten. Aus ihrer Sicht tat sich ein doppelter Zwiespalt auf: die Schauspieler hätten sich noch nicht von der Tradition gelöst, im Grunde genommen sich selbst zu spielen und würden deshalb zwangsläufig außerhalb der materiellen Sphäre der Ausstattung agieren; andererseits gab sie zu, daß es ihr selbst von der Sache her unmöglich gewesen sei, eine wirkliche »Produktionskleidung« für die Schauspieler zu konstruieren, da es für den Schauspieler ja keine ein für allemal festgelegten Funktionen und gesetzmäßigen Bewegungen geben könne, da er als Interpret des Sujets eines Stückes arbeite. So hätte sie nur zwei Aufgaben gelöst: 1) in den Kostümentwürfen die Biegungen und Bewegungsabläufe einzelner Körperteile gekennzeichnet (an anderer Stelle fällt

8 Foto: Varvara Stepanova demonstriert die Funktion des fallenden Stuhles, der für die Aufführung von »Tarelkins Tod« gefertigt wurde

der damals geprägte Begriff der »Biomechanik«), indem gezielt Trennungslinien auf den Schnittflächen eingeführt wurden, und 2) Prototypen für Kostüme sportlichen Charakters entworfen.[22]

So schließt sich auch in diesem Metier der Bogen zu Stepanovas Affinität zum Problem der Figur und ihren inzwischen vielfältigen Erfahrungen damit. Zwar sind die Kostümentwürfe ungleich statischer in ihrer Ausformung als die früheren Bilder, doch so konzipiert, daß die großzügigen Schnitte in der Realität einerseits volle Bewegungsfreiheit garantieren, andererseits den Eindruck regelhafter Abläufe vermitteln. Mit dem Merkmal von Standardisierung aus-

22 Das Interview erschien in der Zeitschrift »Zrelišče«, Nr. 16, 1922, zit. nach: Lawrentjew 1988 (wie Anm. 3), S. 66.

gestattet, konnten die Kostüme wiederum in Masseninszenierungen eingesetzt werden, die auf agitatorische Eindeutigkeit zielten und auch rein optisch den Kollektivgedanken nahelegen sollten (Abb. 9).

1924 schließlich vollzog V. Stepanova gemeinsam mit L. Popova die Einbindung ihrer künstlerischen Arbeit in die industrielle Produktion, so wie es die Theoretiker des Konstruktivismus, sie selbst eingeschlossen, immer wieder gefordert hatten. Im Laufe eines Jahres lieferte sie über 150 Stoffentwürfe, von denen 20 in der 1. Staatlichen Kattunfabrik in Moskau auch produziert wurden. Entstanden die Stoffmuster auf dem Papier auch mit Hilfe von Lineal und Zirkel, so hatte die Stepanova mit ihrem spezifischen Verständnis vom Wesen des Konstruktivismus auch die Umsetzung ihrer Entwürfe in tragbare Modelle im Auge, deren Zweckmäßigkeit sie gleich selber in der Rolle eines Fotomodells bzw. auch im Leben selbst unter Beweis stellte.

Die Fotos von A. Rodčenko, die V. Stepanova in von ihr entworfenen Stoffen und Kleidern zeigen (Abb. 10), implizieren eine

9 Foto: Eingangsszene aus dem Schauspiel »Abend des Buches«, 1924

10 Foto von Alexander Rodčenko: Varvara Stepanova in einem Kleid, das aus einem von ihr entworfenen Stoff geschneidert wurde, 1924

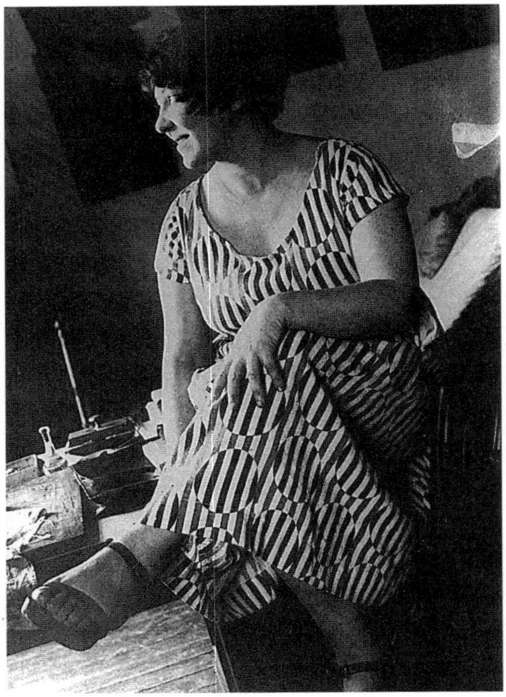

ganz bestimmte soziale Dimension: indem der Arbeitstisch mit in den Blick kommt oder sogar im Vordergrund steht, wird die Botschaft vermittelt, es handle sich dabei um solche Kleidung, die ganz den Erfordernissen des Arbeitsprozesses entspricht.

In ihrem Aufsatz »Die heutige Kleidung für den heutigen Gebrauch« hatte V. Stepanova bereits 1923 eine neue Sicht auf die Mode formuliert, an deren Umsetzung sie sich dann selbst beteiligte: »Die Mode, die (psychologisch) das Alltagsleben, die Gewohnheiten und den guten Geschmack widerspiegelt, überläßt ihren Platz der Kleidung, die für die Arbeit auf verschiedensten Berufsgebieten oder für eine bestimmte soziale Tätigkeit vorgesehen ist, der Kleidung, die man nur im Arbeitsprozeß trägt und die außerhalb dessen keinen Wert an sich darstellt.«[23]

Die extreme Position, die in diesem Zitat über die mögliche Zukunft der Mode zutage tritt, ist insofern symptomatisch für die Haltung der Stepanova, als sie für ihre prinzipielle Akzeptanz der sowjetischen Ideologie und deren Vereinheitlichungstendenzen steht. Die Stepanova hat letztlich nicht begriffen oder es nicht wahrhaben wollen, daß die Macht des Staates, in deren Dienst sie sich immer wieder stellte, gerade gegen Persönlichkeiten wie sie mit immer stärker werdender Repressivität vorging. Die Losung einer ihrer Fotomontagen (in der Zuwendung zu dieser Technik schloß sie sich A. Rodčenko und G. Kluzis an) im Bildband »Die Ergebnisse des ersten Fünfjahrplans« von 1932 »Denk daran, daß du der Chef bist«, entbehrt im Nachhinein einer gewissen Ironie und Perversion nicht – entstand doch die Fotomontage in dem Jahr, als die Pluralität im künstlerischen Leben der UdSSR durch den Erlaß des ZK der KPdSU »Über die Neugliederung literarischer und künstlerischer Verbände«, der Einzelorganisationen nicht mehr zuließ, endgültig beseitigt wurde. Vor persönlicher Verfolgung dürfte die Stepanova die Tatsache bewahrt haben, daß sie dank ihres außergewöhnlichen Organisationstalents zur Chefgestalterin vieler offizieller Zeitschriften und Prachtausgaben avancierte. Für sie gilt im besonderen, was auch auf andere VertreterInnen der Avantgarde bedingt zutrifft: mit dem Totalitätsanspruch ihrer Kunst dem Leben gegenüber hat sie an der Konstruktion des stalinistischen Herrschaftsssytems mitgewirkt, das sich des Aufbruchspathos ihrer Kunst und ihres persönlichen Bedürfnisses nach gesellschaftlicher Wirksamkeit zu bedienen wußte.

Vladimir Majakovskijs Widmung an V. Stepanova aus dem

23 Der Aufsatz wurde in der Zeitschrift »LEF«, Nr. 2, 1923 unter dem Pseudonym »Varst« abgedruckt, zit. nach Lawrentjew 1988 (wie Anm. 3), S. 79.

Jahre 1922 »Der ungestümen Stepanova mit zarten Gefühlen«[24] weist in knappster Formulierung auf ihr Konzept des Konstruktivismus, das zu diesem Zeitpunkt noch als attraktive Alternative denkbar erschien und einen wichtigen Strang der Moderne, der von Zeit zu Zeit immer wieder gefährdet war, weiter transportierte: die menschlich-emotionale Sphäre als Pendant zu Rationalität und Technikgläubigkeit, die ihr offensichtlich an der und über die menschliche Figur als Gegenstand und Adressat ihrer Entwürfe sowie über die Bewahrung und Transformation des futuristischen Gestus integrierbar erschien. Ohne einzelne Arbeiten der Stepanova überinterpretieren zu wollen, scheint es mir doch legitim, ihre Position bis etwa 1925 als eine latente weibliche Kritik am Ausschließlichkeitscharakter des Konstruktivismus und des damit verknüpften männlich codierten Rationalitätsdiskurses ernst zu nehmen.[25] Gleichzeitig drängt sich allerdings die unbequeme Frage auf, ob nicht eben ihr Einklagen der menschlichen Dimension, das im Verhältnis zum radikalen Konstruktivismus, wie ihn A. Rodčenko, A. Gan, O. Brik u.a. vertraten, schnell in das gängige Schema der Zuordnung von »Weiblichkeit« zur »Natur« gepreßt werden kann und zudem noch der Herausbildung der stalinistischen Propagandakunst ungewollt Argumente geliefert hat. Dann tut sich noch ein viel größeres Dilemma auf, nämlich das ungute Gefühl, daß emanzipatorische Ansätze von Künstlerinnen an verschiedenen Orten und zu verschiedenen Zeiten, ganz gleich, ob sie auf Integration oder Konfrontation zielten, letztendlich immer wieder zu einer Konsolidierung männlicher Herrschaftsmechanismen auch auf geistiger Ebene geführt haben.

24 Widmung V. Majakovskijs an V. Stepanova in seinem Buch »Ljublju« von 1922, das in den Werkstätten der VCHUTEMAS hergestellt wurde.

25 Briony Fer hat eine solche Deutung im Hinblick auf L. Popovas »Raum-Kraft-Konstruktion« (1920) im Vergleich zu A. Rodčenkos »Hängender Raumkonstruktion« (1920) vorgenommen mit der Begründung, L. Popovas Umgang sowohl mit der Komposition als auch mit der Bildfläche und dem verwendeten Material (Sperrholz, Farbe, Marmorstaub) würde an den Sinnenreichtum des Betrachters appellieren, während Rodčenkos Konstruktion Immaterialität und Schwerelosigkeit suggeriere. Siehe: Briony Fer: What's in a Line? Gender and Modernity. In: Oxford Art Journal, 13, No. 1, 1990.

Anja Baumhoff

DIE ›MODERNE FRAU‹ UND IHRE STELLUNG IN DER BAUHAUS-AVANTGARDE[1]

»Das Verhältnis zwischen Lehrern und Schülern ist durchaus kollegial, die Frauen sind selbstverständlich in allem gleichberechtigt« philosophierte ein Zeitungsartikel über das Bauhaus.[2] Auch heute gilt das Bauhaus vielfach als Beispiel für die »Utopie einer besseren Zeit, einer neuen, auf Harmoniegedanken beruhenden ... brüderlichen Gesellschaft...«, in der »jahrhundertelange Traditionen akademischer Ausbildung zusammen [stürzten A. B.].«[3] Das Bauhaus, als »fortschrittliche« und »progressive Kunstschule« der Weimarer Republik bewertet, gilt als Kernstück einer besseren deutschen Kulturtradition, die durch den Nationalsozialismus zerstört wurde.[4] Hier habe man aus der Vergangenheit die Lehre gezogen, daß die »von den Materialien und den Funktionen ausgehende Gestaltung ... dem neuen Menschen zugute kommen [würde], der zu schöpferischer und spielerischer Beteiligung aufgefordert war.«[5] Diese Beteiligung haben zwischen 1919 und 1923 überdurchschnittlich viele Frauen wahrgenommen. Hat das Bauhaus die bis dahin ausgeschlossenen Frauen tatsächlich zur gleichberechtigten Mitarbeit zugelassen?

Das Recht auf Ausbildung und der Wunsch nach Professionalisierung bildeten das damals vielleicht wichtigste Anliegen vieler Frauen. Lange hatten die Frauengruppen des Kaiserreiches um Wahlrecht, Ausbildung und das Recht auf Erwerbsarbeit gekämpft, so auch der Verein der Berliner Künstlerinnen, der heute als die erste organisierte Berufsgruppe für Frauen gilt.[6] Auch konnte die Ehe weniger denn je allen bürgerlichen Frauen eine materielle Absicherung bieten.[7] Hinzu kam der Wunsch nach Selbständigkeit und Ausübung einer nicht dilettantischen Tätigkeit. Als Frauen ab August 1908 auch in Preußen die Universitäten besuchen durften, war dies ein großer Erfolg. Manche Kunstakademien allerdings widersetzten sich dem weiblichen Ansturm beharrlich.[8] Die Berliner Kunstakademie ließ ab 1918/19 Studentinnen zu, die Münchener Akademie folgte diesem Beispiel erst 1921.[9] In diesem Kontext begann das Bauhaus nicht nur als eine neuartige Verbindung von Kunstgewerbe-

1 Der Text basiert auf meinem Aufsatz »Zwischen Berufung und Beruf: Frauen am Bauhaus«. In: Berlinische Galerie (Hrsg.): Profession ohne Tradition. 125 Jahre Verein der Berliner Künstlerinnen, Berlin 1992, S. 113-120.

2 Fritz Schiff: Bauhaus Dessau. In: Die neue Leipziger. Illustrierte Beilage (Zeitlupe) 1932, S. 9.

3 Rainer Wick: Rezeptionsgeschichtliche Randbemerkungen zur Bauhaus-Pädagogik. In: R. Wick (Hrsg.): Ist die Bauhaus-Pädagogik aktuell? Köln 1985, S. 44. Wulf Herzogenrath, Stefan Kraus (Hrsg.): bauhaus utopien. Arbeiten auf Papier, Stuttgart 1988, S. 11.

4 Christian Schädlich: Bauhaus Weimar, 1919-1925. Weimarer Schriften, H. 35, Weimar 1989, S. 3-4.

5 Wulf Herzogenrath: bauhaus utopien. In: bauhaus utopien 1988 (wie Anm. 3), S. 11.

6 Herrad-Ulrike Bussemer: Frauenemanzipation und Bildungsbürgertum. Sozialgeschichte der Frauenbewegung in der Reichsgründerzeit. Weinheim, Basel 1985, S. 219. Renate Berger: Malerinnen auf dem Weg ins 20. Jahrhundert. Kunstgeschichte als Sozialgeschichte, Köln 1986, S. 43.

7 Die Geburtsjahrgänge von 1875 bis 1900 waren durch einen Frauenüberschuß gekennzeichnet. Hinzu kamen die Kriegsfolgen. Vgl. J. K. Peukert: Die

schule und Akademie, sondern auch als eine gemischtgeschlechtliche Schule, mit vierundachtzig weiblichen und neunundsiebzig männlichen Studenten.[10] Walter Gropius, der Gründer der Schule, dürfte mit den Emanzipationsfragen jener Tage vertraut gewesen sein. Er engagierte sich nach dem Ersten Weltkrieg in vielen kulturpolitisch fortschrittlichen Gruppen, wie z.B. der Novembergruppe, dem Arbeitsrat für Kunst und dem Deutschen Werkbund. Offiziell hieß es in der Bauhaussatzung: »Als Lehrling aufgenommen wird jede unbescholtene Person ohne Rücksicht auf Alter und Geschlecht, deren Begabung und Vorbildung vom Meisterrat als ausreichend erachtet wird...«[11] In seiner Begrüßungsansprache vom April 1919 hatte Walter Gropius den Studierenden folgendes mit auf den Weg gegeben: »Kein Unterschied zwischen schönem und starkem Geschlecht. Absolute *Gleichberechtigung*, aber auch absolut *gleiche Pflichten.* Keine Rücksicht auf Damen, *in der Arbeit alle Handwerker.* Die alleinige Beschäftigung mit *niedlichen Salonbildchen* als *Zeitvertreib* werde ich scharf bekämpfen.«[12] Weibliche künstlerische Arbeit thematisierte er in dieser Rede ganz in der Tradition des neunzehnten Jahrhunderts. Niedliche Salonbildchen und Zeitvertreib waren damals die standesgemäße Art bürgerlicher Frauen, sich mit Kunst, vor allem aber mit Kunstgewerbe, zu befassen. Seit im ausgehenden neunzehnten Jahrhundert immer mehr Frauen eine solide künstlerische Ausbildung anstrebten, wandelte sich allerdings die Bewertung dieses Klischees. Aus der tugendhaften Tätigkeit bürgerlicher Frauen wurde ein Charaktermerkmal des weiblichen Geschlechts, das häufig als Begründung diente, Frauen den Eintritt in die Kunstakademien zu verwehren.[13] In der wohlmeinenden Antrittsrede von Walter Gropius deutet vor allem die Wortwahl auf die alten Geschlechterstereotypen hin: das schöne steht dem vermeintlich starken Geschlecht gegenüber. Keine Rücksicht auf Damen, jede orientiere sich am Beispiel des männlichen Handwerkers. Diese Umwandlung war problematisch, denn zwischen dem bürgerlichen Weiblichkeitskonzept der Dame und der kleinbürgerlichen handwerklichen Tüchtigkeit bestanden große Unterschiede.[14] Traditionellerweise kennzeichnete eine Dame des Bürgertums der nicht erwerbstätige Lebensstil, in der die dilettierende künstlerische Beschäftigung ein repräsentativer Selbstzweck war. Der früher im Zunftwesen, in den Zwanziger Jahren in der Handwerkskammer organisierte Handwerker gehörte einer anderen Gesellschaftsschicht an, und sein Beruf blieb in der Regel Männern vor-

Weimarer Republik. Krisenjahre der klassischen Moderne, Frankfurt a.M. 1987, S. 92.

8 Vgl. Bussemer 1985 (wie Anm. 6), S. 221; Barbara Duden und Hans Ebert: Die Anfänge des Frauenstudiums an der Technischen Hochschule Berlin. In: Reinhard Rührup (Hrsg.): Wissenschaft und Gesellschaft. Beiträge zur Geschichte der Technischen Hochschule Berlin, 1879-1979, Berlin 1979, S. 404; Zu Kunstschulen vgl. Werner Reimann: Über den Kampf der Frauen in Deutschland um akademische Ausbildung auf dem Gebiet der bildenden Kunst. In: Studien zur Geschichte der Hochschule für bildende Künste Dresden. H. 1, Dresden 1983, S. 5ff.

9 Winfried Nerdinger: Fatale Kontinuität: Akademiegeschichte von den zwanziger bis zu den dreißiger Jahren. In: Thomas Zacharias (Hrsg.) im Auftrag der Akademie: Tradition und Widerspruch. 175 Jahre Kunstakademie München, München 1985, S. 184.

10 Folke Dietzsch: Die Studierenden am Bauhaus – Statistisches. In: Wissenschaftliche Zeitschrift für Architektur u. Bauwesen, H. 2, Weimar 1989, S. 90.

11 Satzungen des Staatlichen Bauhauses zu Weimar, § 3, Januar 1921.

12 Ansprache von Walter Gropius, Weimar 1919.

13 Marina Sauer: Dilettantinnen und Malweiber. Künstlerinnen im 19. und 20. Jahrhundert. In: NGBK (Hrsg.): Das verborgene Museum. Dokumentation der Kunst von Frauen in Berliner öffentlichen Sammlungen, Berlin 1987, S. 24f. Karin Hausen: Polarisierung der ›Geschlechtscharaktere‹ – Eine Spiegelung der Dissoziation von Erwerbs- und Fami-

behalten.[15] Seine Erwerbstätigkeit verlief in teilweise ritualisierten, von der Innung streng überwachten Bahnen. Das Selbstverständnis und die Leitbilder beider Lebensstile waren unvereinbar. Nur scheinbar also versuchte Walter Gropius die Gleichstellung der Frauen zu fördern. Denken und Sprache sabotierten bereits dieses Vorhaben und ließen seine Worte ambivalent erscheinen. Die Studentinnen gerieten deshalb über die Ansprache ihres neuen Direktors sofort in eine Diskussion. In den ersten beiden Nummern der Studentenzeitung »Der Austausch« reflektierten ihre unterschiedlichen Meinungen die gespaltene Haltung von Walter Gropius.[16] Während sich die männlichen Studenten in ihren Überlegungen mit Handwerk und Salonkunst befaßten, antworteten die weiblichen Studenten auf die Geschlechterproblematik: »Es schwingt und tönt in mir: ich darf mitarbeiten... Als Frau besonders halte ich meinen Schatz. Denn was sind wir Frauen hier? Wir sind, wie alle berufstätigen Frauen, den Männern zumindest ein Gegenstand des Mitleids. ›Warum füllst Du nicht deinen natürlichen Beruf aus?‹, das ist die eingehendste Frage, die sie [die männlichen Kommilitonen – A. B.] stellen, manche äusserlichere geht voraus.«[17] Als »natürlicher Beruf« der Frau galt somit auch hier die Mutterschaft. Erwerbstätigkeit oder gar eine professionelle künstlerische Existenz schien dem weiblichen Wesen nicht zu entsprechen. Der »natürliche Beruf« der Frau war zugleich ihre »natürliche« Berufung.[18] Die Bedeutung des Wortes Berufung war für Frauen unter diesen Zuschreibungen immer ambivalent und zwiespältig. Signalisierte die Besinnung auf die eigentlich weibliche Berufung der Studentin ein mögliches Ende ihrer professionellen künstlerischen Ambitionen, so verband sich für ihren männlichen Kommilitonen mit dem Begriff ein inneres Zutrauen zu seinem Talent. Künstlerische Arbeit mußten Frauen dem Stereotyp Berufung erst einmal abtrotzen, das besonders bei den einflußreichen Malern der Schule stets aktuell blieb. Paul Klee äußerte sich dazu in einer Kritik: »... man war fleißig: aber genie ist nicht fleiß ... genie ist genie, ist begnadung, ist ohne anfang und ende. ist zeugung.«[19] Frauen, als empfangender Part in der Evolutionsgeschichte, konnten vom Standpunkt eines männlich definierten Kreativitätsbegriffs aus nicht in der Lage sein, geniale Kunst zu erzeugen. Allerdings bestand gerade am Bauhaus die Chance, durch Betonung handwerklicher Fähigkeiten die Bedeutung der Kategorie Berufung zugunsten der pragmatischeren des Berufs abzuschwächen. Dies, in Verbindung mit den überaus günstigen Eintrittsbedingungen, die

lienleben. In: W. Conze (Hrsg.): Sozialgeschichte der Familie in der Neuzeit Europas. Neue Forschungen, Stuttgart 1977.

14 »Andererseits war man [im 19. Jahrhundert – A. B.] der Meinung, dass Arbeit mit dem Status einer Dame, den bürgerliche Frauen zu erwerben trachteten, nicht vereinbar war.« Eric Hobsbawm: Kultur und Geschlecht im Europäischen Bürgertum, 1870-1914. In: Ute Frevert (Hrsg.): Bürgerinnen und Bürger. Geschlechterverhältnisse im 19. Jahrhundert, Göttingen 1980, S. 177. Renate Berger stellte fest, daß die meisten Künstlerinnen bürgerlicher Herkunft seien. In: Berger 1986 (wie Anm. 6), S. 254.

15 Jürgen Kocka: Arbeitsverhältnisse und Arbeiterexistenzen. Grundlagen der Klassenbildung im 19. Jahrhundert, Bonn 1990, S. 339. Der Autor spricht hier vom »Männermonopol im Handwerk«.

16 Der Austausch, Mai 1919, S. 4.

17 Käthe Brachmann: Echo auf Gropius' Antrittsrede und Programm. In: Der Austausch 1919 (wie Anm. 16).

18 Brachmann 1919 (wie Anm. 16).

19 In: bauhaus, H. 2/3, 1928. S. 17.

1 Ida Kerkovius: Selbstbildnis, 1929

keine höhere Schulbildung voraussetzten, motivierte viele Frauen, an dem damals skandalösen Bauhaus zu studieren.

Die zweite, uns überlieferte schriftliche Äußerung zur Frauenfrage stammt aus der Dessauer Periode des Bauhauses. Helene Schmidt-Nonne, Bauhausstudentin und Ehefrau eines Jungmeisters, wiederholte hier die wichtigsten Klischees, mit denen Frauen von der freien Kunst ferngehalten wurden und die offenbar auch am Bauhaus wenig von ihrer Orientierungskraft verloren hatten. In einem Zeitungsartikel von 1926 ordnete sie der Frau Intuition zu, dem Mann Intellekt. Frauen sah sie vor allem erfolgreich mit der Fläche arbeiten, da es ihnen an räumlicher Vorstellungskraft mangele, denn diese sei dem Mann eigen. »dazu kommt, daß das sehen der frau ein gewissermaßen kindliches ist, denn gleich dem kind sieht sie das einzelne und nicht das allgemeine. ... nur sollte man sich nicht darin täuschen, dass dieses wesen sich ändern wird, trotz aller errungenschaften der frauenbewegung ... ja, es sind sogar anzeichen vorhanden, dass die frau diese ihre beschränkung in rechnung stellt mit dem bewußtsein, gerade darin ein großes plus zu besitzen. der mangel an intellekt findet seinen grund in einer grösseren ursprünglichkeit und harmlosigkeit, die dem leben selber am nächsten ist.«[20] Mit ihrer auf Gegensätzen – wie Raum versus Fläche, Intellekt versus Intuition – beruhenden Argumentationsweise konzipierte Helene Schmidt-Nonne die Geschlechterfrage ganz im Stil des Bauhauses. In dem Bestreben, radikal mit einfachsten Grundformen und Primärfarben zu arbeiten, bemühte man sich in der praktischen Gestaltung wie in der theoretischen Diskussion um solche Dualismen. In einfachen Gegensatzpaaren fand man am Bauhaus eine Struktur, der die Kraft zugetraut wurde, gestaltend und folglich ordnend auf die deutsche Nachkriegszeit einzuwirken. Denn gerade darin lag ja das Besondere der Bauhausidee, daß nicht nur die Gegenstände des Alltags, sondern auch die Lebensführung des Einzelnen erneuert werden sollten. Die Geschlechterfrage bildete eine Facette dieses Ordnungsdenkens und war zugleich exemplarisch für seine Struktur. Hier war es besonders leicht, auf scheinbar natürliche Polaritäten zurückzugreifen, da der sozialpolitische Gestaltungswille des Bauhauses auf die orientierende Funktion einer dualen Geschlechterordnung nicht verzichten wollte, der auf einem holistischen, am Gesamtkunstwerk orientierten, einheitsstiftenden Ordnungskonzept basierte. Anscheinend unterschied sich das Denken vieler Bauhäuslerinnen in Geschlechterfragen wenig von dem der männlichen Kommilitonen. Ein »mehr rhythmisches als logisches Denken ... [kennzeichnet die – A. B.] allgemeinen Anlagen des weiblichen Charakters, der besonders befähigt ist, auf dem textilen Gebiet Schöpferisches zu leisten« philosophierte Gunta Stölzl, die einzige Jungmeisterin der Schule. Diese Übereinstimmung mit den gängigen Weiblichkeitsklischees könnte sich aus dem starken Integrationswunsch vieler Frauen erklären. »Wenn wir alle Kräfte anspannen und ernst arbeiten, wollen wir doch nicht nur gelitten sein. Wir Frauen können genauso fleißig studieren wie die Männer. Wie weit wir es dann allerdings mit unseren weiblichen Gefühlen in der Kunst bringen, kommt auf jede einzelne an.«[21] Der Zweifel an den weiblichen Gefühlen, denen angeb-

20 Helene Schmidt-Nonne: Das Gebiet der Frau im Bauhaus. In: Vivos Vocos, Zeitschrift für neues Deutschtum, H. 8/9, Leipzig 1926, S. 277.

21 Resi Jäger-Pfleger: Erwiderung an Käthe Brachmann. In: Der Austausch, Juni 1919, S. 6. Otto Modersohn notierte in sein Tagebuch: »Das muß das schwerste für ein frauenzimmer sein: geistig hoch intelligent und doch ganz Weib. In: Das verborgene Museum 1987 (wie Anm. 13) S. 23.

lich eine künstlerische Potenz fehlte, weil die Emotionalität der Frau sich auf Mann und Mutterschaft ausrichten müsse, spiegelt sich hier als verinnerlichtes Geschlechterdenken der Zeit wider. Renate Bergers These trifft deshalb auch auf die Frauen des Bauhauses zu – »Ihre Originalität entfaltete sich in der haarfeinen Einpassung in ein Bild, das *andere* entwarfen.«[22]

Else Mögelin beispielsweise war auf Wunsch ihrer Mutter Zeichenlehrerin geworden und hatte 1919 bereits erste malerische Ausstellungserfolge in der Berliner Sezession und zwei Bildverkäufe vorzuweisen. »Als ich im Oktober 1919 nach Weimar ging, zog mich nichts anderes, als der Wunsch als Malerin mit anderen Künstlern ... in befruchtenden Kontakt zu kommen.«[23] Am Bauhaus allerdings verwandelte sich die junge Malerin in eine Weberin – ein für viele Bauhäuslerinnen typischer Werdegang. Lebhaft erinnert sie sich an die erst Ansprache von Walter Gropius: »So ganz unvorbereitet begegnete mir Gropius. Er sprach zu uns mit der ihm eigenen Überzeugungskraft, er ließ vor uns die Vision eines ›Bauhauses‹ entstehen, in dem sich alle jungen begabten Kräfte vereinen sollten, um gegen die Formlosigkeit des Hergebrachten eine Umwelt aufzubauen, die unserem Leben entspräche. ... Nur die Größten, die wirklich ein ›neues Fenster zur Welt öffnen‹, sollten als freie Künstler gestalten. Wie ein Schock traf mich diese Erkenntnis! Sollte ich mir die Rechte eines Feininger, eines Klee anmaßen? Alle meine Pläne fielen wie ein Kartenhaus zusammen. So wurde ich Bauhausschülerin, die bereit war, sich ganz den neu erkannten Zielen einzuordnen und ohne ›künstlerische‹ Ambitionen ein Handwerk zu lernen. Das führte mich über einen langen Umweg, der mich zunächst nach Dornburg in die Töpferei brachte, zur Weberei.«[24] Überzeugt von den handwerklichen Zielen des Bauhauses und geprägt von einem beachtlichen Maß an Selbstkritik und Bescheidenheit, erlegte sich Else Mögelin ein Malverbot auf. Nach einem kurzen Versuch in der Metallwerkstatt und einem Jahr harter Arbeit in der Dornburger Bauhaustöpferei begann sie, an dem gewählten Handwerk zu zweifeln. In dieser Krise wandte sie sich erneut der Malerei zu. So kam es, daß eine Bekannte Paul Klee eines ihrer Aquarelle zeigte, und diesem gefiel das Bild.[25] War es ein Zufall, daß Klee darin vielmehr ein Talent für Bildweberei erkannte, statt sie zur Malerei zu ermutigen? Im Unterschied zur freien Malkunst fügte sich der Webereiberuf harmonisch in die gängigen Weiblichkeitsvorstellungen ein. Flexibilität in der Wahl des Arbeitsbereiches war Voraussetzung für das

22 Berger 1986 (wie Anm. 6), S. 68.

23 Else Mögelin, o.J., o.O., Manuskript im Bauhausarchiv Berlin.

24 Mögelin o.J. (wie Anm. 23).

25 Mögelin o.J. (wie Anm. 23).

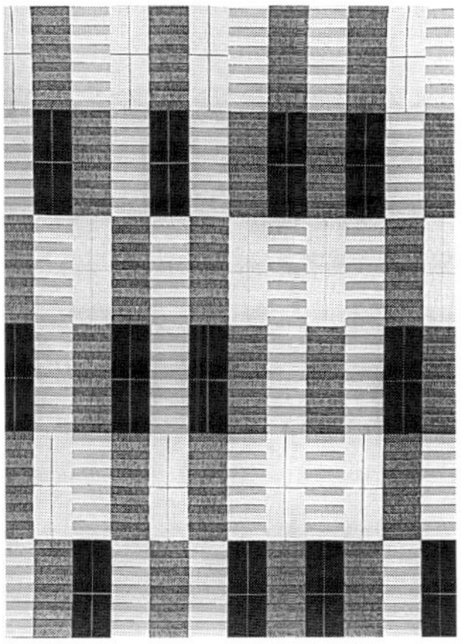

2 Anni Albers: Wandbehang, 1926

Studium von Frauen an der Schule. Diese Erfahrung machten auch viele Weberinnen, die anfänglich oftmals andere Studienwünsche hatten.[26] Die Druckerei beispielsweise wollte möglichst auf Frauen in ihren Reihen verzichten, während Gropius und Meister Marcks gemeinsam überlegten, ob die Töpferei für Frauen nicht körperlich zu anstrengend sei[27], bis schließlich der Lehrlingsmangel jegliche Bedenken beiseite fegte. Immer wieder zeigte sich, daß die Studentinnen die freie Wahl der Werkstatt im Bauhaus einzeln durchsetzen mußten.

Die kunsthandwerklich tätigen Bauhäuslerinnen konnten alle leichter von ihrer Arbeit existieren als die freien Künstlerinnen. Dies war eines der wichtigen Ziele, die Walter Gropius mit seinem Konzept von Kunst und Handwerk angestrebt hatte. Rückblickend erinnert sich Else Mögelin, daß die meisten Bauhäusler »die unbekümmerte Freiheit der handwerklichen und künstlerischen Versuche [genossen – A. B.], mit der wir auf Entdeckung des Materials und der Techniken ausgingen, als müßten wir das Handwerk neu erfinden.«[28] Mit diesem Idealismus gewannen die Bauhäusler nicht nur Freunde, in Weimar wie in Dessau fühlten sich die alteingesessenen Handwerker vom Bauhaus bedroht. Sie sahen in ihm eine aus Steuergeldern finanzierte Konkurrenz und opponierten politisch wie fachlich gegen die Ziele der Schule – gegen Flachdach wie modernen Lebensstil gleichermaßen. Auch die Frauenfrage spielte in diesem Konflikt eine Rolle.

Waren die ersten Jahre der Schule durch eine enge Verbindung von Handwerk und Kunst geprägt, um den »herkömmlichen Lehrbetrieb in eine echte handwerkliche Schulung« umzuwandeln, so veränderte sich dies um 1923.[29] Das Bauhaus entwickelte nun eine stärker technisch und industriell ausgerichtete Orientierung, die das Handwerk auf eine pädagogische Nebenrolle reduzierte. Außerdem wollte das Bauhaus nicht nur zum Handwerk zurück, sondern dieses zugleich reformieren. Nach den schwierigen Zeiten für das Handwerk im 19. Jahrhundert und den Härten des Weltkrieges und der Inflation konnte Walter Gropius hier kaum eine konfliktfreie Zusammenarbeit erwarten. Bereits im September 1920 begann die Weimarer Handwerkskammer, auf das Bauhaus Druck auszuüben. Gropius betonte, die Bauhäusler dürften von den Handwerkern auf keinen Fall als »Dilettanten« betrachtet werden. Dilettantismus nannte man im späten neunzehnten Jahrhundert die nicht gewerbliche, künstlerisch-kunsthandwerkliche Tätigkeit von Frauen aus ge-

26 Magdalena Droste: Gunta Stölzl. Weberei am Bauhaus und aus eigener Werkstatt, Berlin 1987, S. 11; siehe auch: Staatsarchiv Weimar, Akte Nr. 280, S. 89. Brief von Walter Gropius an Elsa Kleinwort.

27 Staatsarchiv Weimar, Akte Nr. 152, S. 415. Schreiben vom 3. März 1921 vom Bauhaus an Unbekannt: »In die Töpferei können Frauen vorerst nicht mehr aufgenommen werden. Wir schlagen Ihnen vor, in die Frauenabteilung oder die Buchbinderei einzutreten.«

28 Mögelin o.J. (wie Anm. 23).

29 Herzogenrath/Kraus 1988 (wie Anm. 3), S. 11.

hobeneren Schichten.[30] Weiblichkeit wurde in diesem Zusammenhang mit einer ›unfachmännischen‹ Arbeitsweise gleichgesetzt. Der Ruf, kunstgewerblich angekränkelt zu sein, hätte die Bauhäusler auch in ihrer männlichen Ehre getroffen, die sich von derjenigen der Handwerker mehr graduell als prinzipiell unterschied. Die »Handwerker [erwarben – A. B.] ... Männlichkeit durch Leistung. Die Vollendung des Meisterstücks war erforderlich für den Eintritt ins Meisterrecht und somit für ... das ›Mannsein‹, d.h. Hausvatersein.«[31] Selbst nach der Reform der Zünfte und der Einführung der Gewerbefreiheit im 19. Jahrhundert hatte sich an den Wertvorstellungen wenig geändert. Den Handwerkern war nicht verborgen geblieben, daß Gropius den Architekten als Führer, die Meister als Anreger, die Handwerker lediglich als Teil des Ganzen wertete. Dabei war das Bauhaus angetreten, »die klassenmäßige Anmaßung, die ... hohe Mauer zwischen Handwerkern und Künstlern« niederzureißen.[32] Architekten, Maler und Bildhauer erklärte Gropius kurzerhand zu »Handwerker[n] im Ursinn des Wortes.«[33] So konnte es nicht überraschen, daß er im Künstler eine Steigerung des Handwerkers sah. Dadurch fühlten sich die Künstler und Architekten zur Erneuerung von Handwerk und Gesellschaft legitimiert. 1924 holte das Weimarer Handwerk zu einem Gegenschlag aus.[34] Es wurde am Bauhaus u.a. bemängelt, daß die Werkstätten nicht nach der Disziplin des ortsansässigen Handwerks arbeiteten, und daß der Status der Handwerksmeister am Bauhaus keineswegs als ehrenvoll empfunden werden konnte.[35] Da sich die Bauhausprofessoren, in Opposition zur traditionellen Kunstakademie, kraft ihrer eigenen Entscheidung in Meister umbenannten, wurde unverkennbar, daß die Handwerkerinnung hier keinen Einfluß auszuüben hatte.[36] Anfänglich schwebte Gropius sogar vor, durch das Bauhaus eine »neue Zunft der Handwerker« zu bilden.[37] Daß das Bild des Handwerks am Bauhaus teilweise expressionistisch verklärt und romantisiert war, dürfte auch den Weimarer Handwerkern nicht entgangen sein, stimmte sie aber keineswegs milder.[38] Hinzu kam, daß dem lokalen Weimarer Handwerk durch das Bauhaus eine Konkurrenz erwuchs, weil die Schule ihre Produktivkraft zu entwickeln suchte, um sich finanziell von der wechselhaften Politik unabhängig zu machen. Und durch die Doppelung von Formmeister und Werkmeister in den Lehrwerkstätten, durch die Notwendigkeit, einen traditionellen Gesellenbrief zu erwerben und zusätzlich die bauhausinterne Gesellenreife abzulegen, verschärfte sich der Konflikt mit der Handwer-

30 Sauer 1987 (wie Anm. 13), S. 21.

31 Lyndal Roper: Männlichkeit und männliche Ehre. In: Journal für Geschichte, Nr. 1, 1991, S. 31. Gropius stand diesen Werten nicht nur distanziert gegenüber, sprach er doch selber von seinen hausväterlichen Rechten und Pflichten am Bauhaus.

32 Programm des Staatlichen Bauhaus Weimar, April 1919. In: Hans M. Wingler: The Bauhaus. Weimar, Dessau, Berlin, Chicago 1978, S. 31.

33 Programm des Staatlichen Bauhauses in Weimar 1919. In: K.-H. Hüter: Das Bauhaus in Weimar. Studie zur gesellschaftspolitischen Geschichte einer deutschen Kunstschule, Berlin 1976, S. 208.

34 Arno Müllers Pamphlet wurde oft als »gelbe Broschüre« bezeichnet; vgl. Arno Müller: Das Staatliche Bauhaus Weimar und sein Leiter. Weimar, April 1924.

35 Müller 1924 (wie Anm. 34). Das Bauhaus geriet hier in die Schußlinie eines alten Kampfes, denn das Handwerk arbeitete seit etwa 1848 für die Erneuerung seiner alten Rechte, eine Bemühung, die 1897 teilweise erfolgreich war und die Innungen ermächtigte, wieder allein über die Vergabe des Befähigungsnachweises zu entscheiden. Am Bauhaus kümmerte man sich darum jedoch wenig und setzte der Prüfung vor der Handwerkerinnung einen eigenen Abschluß entgegen, die sogenannte Gesellenreife, deren »Prüfungen vor dem Meisterrat abgelegt [werden müssen, und – A. B.] deren Forderungen über das Mass der öffentlichen Gesellen- und Meisterprüfungen ... weit hinausgehen.« In: Lehrordnung des Staatlichen Bauhaus Weimar, Juni 1922.

36 Benita Koch-Otte an Ger-

kerlobby auf städtischer Ebene wie auch innerhalb des Bauhauses an zwei Fronten zugleich.[39] In der Werkstattarbeit traten weltanschauliche Gegensätze zutage, die keine Vermittlung mehr zuließen. Die Frauenfrage bildete einen Teil davon. Das Weimarer Handwerk versuchte im Kampf gegen das Bauhaus, die Zulassung von Frauen zu bisher traditionell männlichen Arbeitsgebieten und allgemein eine Verschärfung der angespannten Arbeitsmarktlage, die »Lehrlingszüchterei«, zu verhindern.[40] Verärgert wurde moniert, daß Gropius eine Studentin gegen den Handwerksmeister Carl Schlemmer in ihrem Bemühen unterstützt hatte, an einem Hausbau mitzuarbeiten. Gropius nahm sehr bald Abstand von solchen »Experimenten«, und bereits im September 1920 hatte er, bei dem »der Zahl nach zu stark vertretenen weiblichen Geschlecht, ... auf eine scharfe Aussonderung« gedrängt.[41]

Hauptbetätigungsfeld für Frauen am Bauhaus wurde somit ab dem Wintersemester 1920 die Weberei, die sogenannte Frauen-

hard Marcks vom 31.12.1971. In: Nachlaß Benita Koch-Otte, Bethel: »So fühlte man sich [den normalen Handwerksgesellen gegenüber – A. B.] mit einigem Recht als Aristokratie.«

37 Programm des Staatlichen Bauhaus Weimar, 1919. In: Hüter 1976 (wie Anm. 33), S. 208.

38 Magdalena Bushart: Der Geist der Gotik und die expressionistische Kunst: Kunstgeschichte und Kunsttheorie 1911-1925, München 1990, S. 181.

39 Müller 1924 (wie Anm. 34).

40 Müller 1924 (wie Anm. 34).

41 Meisterratsprotokoll vom 20.9.1920.

3 Gruppenbild der Weberei am Bauhaus Dessau

klasse. Durch die Einrichtung dieser Frauenklasse wurde die freie Werkstattwahl für Studentinnen empfindlich beschränkt.[42] Diese Maßnahme schien angebracht, da das Bauhaus praktisch wie reformideologisch mit dem traditionell männlichen Handwerk konkurrieren wollte. Wenn auch das anfänglich höhere Schulgeld für Studentinnen nicht eingeführt wurde, war all dies doch ein Zeichen für die Probleme, die das Bauhaus mit der Frauenfrage hatte.[43] Im Fall der Weberei konnte die Gesellenprüfung vor der Innung bis 1926 nicht abgelegt werden. Aber nicht nur deshalb hatte Gropius gesagt, daß es in der Weberei »keine Gesellen und Meister im Sinne der übrigen Werkstätten« gäbe.[44] Die Weberei leitete seit den Tagen van de Veldes die Werkmeisterin Fräulein Börner, die vor dem Krieg als Handarbeitslehrerin an der Großherzoglichen Kunstgewerbeschule tätig war, und wenig vom Weben verstand. Und der Formmeister der Weberei, Georg Muche, hatte sich geschworen, niemals einen Faden zu weben und malte den Frauen statt dessen sein »kleines romantisches Formelalphabet für die Weberei« auf.[45] Viel mußte auf autodidaktischem Wege gelernt werden, bevor Gunta Stölzl als Jungmeisterin die Leitung der Werkstatt in Dessau übernahm. Bauhausintern war die Weberei als Frauenklasse am stärksten mit dem schlechten Image des Kunsthandwerks behaftet. Der Bauhäusler Siegfried Ebeling sprach von der »Männlichkeit der Gestaltung« und der Überwindung des Kunstgewerbes, das eine »weibliche

42 Meisterratsprotokoll vom 14.5.1920.

43 Wingler 1978 (wie Anm. 32), S. 27.

44 Müller 1924 (wie Anm. 34), S. 17. Das Exemplar aus dem Nachlaß Walter Gropius enthält seine Anmerkungen dazu. An dieser Stelle hat er nichts in Frage gestellt, so daß vermutet werden kann, daß er diese Äußerung gemacht hat.

45 Ingrid Radewaldt: Bauhaustextilien 1919-1933, Naumburg 1986 (Diss.), S. 85.

4 »Vier Mädchen aus der Weberei«, Bauhaus Weimar

Übergangserscheinung« sei.[46] Oskar Schlemmer wiederum monierte die große Bedeutung, die dem Kunsthandwerk in der Bauhauspraxis zukam. »Zwei Werkstätten, die Töpferei und die Weberei, sind auf dem besten Wege, die Repräsentanten des Bauhauses zu werden, wenn sie es nicht schon sind. Wenn wir dann als gute Kunstgewerbeschule etikettiert werden, brauchen wir uns nicht zu wundern.«[47] Und obwohl um 1928 die Weberei bereits eine der produktivsten Werkstätten war, fiel Schlemmer in seinem Kurzgedicht zur Weberei nur der Reim ein: »Wo Wolle ist, ist auch ein Weib, das webt, und sei's zum Zeitvertreib.«[48] Daß sich die bauhausinterne Polemik hier gegen sich selber richtete, hing nicht nur mit dem Statusverlust des Kunsthandwerks zusammen. Die Weimarer Bauhausgegner versuchten wiederholt, die Schule auf das Niveau einer Kunstgewebeschule herunter zu stufen, was einen zusätzlichen realpolitischen Druck auf das Bauhaus ausübte. »Für die Weimarer Zeit bleibt also festzuhalten, daß den Frauen der Zugang grundsätzlich erschwert wurde und daß sie, wenn sie diese Hürde genommen hatten, in die Weberei gedrängt wurden. Die Männer fürchteten eine zu starke ›kunstgewerbliche‹ Ausrichtung und sahen das symbolische und tatsächliche Ziel des Bauhauses, die Architektur, in Gefahr.«[49]

Betrachtet man die vierzehnjährige Entwicklung der Schule, so fällt auf, daß das Bauhaus in Weimar einen hohen Frauenanteil hatte, mit der Folge, daß die Möglichkeiten, nicht in die Weberei zu gehen, gering waren. Bei einer abnehmenden Anzahl von Frauen am Bauhaus Dessau aber stiegen ihre Chancen, sich frei eine Werkstatt zu wählen, und in einem Fach ihrer Wahl auch einen Gesellenbrief oder ein Diplom zu machen. In Dessau waren beispielsweise auch die Tischlerei, die Metallwerkstatt und die Bauabteilung eher geneigt, Frauen in ihre Reihen zu integrieren. Je niedriger die Anzahl der Frauen, desto höher die Chancen auf einen männlich »besetzten« Arbeitsbereich. Einzelne Frauen fanden immer wieder Duldung und Aufnahme in traditionell männlichen Werkbereichen, aber die Geschlechterverhältnisse stellte ihre Anwesenheit nicht in Frage. Im Lehrerkollegium spiegelte sich die relativ hohe Zahl der Studentinnen allerdings nicht wider, denn offiziell gab es nur eine Jungmeisterin.[50] Wenn es um Geld und um feste Stellen ging, befanden Frauen sich im Nachteil. Oder anders formuliert: die Männer hatten über die Hierarchien hinweg ein Bewußtsein der Gemeinsamkeit, was ihre Rolle als Ernährer und die Notwendigkeit eines Verdienstes betraf. Und diese Gemeinsamkeit schlug sich nicht nur in der üblichen

46 Siegfried Ebeling: Kosmologische Raumzellen. Ideen zur Ethik des konstruktiven Denkens. In: Junge Menschen. Monatshefte für Politik, Kunst, Literatur und Leben aus dem Geiste der jungen Generation. Sonderheft Bauhaus Weimar, Hamburg, H. 8, 1924, S. 173.

47 Vgl. O. Schlemmer: Tagebuch, 18.3.1924. In: Idealist der Form. Briefe, Tagebücher und Briefe, Leipzig 1990, S. 120.

48 Oskar Schlemmer in der Chronik: »Neun Jahre Bauhaus«, 1928.

49 Magdalena Droste: Beruf: Kunstgewerblerin. Frauen in Kunsthandwerk und Design 1890-1933. In: Design Center Stuttgart (Hrsg.): Frauen im Design. Berufsbilder und Lebenswege seit 1900, Stuttgart 1989, S. 190.

50 Dies war Gunta Stölzl. Lilly Reich war nur sehr kurz an der Schule, dank ihrer Verbindung zu Mies van der Rohe. Die verschiedenen Vertretungen der Weberei erhielten den Titel nicht. Gertrud Grunow wurde, ebenfalls ohne Titel, als Ausnahme behandelt und hatte nur eine halbe Stelle. Marianne Brandt vertrat die Leitung der Metallwerkstatt und wurde lediglich als Geselle geführt. Karla Grosch lehrte Gymnastik und war ebenfalls nicht »Titelwürdig«.

»Frauenzulage« ihrer Gehaltslisten nieder. Trotzdem erlebten auch viele Frauen das Bauhaus positiv als unbürgerlich, bohèmehaft und befreiend. Der skandalöse Ruf der Schule hielt sie keineswegs von einer Bewerbung ab, denn wie für die männlichen Studenten auch, übte gerade dieses Milieu eine starke Anziehung aus. Mit der Rebellion gegen überkommene Lebens- und Umgangsformen, die die teilweise hysterische Reaktion der sie umgebenden Gesellschaft nur noch dringlicher erscheinen ließ, fühlten sich auch die Frauen solidarisch. Dieser Außendruck wirkte nach innen einigend auf die sehr heterogenen Schülergruppen. Auch kamen viele der deutschen Bauhäusler aus der Wandervogelbewegung, und man trug am Bauhaus Weimar als Mann »die Haare lang, als Mädchen einen Herrenschnitt oder Bubikopf, der als ›Tituskopf‹ schon in den Jahren des Weltkrieges Furore gemacht hatte. Für beide Geschlechter war dies Ausdruck des Protestes und der Freiheit.«[51] Zusammenfassend kann man sagen, daß der Zuschreibungsbereich der Frauen an der Schule sich von dem der übrigen Gesellschaft der Weimarer Republik wenig unterschied. So lebten die Bauhäuslerinnen mit einer »Bindestrich«-Identität. Sie bewegten sich in einer zwiespältigen Situation, denn die herrschende Kultur – innerhalb wie außerhalb des Bauhauses – hatte keinen anerkannten Platz für eine Minderheit, die darauf bestand, beides zu sein: sowohl Frau, als auch Künstlerin.

51 Magdalena Droste: Mode am Bauhaus. In: Anziehungskräfte. Varieté de la Mode, 1786-1986, München 1987, S. 52.

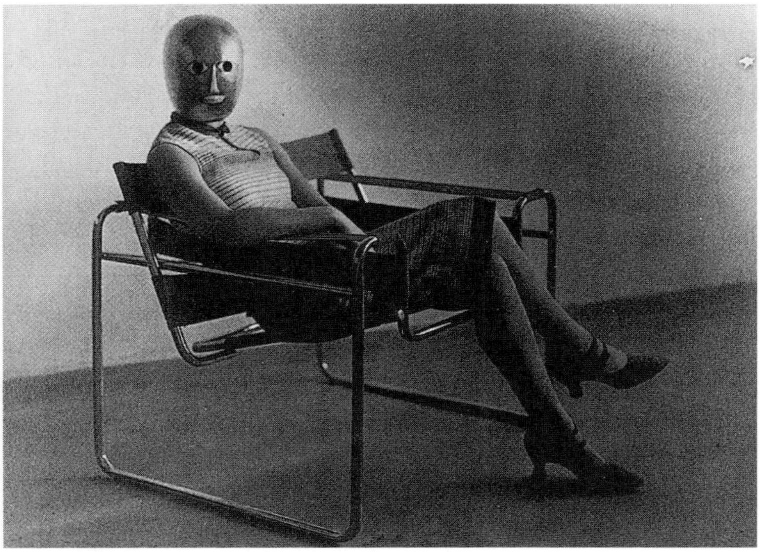

5 Fotografie von Erich Consemüller: Frau mit Schlemmer-Maske

Kirsten Beuth

DIE WILDE ZEIT DER SCHÖNEN BEINE

Die inszenierte Frau als Körper-Masse

Unter der Überschrift »Wie ich Revue-Girl wurde« veröffentlichte der »Querschnitt« 1927 einen Bericht der Brigitte B.: »Ich habe es leicht gehabt, zur Revue zu kommen. Ich hatte damals einen Freund, der Schriftsteller ist. Ich war in einer Firma im Büro, und abends habe ich ihm dann seine Sachen getippt. Es ist uns saudreckig gegangen, aber mein Freund kannte verschiedene Leute vom Romanischen Café und von der Maenz, und als wir einmal bei Schwannecke waren, lernte ich Franz Blei kennen. Ich habe ihm anscheinend gefallen, denn er fragte mich gleich, ob ich nicht Manuskripte für ihn tippen wolle. Da ich diese freundliche Anknüpfungsmethode, die namentlich bei den älteren Schriftstellern beliebt ist, genau kenne, habe ich nein gesagt [...]. Er hat aber nicht lockergelassen und mich gefragt, ob ich zur Revue will. Dann hat er mir gleich am andern Tag eine Empfehlung gegeben, mit der ich losgezogen bin [...]. Viel Arbeit ist dabei, wenn man Ehrgeiz hat, ein wirklich cleveres Revue-Girl zu sein. In aller Frühe fange ich an zu turnen. Ich habe mir ein Buch dazu besorgt und mensendiecke was das Zeug hält.«[1] »Einen Punktroller muß man haben, denn zum Massieren reichen die 150 Mark Gage nicht aus. Manche bekommen sogar noch weniger. Um 1/2 11 geht die Probe an, und wenn es nahe an die Premiere geht, dann dauert es oft bis spät in die Nacht hinein. Aber es ist eine lustige Sache. In den Revue-Theatern sind Kantinen eingerichtet, wo alles durcheinander sitzt, vom Direktor bis zum Bühnenarbeiter, von der Garderobiere bis zur spanischen Diva. Nigger und Tenöre, Araber und Berliner Jungens.«[2]

Die Revue als offene theatralische Form erreichte schon Ende des 19. Jahrhunderts in Frankreich ihren Höhepunkt. In England, den USA und Deutschland gelangte sie in den Zwanziger Jahren zur Blüte. Erik Charell, James Klein und Herman Haller waren die erfolgreichsten Produzenten luxuriös-gigantischer Ausstattungsrevuen der deutschen Metropole. Ihre Inszenierungen entsprachen

1 Eine nach Bess Mensendieck (1864-1958?) benannte Richtung der vor und nach dem Ersten Weltkrieg entstandenen Gymnastikbewegung; Mensendieck-Schulen waren besonders in Deutschland, Dänemark, Norwegen und den Niederlanden verbreitet.

2 Brigitte B.: Wie ich Revue-Girl wurde. In: Querschnitt, Berlin 1927, S. 906, 908.

den Bedürfnissen großer Zuschauerkreise. Veränderte Produktions- und Kommunikationsweisen bildeten die Basis für die Internationalisierung kultureller Prozesse in den ersten Jahrzehnten unseres Jahrhunderts. Die Entwicklung der Revue wurde hiervon entscheidend beeinflußt. Durch Zurückdrängung nationalen und lokalen Kolorits wurde eine »grenzenlose« Unterhaltung ermöglicht, die »ohne viel Änderung und Zutat unter den Hauptstädten des Globus austauschbar«[3] war. Eine Verbindung von Musik, Tanz, Gesang, Artistik, Pantomime und Film, das Verfahren der Unterbrechung bot die Möglichkeit der »Rezeption in der Zerstreuung«.[4]

Die Frau als Girl war unabdingbarer Bestandteil der Revue. Besonders James Klein legte Wert darauf, daß der Bezug zum weiblichen Körper und seinem möglichen Unbekleidetsein schon im Stücktitel zum Tragen kam. Revuen der Jahre 1927-29 hießen bei ihm beispielsweise »Alles nackt«, »Zieh dich aus«, »Sünden der Welt«, »Häuser der Liebe«, »Tausend nackte Frauen«, »Paradies der Frauen« und »Von Bettchen zu Bettchen« (Abb. 1).

Der Krieg und die Inflationsjahre hatten zur Umstrukturierung des Theaterpublikums geführt. In der Mitte des zweiten Jahrzehnts gab es in Deutschland ein neues Massenpublikum. Es bestand vorwiegend aus Angestellten, die eine geregelte Arbeitszeit mit sicherem Einkommen hatten und für die damaligen Verhältnisse über viel Freizeit verfügten.

3 Artur Kutscher: Grundriß der Theaterwissenschaft, München 1936, S. 129.

4 Walter Benjamin: Das Kunstwerk im Zeitalter seiner technischen Reproduzierbarkeit. In: Sebastian Kleinschmidt (Hrsg.): Allegorien kultureller Erfahrung, Leipzig 1984, S. 432.

1 Szene aus der Revue »Tausend nackte Frauen« von James Klein, Komische Oper, Berlin 1928

Aber auch zahlungskräftige Neureiche ohne bildungsbürgerlichen Hintergrund, auf dem das traditionelle Theater fußte, bestimmten ein auf Unterhaltung, Sensation und Amüsement ausgerichtetes Programm. So folgte man in den Ausstattungsstücken dem Grundsatz, daß viel identisch mit gut sei, und die Revueproduktionen wurden im Verlauf der Jahre immer aufwendiger und teurer. In der James-Klein-Revue »Von A bis Z« aus dem Jahr 1925 wurde beispielsweise ein Vorhang aus Chincillapelzen verwendet. Man überschlug sich, um mit noch mehr Glitter, noch mehr Kostbarkeiten, noch mehr technischen Raffinessen, noch mehr Menschen und noch längeren Vorstellungen zu glänzen. Revuen mit einer Programmdauer von fünf Stunden, in denen mehrere hundert Mitwirkende angepriesen wurden, waren keine Seltenheit. Der amerikanische Revuekönig Flo Ziegfeld konnte jedoch kaum an Gigantomanie übertroffen werden. 1927 verschlang eine Revueproduktion 290 000 Dollar, wobei Ziegfeld allein die knappe Hälfte für die Kostüme ausgab. Am Ausgang der Zwanziger Jahre hatte der Schauwert der Ausstattungsrevuen die Grenze seiner Maximierbarkeit erreicht.

Gegner der Revuekultur gab es viele. So schrieb beispielsweise Ernst Bloch: »Kein neuer ›Mimus‹ ist aus der Revue entstanden, sie diente überwiegend Amüsierpöbel und war amorph wie dieser.«[5]

Man kann diese Auffassung teilen oder nicht. Eine Differenzierung der verschiedenen Arten, beispielsweise Ausstattungs- und Kabarettrevue, ist bei ihrer Beurteilung jedenfalls vonnöten. Unzweifelhaft ist, daß in Revueproduktionen die Möglichkeiten der technischen Neuerungen schneller integriert wurden, als es beim bürgerlichen Bildungstheater der Fall war. Und bekanntlich nutzte Erwin Piscator diese Entwicklung mit anderem Ziel und für ein anderes Publikum gleichermaßen.

In der Verbindung zwischen Revue und Technik spiegelte sich auch der »Einbruch eines neuen, eines amerikanischen Weltgefühls in die abendländische Welt«. Soweit die Veränderungen in der Kommunikationsweise und ihre technischen Voraussetzungen als Fortschritt gewertet wurden, erschien Amerika als Vorbild.[6] Die Sehnsucht nach neuen Lebenszusammenhängen – nicht zuletzt als Folge des Kriegstraumas – das Infragestellen bisheriger Werte ließen das Land, in dem 1923 fast die Hälfte aller in der Welt hergestellten Fertigwaren produziert wurden, als Ziel erscheinen. Man sah Amerika »als eine nüchterne, geplante, durchrationalisierte Industrie- und Leistungsgesellschaft, deren Lebensstandard dem aller anderen Län-

5 Ernst Bloch: Revueform in der Philosophie. Zu Walter Benjamins ›Einbahnstraße‹. In: Sinn und Form, 8. Jahrgang, Heft 4, Berlin 1956, S. 510.

6 Vgl. Christa Hasche: Bürgerliche Revue und ›Roter Rummel‹. Studien zur Entwicklung massenwirksamen Theaters in den Formen der Revue in Berlin 1903-1925, Dissertation, Humboldt-Universität zu Berlin 1980, S. 74.

der in der Welt haushoch überlegen sei. Hier glaubte man eine wohlfunktionierende Demokratie mit voll ausgebildeter Massenkultur vor Augen zu haben.«[7] Viele vertrauten der Illusion, in den USA gäbe es kaum noch Klassen und Schichten, jeder habe sein Häuschen, sein Auto – Freiheit. »Die Berliner Avantgarde betrachtete die amerikanische Massenkultur als ein Instrument zur radikalen Modernisierung der deutschen Kultur ebenso wie des deutschen Lebens. Die amerikanische Massenkultur wurde nicht nur gleichgesetzt mit Charlie Chaplin und Kino, Jazz und Charleston, mit Boxen und Zuschauersport; vor allem repräsentierte sie Modernität und das Ideal eines Lebens auf der Höhe der Zeit.«[8] Amerika galt als »eine gute Idee« schlechthin und stand im Zusammenhang mit Begriffen wie Technik, Maschine, Tempo, Großstadt und Masse.

Es wurde jedoch auch die Frage nach der Rolle der amerikanischen Frau in der Gesellschaft gestellt. In den Beziehungen zwischen Mann und Frau beobachtete man die relative Dominanz der Amerikanerin in der geistigen Kultur und faßte diese unter den Begriff des »Kulturfeminismus«[9]: Während der Mann die Dollars verdiente, kümmerte sich die Frau um die ideellen Werte des Lebens. Die amerikanische Frau – von jeher verehrt, da sie bei den Pioniertaten der Landeserschließung »Mangelware« war – wurde in besonderer Weise idealisiert und prägte die Gesellschaft durch ihre sozialen und geistigen Normen. Der Ruf ihres selbstsicheren Auftretens gelangte über die Landesgrenzen hinaus und wurde zu einem weiteren Aspekt der deutschen Amerikafaszination (aber auch ihrer Widersacher). »In den Pariser Modeateliers, in der vornehmen Gesellschaft, überall da, wo die Mode gemacht wird, ist die Amerikanerin heute tonangebend, und ihr Schönheitsideal, ihr Geschmack, ihre Weltanschauung wirken, ohne daß wir uns darüber genaue Rechenschaft ablegen, auf unsre Lebensform ein. Wir tanzen jetzt nicht mehr in den Formen, die aus unsrer alten Tanzkultur hervorgehen, sondern was dem Nigger und dem Amerikaner konform ist, und die hübschen Apostel dieses neuen Tanz- und Lebensevangeliums sind die Girls, die die Revuen und Variétés beherrschen.«[10]

Diese Orientierung am amerikanischen Weiblichkeitsideal blieb also nicht ohne Auswirkung auf die Entwicklung der deutschen Revue. In Ausstattungsstücken, wie beispielsweise in der 1928 aufgeführten James-Klein-Revue »Tausend nackte Frauen«, wurde die amerikanische Frau als besonders selbstbewußt, scheidungswütig und abenteuerlustig dargestellt. Zugleich wurde das vorgeführte

7 Jost Hermand, Frank Trommler: Die Kultur der Weimarer Republik, München 1978, S. 50.

8 Anton Kaes: Massenkultur und Modernität. Notizen zu einer Sozialgeschichte des frühen amerikanischen und deutschen Films. In: Frank Trommler (Hrsg.): Amerika und die Deutschen, Opladen 1986, S. 657.

9 Vgl. Adolf Halfeld: Amerika und der Amerikanismus, Jena 1927, S. 209ff.

10 Paul Landau: Girlkultur. Von der Amerikanisierung Europas. In: Westermanns Monatshefte 2, Januar 1927, S. 566.

neue Wertgefühl, das ein Zeichen der veränderten Zeit sein sollte, verknüpft mit dem Technikbewußtsein einer höher entwickelten Wirtschaftsform und der »Vermassung« aller Lebensbereiche. Der Kult der maschinenhaften Exaktheit und des Quantitativen wurde in den Ausstattungsrevuen in ausgeprägter Weise betrieben. In Deutschland war der Eintritt der Frau als Masse in die Gesellschaft während und nach dem Ersten Weltkrieg besonders markant. Da sie in großer Zahl nun nicht mehr »nur« als Proletarierin und somit auf der untersten Stufe der sozialen Leiter, sondern auch als Angestellte ins öffentliche Bewußtsein drang, erschien sie plötzlich in einem helleren Licht. Aufgrund gesellschaftlicher Notwendigkeiten wurde die berufstätige Frau »salonfähig«. Das Revuegirl avancierte so zum Leitbild unzähliger junger Mädchen, da es Berufstätigkeit mit Glamour verband und die Aufstiegsphantasien der weiblichen Angestellten in besonderem Maße befriedigte. Die wirtschaftliche Misere Deutschlands und das Aufblühen Amerikas bildeten somit gleichermaßen den Hintergrund für die Inszenierung der Frau auf der Bühne.

Revueproduktionen vermochten es, einem Massenpublikum die Teilnahme am gesellschaftlichen Reichtum zu suggerieren. Das Tanzmädchen symbolisierte den Reichtum selbst, ihr Körper die Luxusware. Somit wurde auch die Entpersönlichung des Individuums auf der Bühne, das Verschwinden in Körperreihen von einem ganz eigenen Reiz überspielt. Für viele Girls war es egal, daß das Wichtigste an ihnen die Einpassung in das Massenornament und nicht ihre Individualität war. Und auch die Zuschauerinnen hatten vermutlich größtenteils den Wunsch, eine unter diesen vielen, scheinbar Privilegierten sein zu dürfen. Denn der Idealnorm, dem »Gardemaß« eines Revuegirls zu entsprechen, schien bereits eine Auszeichnung. So soll schon der erwähnte Flo Ziegfeld jährlich rund 15 000 Girls persönlich geprüft haben. Dabei hatte er genaue Vorstellungen, welche Qualitäten die Auserwählten mitbringen mußten: »Brust: 36 in.; Taille: 26 in.; Hüften: 38 in. Die Körper sollten somit massenhaft reproduzierbar sein.«[11]

Stefan Zweig beklagte 1925 in einem Artikel mit dem Titel »Die Monotonisierung der Welt« das »Aufhören aller Individualität bis ins Äußerliche, [...] ein Absterben des Individuellen zugunsten des Typus [...]. Woher kommt diese furchtbare Welle, die uns alles Farbige, alles Eigenförmige aus dem Leben wegzuschwemmen droht? Jeder, der drüben gewesen ist, weiß es: von Amerika.« Zweig

11 Reinhard Klooss, Thomas Reuter: Körperbilder. Menschenornamente in Revuetheater und Revuefilm, Frankfurt a.M. 1980, S. 64.

2 Die Tillergirls: Szenenfotos aus der Revue »An und Aus« von Herman Haller, Admiralspalast. Berlin 1926

sieht die Werte eines humanistischen Bildungsbürgertums, die Werte »der Welt von gestern« zerfließen in dem, wie er schreibt, »höchsten Ideal des Durchschnitts: Vergnügen zu bieten, ohne Anstrengung zu fordern.«[12]

Die Identitätskrise der Gesellschaft hatte die Austauschbarkeit der Individuen erzeugt. Im Rahmen der Glorifizierung des Quantitiven wurde Qualität nur als perfekte Integration in die Masse oder als vereinzelte Spitzenleistung, die den »Star« aus der Reihe der »Sternchen« heraushob, anerkannt.

12 Stefan Zweig: Die Monotonisierung der Welt. In: Berliner Börsen-Courier Nr. 53, 1.2.1925.

Die Tillergirls galten schlechthin als »Produkt amerikanischer Mentalität«[13] und wurden in einem Atemzug mit Taylor und Ford genannt. Fälschlicherweise nahm man daher oft an, sie müssen unbedingt amerikanisch sein. Die Gründer der Girl-Truppe, die Brüder John und Lawrence Tiller, kamen jedoch aus England. 1924 engagierte Herman Haller die »Original Lawrence-Tiller-Girls« für seine Revue »Noch und Noch«. Erik Charell wollte nicht nachstehen und holte 1925 die »John-Tiller-Girls« nach Berlin. Im großen Bilderbuch der Haller-Revue »Wann und Wo« aus dem Jahre 1927 wird beschrieben, daß Lawrence Tiller die Mädchen für seine Tanzschule in Manchester im Alter von zehn Jahren aufnahm. Da die daraus hervorgegangenen Girl-Truppen inzwischen über die ganze Welt verstreut waren, gab es besondere Bezeichnungen zum Einstudieren der Tanzschritte, die nur die Lehrmeister der Tiller-Schule verstanden. Neue Tänze wurden mit Hilfe eines speziellen Vokabulars von allen Tillergirls, ob sie sich nun gerade in London, New York, Kopenhagen, Paris, Stockholm oder Berlin aufhielten, in gleicher Weise geübt. Die Girls waren so austauschbar wie die Tänze, die Tänze so austauschbar wie die Revuen – ein ganzer Bereich der Unterhaltungsbranche hatte auf diesem Weg eine internationale Schablonisierung erreicht (Abb. 2).

In einer Kritik zur eben erwähnten Haller-Revue »Wann und wo« heißt es: »Überraschende szenische Tricks, fantastisch schöne Kostüme, vor allem aber eine Genauigkeit der szenischen Durcharbeitung, bei der die maschinenhafte Präzision der Tillergirls wie das regelnde Metronom erscheint, das Ganze wirkliche Augenlust, Schönheit als raffinierte Spätkulturerscheinung, nicht eben rein, aber doch von einer pompösen Fülle und jedenfalls jenseits des Sexuellen: Immer geschieht die Verwendung des Nackten, unter strenger Auswahl vollkommener Frauenkörper, sparsam und immer nur als Schönheitssteigerung innerhalb des Bildes. – Auf Handlung hat Haller in erfreulicher Konsequenz diesmal ganz verzichtet.«[14]

Wie groß einerseits die Bewunderung, andererseits der Wunsch nach Abnabelung vom Vorbild der Tillergirls als ein Synonym für Amerika in der zweiten Hälfte der Zwanziger Jahre war, offenbart sich in dem Lied »Ich bin die Marie von der Haller-Revue« aus dem Ausstattungsstück »Schön und schick« (1928). Im Refrain heißt es zunächst sehr selbstbewußt: »Von mir steh'n Artikel bei Mosse und Scherl«, der zweite Halbsatz endet jedoch in triumphaler Selbstrücknahme: »... man hält mich sogar für ein Tillergirl.«

13 Fritz Giese: Girlkultur. Vergleiche zwischen amerikanischem und europäischem Rhythmus und Lebensgefühl, München 1925, S. 15.

14 Adam Kuckhoff: Größe und Niedergang der Revue. In: Die Volksbühne. Zeitung für soziale Theaterpolitik und Kunstpflege, Jahrgang 3, Heft 1, Berlin 1928.

In theoretischen Schriften sowohl aus den Zwanziger Jahren als auch der Gegenwart werden die Tillergirls stets in den Kontext moderner Produktion, fortschrittlicher Industrie, die den Gesetzen der Rationalität folgen, gestellt. »Im Jubel über die Tillergirls drückte sich offenkundig die allgemeine Technikbegeisterung der zwanziger Jahre stellvertretend aus [...]. Girltanz und Fließband, dieses Synonym technischer Rationalität, beruhten [...] auf gleichen gesellschaftlichen Wandlungen, die sich in den unterschiedlichsten Bereichen zeigten. Am Typus des Girls manifestierte sich der Umbruch vom 19. ins 20. Jahrhundert sinnfällig. Besonders und stellvertretend an den Tillergirls lassen sich sowohl die Emanzipation der Frau aus veralteten Sozialzusammenhängen wie auch ihr vorläufiges Scheitern ablesen.«[15] War die Masse prinzipiell die Basis seiner Existenz, so wurde in einigen Revuen gerade die Herauslösung des Girls aus dem Massenornament als Handlung präsentiert. Wiederum sollte die Illusion des Besonderen hervorgerufen werden.

Marlene Dietrich sprang 1926 in der Charell-Revue »Von Mund zu Mund« für die erkrankte Schauspielerin Erika Gläßner ein. In dem mit den teuersten Nummern der Zeit versehenen Ausstattungsstück träumten fünf Kinder von ihren künftigen Berufen und der Dietrich fiel die Aufgabe zu, für die Profession eines Revuestars zu schwärmen. Im Verlaufe der Vorstellung wurden die Träume – wie kann es anders sein – auch wahr, und aus dem Mädchen Erika entwickelte sich ein umworbenes Girl mit eigenem Feinkostladen. Folglich mußte Marlene Dietrich auch in der Szene »Charleston im Delikateßladen« ein Lied singen, in dem es heißt: »Feinkost mit Musik / Ein famoser Trick / Endlich das ersehnte Glück!« Vor den Augen des Publikums wurde hiermit nicht nur ein neuer Star aus der Retorte gehoben, sondern auch eine klingende Brücke in das Land der unbegrenzten Möglichkeiten geschlagen, wo es vor Tellerwasch-Millionären nur so wimmelt. Selbst die Zuschauerin in der letzten Reihe hatte die Chance zu verstehen, daß es nur an ihr lag, den Weg zu finden, um zu Glück und Reichtum zu gelangen (Abb. 3).

Josephine Baker gastierte in den Zwanziger Jahren zweimal in Berlin. In ihrer Autobiographie »Ausgerechnet Bananen« bezeichnet sie die Tillergirls als einen einzigen beinwerfenden Automaten.[16] 1928 wurde sie von Rudolf Nelson für die Revue »Bitte einsteigen« engagiert. Ihr Auftritt war eine Variante des deutschen Flirts mit dem Leitbild Amerika. Er barg die Hoffnung auf Synthese zwischen

15 Wolfgang Jansen: Glanzrevuen der zwanziger Jahre, Berlin 1987, S. 124.

16 Josephine Baker, Jo Bouillon: Ausgerechnet Bananen, Bern/München 1976, S. 114.

Tradition und neuem Lebensgefühl, die Hoffnung, die menschliche Ganzheitlichkeit wiederzufinden. Dabei spielte die Flucht aus der Gegenwart ins Fremde, Exotische eine große Rolle. Ferne Länder, unbekannte Sitten und Gebräuche waren von besonderem Reiz: sie symbolisierten – auch in der Figur der Josephine Baker – ein »grenzüberschreitendes« sinnliches Versprechen. Das Engagement möglichst vieler ausländischer Künstler und Darstellerinnen sollte ein Stück des verspürten Heißhungers stillen. Jedoch forderte der Hang zur Zerstreuung immer mehr die »Entfaltung der puren Äußerlich-

3 Aus dem Programmheft der Revue »Von Mund zu Mund« von Erik Charell, Großes Schauspielhaus, Berlin 1926 Das Foto von Marlene Dietrich wurde nachträglich eingeklebt, da sie kurzfristig für die erkrankte Erika Gläßner einsprang

4 Josephine Baker in den Zwanziger Jahren

keit«. Damit einher ging eine schlichte Typisierung des Vorbildes Amerika, die sich mit zu bewahrenden deutschen Werten und Idealen mischte. So wurde in Ausstattungsstücken die Schönheit der deutschen Heimat gepriesen und bei aller Nacktheit die Ehre der deutschen Frau aufrechterhalten. In der Revue »Tausend nackte Frauen« sang Paul Westermeier: »Wenn ich Liebe brauch', dann geh' ich zu Pauline« und wies damit entschlossen das mögliche Abenteuer mit einer Pariser Grisette zurück. Biedere deutsche Ruhe und Ordnung durften nicht durcheinandergebracht werden. So kollidierten zwei Seelen in der Revuebrust. Einerseits sollte es immer wilder, nackter, schamloser werden, andererseits wollte man sich nicht zu weit vom frisch erwärmten Eintopf entfernen. Wurde gerade noch die Pauline gelobt, so tanzten bald schon wieder die wenig bekleideten Girls dazwischen und derselbe Paul Westermeier sang unversehens: »Ich brauch' für Sonntag eine neue Braut.« Das vorgetragene Kokettieren mit dem Anderssein-, Anderslebenwollen erleichterte das Verharren im Gewohnten. Bei so viel Biederkeit wiederum mußte man sich einfach ab und zu in den Charleston stürzen oder einen Foxtrott tanzen. Der jedoch galt beispielsweise für Gertrud Alexander, Leiterin des Feuilletons der »Roten Fahne«, als Gipfel der Dekadenz: »Da ist dieser Tanz – ›Foxtrott‹ –. Ausgeburt der bürgerlichen Unkultur, Auflösungserscheinung, Geschmacksverrohung und Heruntergekommenheit: Wenn er von deutschen Beinen, männlichen wie weiblichen getanzt wird, ist er das Abstoßendste und Häßlichste, was man sich denken kann, rein ästhetisch genommen und ohne ›moralische Entrüstung‹. In Paris und anderswo kann auch die Gemeinheit wenigstens noch Grazie haben!«[17] (Abb. 4)

Bei näherem Hinsehen wird deutlich, daß die Inszenierung der Frau auf der Revuebühne nur eine Variante ihres traditionellen Daseins war. Sie hatte in ihrer gewohnten Umgebung, der Familie, und nun auch im Beruf, zu funktionieren – termingerecht, rational, sauber, ordentlich, exakt. Trat der Mann mit ihr in das Licht der Öffentlichkeit, sollte sie an seiner Seite ›was hermachen‹, erotisch wirken, Ausstellungsstück seines Könnens, seines Geldes sein. So wurde die Frau von jeher den ökonomischen Möglichkeiten folgend in »Samt und Seide« gehüllt. Da Herr Charell mehr Geld für »seine« Girls zur Verfügung hatte als der Kartenabreißer am Eingang des »Großen Schauspielhauses«, fielen ihre Kostüme prachtvoller aus, oder ganz und gar weg (Abb. 5).

Diese Beziehungsstruktur von Mann und Frau wurde in übersteigerter Form massenhaft auf die Bühne gehoben und prägte wiederum als überdimensionierte Schablone die individuellen Wunschvorstellungen der Zuschauerinnen und somit gesellschaftliche Verhaltensmuster. Die Illusion von Glamour und finanzieller Unabhängigkeit, wie sie Marlene Dietrich in »Von Mund zu Mund« als

17 Gertrud Alexander: ›Der Aktienbaron‹ im Zentraltheater. In: Die Rote Fahne, Berlin, 5.3.1923.

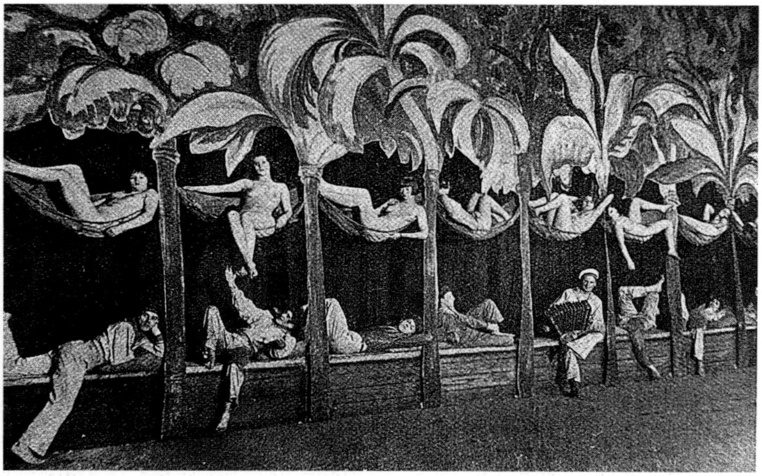

5 Szene »Wovon Matrosen träumen...« aus der Revue »Für Dich« von Erik Charell, Großes Schauspielhaus, Berlin 1925

avanciertes und begehrtes Tanzmädchen mit eigenem Feinkostladen verkörperte, täuschte über den sozialen Status des Girls hinweg. Denn so sehr das Revuegirl auch in aller Munde war, es blieb schmückendes Ornament, mit dem sich manch Verehrer gerne zeigte, aber »eine Frau zum Heiraten« war es nicht. Filme wie »Das Revuemädchen« (1921) und der »Blaue Engel« (1930) reagierten auf diese gesellschaftliche »Schattenseite«. Sie thematisieren, was hinter der Bühne stattfindet, in deren Rampenlicht ein »sauberes Funktionieren« des Geschlechterverhältnisses vorgeführt wird. Das »Back stage« wird zum Ort der Tragödie, denn der sozialen Zone des Revuetheaters wird auch die Prostitution zugerechnet. Die Figur des Revuegirls als glamoureuse Gelegenheitsprostituierte wird hier wieder als Femme fatale inszeniert, die den bürgerlichen Mann ins Elend stürzt (Der Blaue Engel), oder die Zuschreibung der Prostitution läßt das »unbescholtene« Girl an ihrem Schicksal scheitern. So werden in den Filminszenierungen der Licht- und Schattenseiten der Revue die Wunschvorstellungen von einem schemenhaft umrissenen »neuen« Dasein der Frau gezielt von den traditionellen Wertorientierungen überdeckt und diese im glänzenden modernen Gewand der Revue für die Zwanziger Jahre bühnenreif gemacht. »Wie die kapitalistische Gesellschaft sich also nur auf der Erscheinungsebene demokratisierte, emanzipierte sich auch die Frau nur oberflächlich, da sie günstigenfalls die Abhängigkeit vom Ehemann vertauschte mit der vom Unternehmer. Die Tillergirls veranschaulichten das vorläufige Scheitern der Emanzipation.«[18]

18 Jansen 1987 (wie Anm. 15), S. 125f.

Annelie Lütgens

PASSANTINNEN/FLANEUSEN

Frauen im Bild großstädtischer Öffentlichkeit der Zwanziger Jahre

1. Vorspiel auf dem Theater

»Szene: ein Raum mit drei großen Fenstern zur Straße. [...] Im Sessel zum Fenster JULIUS. Im Sessel zum Zimmer OLAF.

JULIUS: Du hast heute noch nicht aus dem Fenster geschaut... Die Mädchen spiegeln sich in den Schaufensterscheiben und bürsten im Vorübergehen rasch ihr Haar. Da kommt eine im kniekurzen Rock – bei der Kälte – in schwarzen Strumpfhosen und atmet in den Kragen ihres grüngoldenen Lamépullis. Hübsche Karausche. Schreckliche. Schon im Gehen hat sie etwas Hingefläztes, Faules, Illustrierten-blätterndes, Lockenwicklerhaftes, Bildschirmbleiches. [...]

Der Türbrummer geht. Julius drückt auf einen Knopf unter der Fensterbank. Herein tritt DAS MÄDCHEN VON DER STRASSE:

Haben Sie eben über mich geredet? Sind Sie das? Was erzählen Sie da? Bildschirm-bleich und illustriertenblätternd – Sie kennen mich doch gar nicht. Sie sehen mich von Ihrem Fenster aus zum ersten Mal und fällen gleich ein abschätziges Urteil über mich. Was wissen Sie von mir? Nichts.«[1]

Was hier auf einer Theaterbühne am Ende des 20. Jahrhunderts durchgespielt wird, ist nicht mehr und nicht weniger als ein Abgesang auf den Voyeur und seinen sittsameren Bruder, den Flaneur. Julius und Olaf, Protagonisten in dem Stück »Die Zeit und das Zimmer« von Botho Strauß, gehen nicht mehr auf die Straße. Sie lassen die Straße an ihrem Fenster vorbeiziehen. Der eine schaut den lieben langen Tag hinunter, der andere ist dazu da, sich anzuhören, was der eine gerade beobachtet. Das Gesehene will erzählt sein. Dieses sorgsam gehütete Konstrukt bricht zusammen, als ein Objekt der Schaulust zu handeln beginnt und plötzlich das Zimmer betritt: das Mädchen von der Straße. Mit ihr und einer Reihe weiterer Frauen und Männer kommen Beispiele vergeblicher Begegnungen und verlebendigter Erinnerungen ins Zimmer. Die Erinnerungen stellen sich jedoch am Ende als so schwach heraus, daß sich aus ihnen keine Geschichte erzählen läßt.

1 Botho Strauß: Die Zeit und das Zimmer. In: Besucher. Die Zeit und das Zimmer. Sieben Türen.- Drei Stücke. München, Wien 1988, S. 95f.

2. Der Mann der Menge

Die Geschichte des Flaneurs wurde nicht in Paris erfunden, sondern in der Stadt, die bereits seit Mitte des 19. Jahrhunderts das ist, was wir eine Metropole nennen, in London, und sie hat ihren Anfang in der Erzählung eines Amerikaners: Edgar Allan Poe.

»Der Mann der Menge«, geschrieben 1840, schildert die Augenerlebnisse eines Amerikaners, der in einem Londoner Café sitzt und auf die abendliche Hauptader der City schaut[2]: »Ich hatte nie gerade um diese Abendstunde ein solches Bild erlebt, und die wogende See von Menschenköpfen bereitete mir eine ganze neue und köstliche Art der Aufregung. Mit der Zeit wurde ich gleichgültig gegen alles, was im Restaurant vorging, und versank völlig in die Betrachtung der Straße.« Im Lauf seiner Beobachtungen fällt ihm das Gesicht eines alten Mannes auf, in dem er plötzlich eine Vielzahl von Vorstellungen verbildlicht sieht: »ungeheure Energie, Mißtrauen, Armut, Geiz, Herzenskälte, Bosheit, Blutdurst, Triumph und Frohlocken, maßloses Entsetzen und fürchterliche, grenzenlose Verzweiflung.« Der Erzähler fühlt sich augenblicklich »unglaublich erfrischt, durchgeschüttelt und fasziniert.« Er wittert eine »furchtbare Geschichte«, verläßt seinen warmen Beobachterposten im Café und folgt diesem Mann vierundzwanzig Stunden lang auf dessen Wanderungen quer durch London, ohne am Ende sein Geheimnis zu erfahren. Es gibt keines, wird ihm klar, dieser Mann »flieht vor dem Alleinsein. Er ist der Mann der Menge.«

Aus Poes Erzählung erhalten wir zwei folgenreiche Erkenntnisse: Erstens, daß die Individuen der Großstadt keine Geschichte haben, die sich dem Beobachter offenbaren kann, zweitens, daß die Großstadt selbst die Geschichte ist.

Mit der Rezeption Edgar Allen Poes durch Charles Baudelaire wird aus dem Mann der Menge der Flaneur und aus dem Flaneur der moderne Künstler, »ein Mann der Welt, ein Mann der Menge und ein Kind.«[3]

3. Von Paris nach Berlin mit Zwischenstop in New York

Während in Deutschland vor dem Ersten Weltkrieg in Kunst und Literatur expressionistische Großstadtdämonie angesagt ist, entdeckt die deutsche Künstlerkolonie des Pariser Café du Dome die

2 Edgar Allen Poe: Der Mann der Menge. In: Erzählungen. Aus dem Amerikanischen von M. Bretschneider, J. von der Goltz, H. Kauders und W. Widmer, Zürich 1976, S. 124ff.

3 Charles Baudelaire: Der Maler des modernen Lebens (1863). In: Gesammelte Schriften Bd. 4, übersetzt von Max Bruns, Dreieich 1981, S. 267-318.

Großstadtpoesie Baudelaires und schreibt Apollinaire in einer Pariser Tageszeitung über seine Stadtspaziergänge. Eine neue Literatur entwickelt sich aus der Flanerie: die kleine Form, das Feuilleton, die Reportage.[4] Auch deutsche Dichter werden sich dazu durchringen (müssen). Davon später.

Die erste weibliche Begabung in dieser Gattung ist die junge New Yorkerin Djuna Barnes. Zwischen 1911 und 1918 schreibt sie Artikel und Reportagen aus dem Herzen der modernen Großstadt. Nicht nur, daß sie das erste Interview mit einer Gorillafrau führt und in Solidarität mit britischen Frauenrechtlerinnen die Zwangsernährung am eigenen Leibe ausprobiert. Sie berichtet vor allem aus ihrem New York. Sie kennt Orte, »wo das Geräusch eines Taxis etwas Persönliches ist«[5] und läßt sich bei Reportagen über Brooklyn, die Bronx, Greenwich Village von ihren Erinnerungen treiben, denn sie weiß, »der einzige Grund, weshalb die Menschen bereit sind, in Städten zu leben, ist, daß man dort wenigstens von den Fakten loskommt.«[6] Sie geht mit Touristen aus der Provinz auf Stadtrundfahrt und versucht, die Distanz der Femden mit der Nähe der Bewohnerin zu verknüpfen. Franz Hessel wird im Berlin der späten Zwanziger Jahre ähnliche Versuche anstellen.

Das New York der Zehner Jahre ist nicht nur die Bühne für eine Vorreiterin weiblicher Großstadtliteratur, sondern auch für die zeitgemäße Variante des Künstlerflaneurs: Marcel Duchamp. Er gilt als »der erste Maler der Moderne, der die Erfahrung der Welt aus dem trivialen Blickwinkel des Flaneurs auf der Ebene der künstlerischen Ausdrucksmittel reflektiert.«[7] Während Ernst Ludwig Kirchner in Berlin seine Bilder aufmarschierender Passanten und Halbweltdamen malt, verabschiedet sich Duchamp von der Malerei und findet seine Objekte in den Schaufenstern New Yorker Warenhäuser.

4. Der Flaneur ist der Bruder der Dinge und die Stadt ist seine Geliebte

Zurück nach Deutschland. Hier lauern Ernüchterung und Fremdheit, Großstadterfahrungen junger Dichterinnen, z.B. Lili von Braunbehrens »Stadtsonntag«, 1919: »Ich bin unter die bunten Menschen gelaufen,/ Ich dachte einen Freund zu finden,/ Ich glaubte alle Menschen wären gut./ Jetzt steh ich wieder einsam in der

4 Dazu grundlegend Eckhardt Köhn: Straßenrausch. Flanerie und Kleine Form. Versuch zur Literaturgeschichte des Flaneurs bis 1933, Berlin 1989.

5 Djuna Barnes: Komm in den Dachgarten, Maud. (1914). In: Dies.: New York. Geschichten und Reportagen aus einer Metropole. Aus dem Amerikanischen von Karin Kersten, Frankfurt am Main 1992, S. 150.

6 Djuna Barnes: Man trinkt nur noch Cocktails in der Bronx (1919). In: Barnes 1992 (wie Anm. 5), S. 69.

7 Herbert Molderings: Marcel Duchamp. Parawissenschaft, das Ephemere und der Skeptizismus, Frankfurt am Main 1983, S. 68.

Kammer./ Des nahen Domes Glocken tönen mir Verlassenheit...«[8] Oder Marieluise Fleißer: »Die Stadt war riesengroß, die Häuser zu fremd nebeneinander, zu abweisend die Türen, die Straßen zu lang, die Plätze zu weit, man konnte in all diesen Räumen versaufen [...] Das war eine Weltstadt, Abgrund neben Abgrund.«[9] Dies schrieb die Fleißer im Rückblick auf ihre eigene Berlinerfahrung als junge Dramatikerin in den Zwanziger Jahren. Die Protagonistin ihrer Erzählung »Avantgarde« kommt aus der bayerischen Provinz in die Metropole, hofft auf die Freiheit, sich zur Schriftstellerin entwickeln zu können und wird enttäuscht. Von der Stadt und vom Mann, der Dichter ist. Betrachtet man das Verhältnis des schreibenden Mannes zur Stadt, so wird deutlich, daß den Frauen offenbar entscheidendes nicht gelingt: die Erotisierung der Großstadt. Großstadt ist nicht mehr nur, wie bei Baudelaire, Ort flüchtiger Begegnungen mit einem erotischen Wunschobjekt. Die Großstadt ersetzt die Geliebte.

Siegfried Kracauer schreibt: »Sogar die gelegentlichen Zusammenkünfte mit Frauen erschienen mir wie eine Pflichtvergessenheit, wie eine törichte Ablenkung von den Straßen, die mich ungleich viel stärker beanspruchten als irgendein Mädchen. Ich genoß sie blindlings und ließ mich von ihnen verbrauchen, und kehrte ich auch stets matt von den Ausschweifungen heim, so hielt mich doch nichts davon zurück, meiner Leidenschaft am anderen Tag wieder nachzugehen. Im Gegenteil: hinter dem Nebel, den die zunehmende Müdigkeit um mich verbreitete, winkten mir die Straßen nur noch verführerischer.«[10]

Bei Franz Hessel wird die Stadt zum Leib und der Leib der Frau zur Stadt: »Ich saß und sah auf die Schlafende und rührte sie nicht an. Ich sah seltsame Verwandlungen: aus dem sanften Bogen ihrer Schulter wurden Wandelgänge, die zum Tempel hinschwellten, in denen die Lernenden gehen mit dem Lehrer: und jedesmal, wenn sie umkehrten, fühlte ich den Schwung des Bogens und den Atem bewegter Worte. Und ich sah durch das offene und durchschimmernde Hemd und die beiden runden und hold zugespitzten Kuppeln ihrer kleinen Brüste, die so leicht, kaum sich abhebend, den Rumpf überwuchsen – und ich baute Dächer so sanft gipfelnd auf Mauern, die mit allen Steinen atmeten.«[11] Bevor Franz Hessel in der Stadt Paris seine wahre Geliebte findet, gehört er zur Münchner Bohème und erlebt eine bewegte und für ihn unglücklich endende Romanze mit Franziska Gräfin Reventlow. In Auseinandersetzung mit Stefan George, Karl Wolfskehl und Hugo von Hoffmannsthal ent-

8 Lili von Braunbehrens: Gestalten und Gedichte um Max Beckmann, Dortmund 1969, S. 53.

9 Marieluise Fleißer: Avantgarde. In: Gesammelte Werke, 3. Bd., Gesammelte Erzählungen, Frankfurt am Main 1983 (1972), S. 123.

10 Siegfried Kracauer: Straßen in Berlin und anderswo. (1930) Mit einem Essay von Gerwin Zohlen, Berlin 1987, S. 7.

11 Franz Hessel: Pariser Romanze. Papiere eines Verschollenen, Berlin 1920, Neuausgabe Frankfurt am Main 1986, S. 128f.

wickelt sich seine Auffassung von Dichtung: Dominanz des Auges, dem »Leib im Leibe«.[12] Hugo von Hoffmannsthal schreibt 1907 über den »Dichter und diese Zeit«: »Er ist da, und es ist niemandes Sache, sich um seine Anwesenheit zu kümmern. Er ist da und wechselt lautlos seine Stelle und ist nichts als Auge und Ohr und nimmt seine Farbe von den Dingen, auf denen er ruht. Er ist der Zuseher, nein, der versteckte Genosse, der lautlose Bruder aller Dinge, und das Wechseln seiner Farbe ist eine innige Qual: denn er leidet an allen Dingen, und indem er an ihnen leidet, genießt er sie. [...] ihm sind Menschen und Dinge und Gedanken und Träume völlig eins: er kennt nur Erscheinungen, die vor ihm auftauchen und an denen er leidet und leidend sich beglückt. [...] Er kann nichts auslassen. Keinem Wesen, keinem Ding, keinem Phantom, keiner Spukgestalt eines menschlichen Hirns darf er seine Augen verschließen. Es ist als hätten seine Augen keine Lider. [...] Er ist der Entzückte der großen Städte und der Entzückte der Einsamkeit.«[13]

Der Protagonist in Hessels Roman »Pariser Romanze« ist dieser Bruder der Dinge. Er hat eine Affäre mit einer jungen Deutschen, die Paris besucht. Ihr wird bald deutlich, daß Wächter, so heißt der junge Mann, eigentlich Paris als seine Geliebte ansieht. »Pariser Romanze meint die Romanze mit der Stadt selbst.«[14] Der Roman entstand 1920, als Hessel sich längst wieder in Deutschland aufhielt, nachdem er 1914 Paris verlassen mußte, um Soldat zu werden. Durch die Inflation verlor er sein Vermögen. In Berlin war er nun gezwungen, seinen Unterhalt zu verdienen. Ab 1922 publizierte er Rezensionen, Gedichte und Chansons für die Zeitschrift »Das Tagebuch«. 1926 kehrt Hessel nach Paris zurück. Die Stadt wird für den Flaneur nun zur Landschaft der Erinnerung. Er soll als Journalist für deutsche Zeitungen aus dem Pariser Kulturleben berichten, doch seine Haltung als Flaneur macht ihm dies unmöglich: »Warum gehe ich dieselben Wege in den alten Gärten wie damals? Darüber kann ich doch nichts schreiben. Ich müßte in die Kammer, auf den Rennplatz, das Flugfeld. Ich kann nicht – ich müßte denn einfach dahin geraten.«[15] Ab 1928 arbeitet Hessel als festangestellter Lektor des Rowohlt-Verlages. Dieser bringt bis 1933 drei Textbände Hesselscher Kurzprosa heraus. 1929 erscheint sein Buch »Spazieren in Berlin«.

12 Karl Wolfskehl: Der Künstler und der Heiland (1897/99). In: Margot Ruben und Claus Victor Bock (Hrsg.): Karl Wolfskehl, Gesammelte Werke, Hamburg 1960, Bd. II, S. 189.

13 Hugo von Hoffmannsthal: Reden und Aufsätze I, Frankfurt am Main 1979, S. 67f.

14 Köhn 1989 (wie Anm. 4), S. 165.

15 Franz Hessel: Vorschule des Journalismus. Ein Pariser Tagebuch. Zit. nach Köhn 1989 (wie Anm. 4), S. 173.

»Flanieren ist eine Art Lektüre der Straße, wobei Menschengesichter, Auslagen, Schaufenster, Café-Terassen, Bahnen, Autos, Bäume zu lauter gleichberechtigten Buchstaben werden, die zusammen Worte, Sätze und Seiten eines immer neuen Buches ergeben. Um richtig zu flanieren, darf man nichts allzu Bestimmtes vorhaben.«[16] Dahin ist die »köstliche Aufregung« Poes, die angstvolle Beunruhigung Kracauers. Der Flaneur wird bei Hessel zum beschaulichen Spaziergänger, und das in Berlin, einer Stadt, die Mitte der Zwanziger Jahre als die temporeichste Metropole der Welt gilt.

Zu den Großstadtspaziergängern zählt auch Robert Walser, der schon im ersten Jahrzehnt dieses Jahrhunderts nach Berlin gereist war, um sich und seine Dichtung der Bewährungsprobe Großstadt auszusetzen. In seinem 1907 entstandenen Text »Guten Tag Riesin« beschreibt er das fundamentale Erlebnis des Flaneurs, die Gleichgültigkeit der Eindrücke: »Immer gehst du und hast flüchtige Blicke für alles, wie du selbst für alles ein flüchtiges Augenmerk bist. [...] Das ist das Wunder der Stadt, daß eines jeden Haltung und Benehmen untertaucht in all diesen tausend Arten, daß das Betrachten ein flüchtiges, das Urteil ein schnelles und das Vergessen ein selbstverständliches ist.«[17] Walser nimmt die Großstadterfahrung als grundlegend für seine literarische Produktion, bleibt aber als Autor in Berlin erfolglos. Zurückgekehrt in die Schweizer Provinz, imaginiert er weiterhin Stadtspaziergänge und setzt diese in kleine Prosastücke um.

In ihrer Betonung des Flüchtigen, der Gleich-Gültigkeit der Dinge und Erscheinungen, stehen deutschsprachige Autoren in der Tradition Baudelaires, idealistisch gefärbt durch die Rezeption Goethes, dessen Poetik durch die Schriften Georg Simmels (1918) und Ludwig Klages (1928) wiederentdeckt wurde. Stichwort: Dominanz des Auges. Hessel und Kracauer gehen darin über Baudelaire hinaus, daß sie sich nicht nur auf die traditionellen Orte großstädtischer Öffentlichkeit beschränken, sondern in ihr Modell von Stadterfahrung auch die Innenräume, sei es der bürgerliche Salon, die Fabrik oder der Arbeitsnachweis, einbeziehen.

16 Franz Hessel: Berliner Boulevards. In: Ders.: Ein Flaneur in Berlin, Berlin 1984, S. 145 (Neuausgabe von: Spazieren in Berlin, 1929).

17 Robert Walser: Guten Tag Riesin. In: Ders.: Das Gesamtwerk, Bd. I, 1978, S. 287.

6. Vom Flaneur zum Flanieren

Wenn Franz Hessel 1929 eine fast populäre Definition dessen geben kann, was ein Flaneur tut, muß man auf den Gedanken kommen, daß sich außer den müßiggängerischen Künstlern auch noch andere in der Kunst des Flanierens üben möchten: die Passanten. Das klingt paradox, stellen doch die Passanten beiderlei Geschlechts jene Menge hastig und zielsicher sich durch die Straßen bewegender Menschen dar, durch die der Flaneur sich ziellos treiben läßt. Hier ist nun der Punkt erreicht, endlich vom Umbau Berlins von der frostigen wilhelminischen Reichshauptstadt zur Metropole der Moderne zu berichten. Fehlte der Stadt im 19. Jahrhundert zwar die Grundvoraussetzung der Flanerie, die Passagen (Ausnahmen bestätigen die Regel: 1871-73 wurde die große Kaisergalerie, 1891/92 die Lindengalerie erbaut), so konnte sie nach 1900 jedoch dieses Manko ausgleichen durch die Kaufhäuser am Leipziger- und am Wittenbergplatz. Durch den Bau des »Kaufhauses des Westens« 1907 erhielt die Innenstadt neben der Leipziger Straße in der Tauentzienstraße ein neues Geschäftszentrum. Das von Schaufenstern und Lichtreklame geprägte Straßenbild bot nun die besten Voraussetzungen für Flaneure. Ein abendlicher Spaziergang durch die Tauentzienstraße war ein Erlebnis, besonders für Touristen. »Lichtfülle strömt uns entgegen. Rechts und links ein Schaufenster am anderen, umlagert von männlicher und weiblicher Eleganz. Ein geputzter Menschenstrom zieht die Straße entlang, lachend, flirtend, lebensfroh, zeithabend, Spaziergänger, Müßige. Weiter oben am Wittenbergplatz märchenhafte Lichtfülle, glitzernde Kostbarkeiten. Seidenstoffe, Goldbrockate, Bronzen, Straußenfedern, die Schaufenster gleichen Schmuckkästen.« Die Tauentzienstraße ist »die Leipziger Straße der Flaneure«.[18] Hier ist sie – die neue, die Berlinische Bedeutung des Begriffs »Flaneur«. Flanerie wird zum Schaufensterbummel. Auch Frauen können jetzt Flanieren.

7. Das Problem der Schaufenster

Das Schaufenster birgt Gefahren. Für Frauen wie für Männer. »Wer sich dem Verhör der Schaufenster unterzieht, spricht seine eigene Verurteilung aus. [...] Nicht starr-sinnig, weil absurd, den durch die Fensterscheibe vollzogenen Koitus mit einem oder mehreren Gegenständen in der Auslage verheimlichen. Die Strafe besteht darin,

18 Köhn 1989 (wie Anm. 4), S. 129.

die Scheibe einzuschlagen und Wut und Bedauern zu empfinden, sobald der Besitz konsumiert ist.«[19] Die Aneignung der Waren empfindet der leidend-genießende Flaneur Duchamp als Enttäuschung, ihr bloßes Anschauen als befriedigend.

Die Kriminalkommissarin Mrs. O'Grady, die sich, laut Bericht von Djuna Barnes[20] für die Rettung sogenannter gefallener Mädchen und vor allem für diesbezügliche vorbeugende Maßnahmen einsetzte, hätte sich sicherlich nachhaltig für das Verbot von Schaufenstern eingesetzt, wären ihr folgende Zeilen aus einer »Kultur- und Sittengeschichte Berlins« unter die Augen gekommen: »Es gibt Frauen, die dem Rausch eines täglichen Bummels durch die Straßen und durch die Warenhäuser verfallen sind, deren wichtigste Stunden vor den Schaufenstern oder in den gleißenden Hallen der Warenhäuser verbracht werden.«[21]

Dem Flaneur ist die Straße Weg in die Erinnerung. Der flanierenden Frau ist sie Weg ins Abenteuer der Wünsche. Ziel sind die neuen großen Schaufenster. Der Anblick begehrenswerter Waren soll vergessen machen, daß sie selbst immer noch als eine solche gehandelt wird und das auch so bleiben soll. So wie das jüngste Kind einer großen Familie einen kleinen Hund bekommt, damit es nicht mehr ganz am Ende der Abhängigkeitsskala steht und auch ein Wesen hat, dem es Befehle erteilen kann. Daß die Straßen der Metropole Berlin massenhaft von jungen Frauen bevölkert werden, liegt ja nicht an den Schaufenstern, sondern umgekehrt: die Schaufenster sind Mittel, die neue Zielgruppe der weiblichen Berufstätigen anzusprechen und Konsumwünsche zu wecken.

8. Unsere neuen Berlinerinnen

Der Flaneur alter Schule ist des Lobes voll: »die junge Avantgarde, die Nachkriegsberlinerin«, nennt er sie. Sie haben athletische Schultern, »Sie gehen so hübsch in ihren Kleidern ohne Gewicht, herrlich ist ihre Haut, die von der Schminke nur erleuchtet scheint, erfrischend das Lachen um die gesunden Zähne und die Selbstsicherheit, mit der sie paarweise (!) durch das nachmittägliche Gewühl der Tauentzienstraße und des Kurfürstendamms treiben, nein, treiben ist nicht das richtige Wort. Sie machen ›crawl‹, wenn die anderen Brustschwimmen machen. Scharf und glatt steuern sie an die Schaufenster heran. Wo haben sie nur die hübschen Kleider her, die Hüte und

19 Marcel Duchamp. In: Michel Sanouillet (Hrsg.): Duchamp du Signe, Ecrits, Paris 1975, S. 105/106. Zit. nach Molderings 1983 (wie Anm. 7), S. 69.

20 Djuna Barnes: Kriminalkommissarin verfaßt Gedichte. (1918). In: Barnes 1992 (wie Anm. 5), S. 126ff.

21 Zit. nach Köhn 1989 (wie Anm. 4), S. 130.

Mäntel?«[22] Auf diese Frage könnte das »kunstseidene Mädchen« Irmgard Keuns sicher eine Antwort geben: »Es geht vorwärts. Ich habe fünf Hemden Bembergseide mit Handhohlsaum, eine Tasche aus Rindsleder mit etwas Krokodil dran, einen kleinen grauen Hut und ein Paar Schuhe mit Eidechsenkappen. Dafür fängt mein rotes Kleid, das ich von morgens bis abends trage, unter den Armen zu schleißen an. Aber ich habe in einer Bar Verbindungen zu einem Textilunternehmen angesponnen, das allerdings etwas darniederliegt.«[23] Was blieb denn bei einem kleinen Gehalt, sexueller Belästigung am Arbeitsplatz und schnellem Absturz in die Arbeitslosigkeit: Männerfang, das heißt verdeckte oder offene Prostitution.

Der Begeisterung der schreibenden Männer für das Phänomen »Neue Frau« steht die nüchterne Skepsis der schreibenden Frauen gegenüber. Es soll nicht verheimlicht werden: auch den Schriftstellerinnen ist die Frau in der Großstadt Thema, jedoch ohne aus ihr gleich eine Allegorie der Großstadt zu machen, à la »Berlin is a girl in a pullover...«[24] Harsch und ohne feuilletonistische Liebenswürdigkeit fließt Marieluise Fleißer 1929 die Kritik an dem Bild der jungen Berlinerin und seinen Statistinnen aus der Feder: »Verstohlen schaute sie die Zeitgenossinnen von der Seite an, sah tiefer hinein in die Züge, was im Anfang da war, ehe sie auf den Allerweltsdamenleisten kamen. So mußte man also werden. [...] Seht ihr nicht, dachte sie, wie sie nötig haben, daß man eine Hand auf sie legt und einen Typ aus ihnen macht? Sie hatten alle keine Leistung in sich selbst und keine gen Himmel schießende Flamme. Sie stellten sich tief hinein in ihren eigenen Reiz, ohne einen Gedanken daran, wie sie stehen blieben, wirkten sie frisch. Dann sagten sie, wir haben so wenig Jahre gebraucht und sind schon was geworden. Gott hängte seine Fahne über sie, auf der der Name stand dieser Kreatur: Girl. Die Männer liebten das Girl, gerade weil es nicht dachte.«[25]

9. Glück der Straße

Für die Malerin und Modejournalistin Helen Grund, verheiratete Hessel, besteht es in einer Taxifahrt durch Paris. Ziel ist ein eleganter Modesalon: »In der generösen Weite des Spiegels sehe ich mich in schneller Folge vielfach verwandelt, die Hände der probierenden sind vertraulich, schwesterlich. Ihre flinken Finger und Worte berühren mich wie ein sanft rieselnder Regen.«[26]

22 Hessel 1984 (wie Anm. 16), S. 37.

23 Irmgard Keun: Das kunstseidene Mädchen (1932). Düsseldorf 1981, S. 78.

24 Harold Nicolson: The Charme of Berlin (1929). In: Christian Ferber (Hrsg): Der Querschnitt. Das Magazin der aktuellen Ewigkeitswerte 1924-1933, Frankfurt am Main, Berlin, Wien 1981, S. 262f.

25 Marieluise Fleißer: Die Ziege (1929). In: Fleißer 1983 (wie Anm. 9), S. 79.

26 Helen Grund: Aufatmen in Paris. In: Bubikopf. Aufbruch in den Zwanzigern. Texte von Frauen, gesammelt von Anna Rheinsberg, Darmstadt 1988, S. 149.

Die Protagonistinnen der Texte Irmgard Keuns, Dinah Nelkens, Gabriele Tergits, Vicki Baums, Mascha Kalékos, Marieluise Fleißers sind Frauen, die versuchen, ihren Alltag in der Großstadt zu meistern. Zum Beispiel das verordnete Nichtstun am Sonntag: »Man kann so schön vor Litfaßsäulen stehen und so tun, als ob man sie läse. [...] Man kann sich auch die Ausverkaufsschaufenster im Warenhaus ansehen.« Oder ins Kino gehen. Und dann ist es plötzlich abend: »Dunkel ist es draußen, von allen Seiten kommen die grellglühenden Augen der Autos auf mich zu, lumpige Taxis und noble Achtzylinder. Sonntagabendausgehzeit, einundzwanzig Uhr [...] Sommerpelze und schwarze Seide und grellweiße Waschlederne und rotgemalte Puppenlippen. Lacktäschchen und Achtfünfzig-Fähnchen aus dem Totalausverkauf. Lauter rosaseidene Beine und kostbares ›Chanel‹ oder ›Maiglöckchen‹ für einen Groschen aus dem U-Bahnautomaten. Schicksale auf Maß gearbeitet und billige Konfektionsware. Ganz hoch oben auf dem Hoteldach läuft eine Lichtreklame spazieren: ›... und abends in die Skala!‹ – Aber ich kümmere mich nicht darum, sondern laufe meinen Bayernring hinunter, und weil ich plötzlich Hunger verspüre, setze ich mich in das kleine Automatenbüffett und ziehe mir einen Heringssalat. Ein Photomaton haben sie in der Ecke, achtmal für eine Mark, bitte die Dame... Nein ich blättere lieber in den Magazinen herum, ›Sport‹ und ›Film‹ und ›Mode‹ [...] alles hübsch hintereinander, ich habe Zeit. Der Salat könnte schärfer sein. Ich lasse mir noch ein paar Zigaretten kommen, zahle und schiebe mich langsam hinaus.« »Ein vertrödelter Sonntag« heißt die kleine Geschichte Mascha Kalékos, die 1933 in ihrer Sammlung »Das lyrische Stenogrammheft«[27] erschien. Sie zeigt zwar die Bewegungsfreiheit einer Frau im Berlin der Zwanziger, läßt aber auch spüren, daß frau sich selbst zwar eine gute, nicht aber unbedingt die beste Gesellschaft ist, und daher schwingt die Erleichterung, einen solchen allein verbrachten Sonntag einigermaßen glücklich überstanden zu haben, zwischen den Zeilen mit.

10. Die Kleine Form

Mascha Kaléko gehört wie Dinah Nelken und Vicki Baum zu den Meisterinnen der Kleinen Form, sprich, des Feuilletons, der Kurzgeschichte, des Feuilletongedichts. Diese literarische Form wird von Eckhardt Köhn als die genuine Großstadtliteratur und innig ver-

27 Mascha Kaléko: Ein vertrödelter Sonntag. In: Bubikopf 1988 (wie Anm. 26), S. 63f.

knüpft mit der Sichtweise des Flaneurs beschrieben. Seine Krohnzeugen sind Robert Walser und Franz Hessel. Für beide Autoren ist es ein dorniger Weg, bis sie in ihrem Schreiben literarischen Anspruch und ökonomischen Zwang unter einen Hut bringen. In der Kleinen Form gelingt es.

Die Kleine Form scheint den Frauen leicht zu fallen. In Zeitschriften wie »Die Dame«, »Der Junggeselle«, »Uhu« finden sie ein Forum, um Modenotizen vermischt mit Zeitkritik intelligent geschrieben und leicht konsumierbar unterzubringen. Haben diese Schreiberinnen Schwestern in der bildenden Kunst? Zumindest eine kenne ich gut: Jeanne Mammen.[28] Das Bild der Großstadt in der Kunst von Malerinnen und Zeichnerinnen der Zwanziger Jahre ist ein Kapitel für sich und es ist noch zu schreiben. Es wird weniger vom Motiv, als von medialen Problemen ausgehen müssen und den Unterschied von »Gebrauchsgraphik« und »Bilder für sich selbst malen«[29] ad acta legen. Beginnen könnte es etwa mit einer Erinnerung der amerikanischen Malerin Georgia O'Keefe. Ihr Lebensgefährte Alfred Stieglitz und andere Freunde rieten ihr 1925 dringend davon ab, New York zu malen: »The men decided they did'nt want me to paint New York. [...] They told me to leave New York to the men. I was furious.«[30] Natürlich hat sie New York doch gemalt.

11. Vorläufiger Schluß

Auch wenn ich erstens weiß, daß lupenreine Exzentriker nicht gerade einen guten Maßstab abgeben, und wenn ich zweitens weiß, daß Berlin, obgleich in den Zwanziger Jahren oft mit Amerika verglichen, nicht Amerika ist: Ich habe den Verdacht, daß, noch bevor die Flaneure Franz Hessel und Walter Benjamin die literarische Bühne betreten, der Flaneur Baudelaire'scher Prägung als Künstlertyp in New York von Marcel Duchamp zur Strecke gebracht wurde. Wo bleibt der Bruder der Dinge, wenn die Dinge zur Ware werden? Nicht mehr Gleich-Gültigkeit ist es, die leid- oder genußvolle Distanz schafft, sondern hier ist die Qual einer Entscheidung gefordert. Wer sich dem Verhör der Schaufenster unterzieht, sagt Duchamp, spricht seine eigene Verurteilung aus. »Die Wahl ist tatsächlich ein hin und zurück. Gemäß dem Verlangen der Schaufenster, als unvermeidliche Antwort auf sie, kommt es zur Fixierung der

28 Vgl. Annelie Lütgens: »... Nur ein Paar Augen sein«. Jeanne Mammen – eine Künstlerin in ihrer Zeit, Berlin 1991, sowie Annelie Lütgens: Jeanne Mammen, die Frauen und die Großstadt der zwanziger Jahre. In: Jeanne Mammen, Köpfe und Szenen 1920-1933, Emden, Berlin 1991, S. 45-54.

29 Eine Unterscheidung, mit der die hochbetagte Jeanne Mammen beispielsweise ihre Illustrationen der Zwanziger Jahre abtat. Vgl. Hans Kinkel: Begegnungen mit Jeanne Mammen. In: Jeanne-Mammen-Gesellschaft in Verbindung mit der Berlinischen Galerie (Hrsg.): Jeanne Mammen 1890-1976, Stuttgart, Bad Cannstatt 1978, S. 93-102.

30 Charles Eldridge: Georgia O'Keefe, New York 1991, S. 94.

Wahl.«[31] Ware verlangt Wahl. Das Auswählen ist es, was nun Distanz ermöglicht. Der Zufall wird Konzept.

Das zwanzigste Jahrhundert macht aus dem literarischen Flaneur den rasenden Reporter und die respektlose, neugierige Reporterin, aus dem Maler des modernen Lebens die GestalterInnen und IllustratorInnen des modernen Lebens, aus dem Dandy den »Da-Dandy«.[32]

Doch das neunzehnte Jahrhundert hat einen langen Arm. Er reicht bis in unser Heute hinein, bis zu Botho Strauß und Christina Thürmer-Rohr. Sie setzt dem Flaneur die Vagabundin entgegen. Die Vagabundin ist eine Tabula-Rasa-Konstruktion und besitzt deren Vor- und Nachteile. Ein Nachteil ist, daß sie zuwenig würdigt, was Frauen sich an Stadtraum schon erobert haben und was sich in den Zwanziger Jahren bei Künstlerinnen wie Djuna Barnes, Sonja Delauny, Hannah Höch, Elfriede Lohse-Wächtler und Jeanne Mammen finden ließe. Ein Vorteil ist, daß die Vagabundin Raum gibt für bewußten Neuanfang:

»Den Innenraum verlassen und sich in die größeren Inszenierungen draußen zu begeben, führt Frauen in die Spiegellosigkeit, nicht aber zu Erfahrungen des Wiedererkennens, kaum in Räume der Erinnerung. Während für einen Mann Sehnsucht immer ein Heimweh ist, die Rückerinnerung an ein vergangenes Glück, die Suche nach etwas, das er schon einmal hatte und das ihm zerstört wurde, bleibt meine Sehnsucht vorstellungslos«[33], schreibt Thürmer-Rohr. Vagabundieren wird für sie »zum Symbol eines Lebensversuches, der an Vertrautes nicht anknüpft, der Vertrautes nur zum Anlaß nimmt, falsche Heimstätten wieder zu verlassen, der nicht nach Identität sucht, dieser fixen Idee.«

31 Duchamp 1975 (wie Anm. 19).

32 Da-Dandy, Collage von Hannah Höch, 1919, Privatbesitz.

33 Christina Thürmer-Rohr: Vagabundinnen. Feministische Essays. Berlin 1987^2, Vorwort o.S.

Katharina Sykora

DIE »HURE BABYLON« UND DIE »MÄDCHEN MIT DEM EILIGEN GANG«

Zum Verhältnis »Weiblichkeit und Metropole« im Straßenfilm der Zwanziger Jahre

Seit dem 19. Jahrhundert lud das Phänomen der Metropole zu Imaginationen ein, die ich zunächst auf ihre Weiblichkeitsmetaphern hin untersuchen möchte, um dann nach den Bewegungen zu fragen, die den Frauen selbst in den Straßen und auf den öffentlichen Plätzen der Großstadt möglich waren. Dies ist Voraussetzung für den zweiten Teil meiner Untersuchung, in dem ich anhand des Films »Die Straße« von Karl Grune exemplarisch das Verhältnis von »Weiblichkeit und Metropole« im Straßenfilm der Weimarer Republik thematisieren möchte.

Weibliche Stadtkörper

»Man sprach von Berlin, solange man es nicht besaß, wie von einer begehrenswerten Frau«[1], diese Erinnerung Carl Zuckmayers bestätigt sich in unzähligen Zeugnissen deutscher Großstadtliteratur. Die Figuration der Stadt als Frau oder der Frau als Stadt wies dabei zwei Tonarten auf, die sich nicht selten vermischten: gemeint sind die Vorstellungen der begehrenswerten, sich dem Entdecker freimütig hingebenden, erotischen Frau und die der bedrohlichen, weil verschlingenden, unersättlichen Frau. Beide Stadtphantasien verbanden sich mit einer überdimensionierten weiblichen Körperimagination.

Die deutschen Dichter orientierten sich in ihren Poesien und Prosatexten zur Großstadt zunächst an Pariser Vorbildern. Paris war die Metropole des 19. Jahrhunderts par excellence. In ihr hatte sich seit den 50er Jahren jenes Amalgam aus verwinkelten Straßen,

1 Carl Zuckmayer: Als wär's ein Stück von mir. Erinnerungen, Frankfurt/Main 1967, S. 311.

uralten Quartiers, rasch wachsenden Vorstädten, ausladenden, schnurgeraden Prachtstraßen und filigranen, gläsernen Passagen entwickelt, das Paris zum Inbegriff der Weltstadt machte. »Die Ausstattung der neuen Boulevards mit breiten Bürgersteigen und Gasbeleuchtung verbesserte die Bedingungen des Spazierens, die gleichzeitig mit Haussmanns Umformung der Stadt errichteten ersten Warenhäuser und Ausstellungshallen öffneten dem Strom der Passanten ein neues Terrain.«[2] Baudelaire galt als der wichtigste Dichter der damaligen Großstadterfahrung. Er hatte einer der Pariser Metropole entsprechenden, neue Bewegungs- und Wahrnehmungsform zu literarischen Ehren verholfen: der des Flaneurs. Mit ihm entstand die Vorstellung von der Großstadtmenge, in der sich der Einzelne verlieren konnte. Sie wurde zum Synonym für die französische Metropole und besaß für den Flaneur des 19. Jahrhunderts vorwiegend positive Konnotationen. Seine mit der Masse verknüpften Vorstellungen vom unerkannten »Untertauchen« in ihrer Anonymität war meistens verbunden mit befreienden Fluchtvorstellungen aus der Enge seines bürgerlichen Heims oder aus unbefriedigenden politischen Ohnmachtsverhältnissen. Mit der Ausbruchsgeste des Individuums, das sich gerade den unbürgerlichen Orten der Großstadt zuwandte, signalisierte der Bohémien seine heroische Revolte. Zu ihr gesellte sich die »Entdeckerlust« des flanierenden Künstlers, der in das Ungeordnete, historisch Übereinandergeschichtete, als das sich ihm die Metropole darstellte, die visuellen Schneisen seines Blicks schlug. In den paradoxen Bewegungen seines diffusen und gleichzeitig von Neugier gerichteten Blicks, oder anders gesagt: seines »zerstreuten Suchens«, erhaschte er Apercus, die er zu literarischen, malerischen oder fotografischen Bildern seiner »eingebildeten Metropole«[3] formte. Diese setzte sich aus immer neuen Variationen weiblicher Allegorien eines »physiognomischen Stadtleibes«[4] zusammen. Ihm sah sich Baudelaire im Akt der Flanerie mit den Worten »Je t'aime, o capitale infame« in einer Art »sainte prostitution« verbunden.[5] Seine im Flanieren gesammelten Einzelwahrnehmungen überformte er so mit einer überdimensionierten ganzheitlichen Weiblichkeitsphantasie, um – sozusagen aus der imaginierten Vogelperspektive – diesen weiblichen Stadtköper wieder »lesbar« zu machen, oder anders ausgedrückt, um ihn aus dieser »Missionars«position heraus wieder »erkennen« zu können. Das folgende Gedicht von Julius Hart, geschrieben 1890, ist eines der vielen Beispiele deutscher Provenienz, die diesen Topos auf Berlin übertrugen:

2 Eckhardt Köhn: Straßenrausch. Flanerie und kleine Form. Versuch zur Literaturgeschichte des Flaneurs bis 1933, Berlin 1989, S. 57.

3 Michael Bienert: Die eingebildete Metropole. Berlin im Feuilleton der Weimarer Republik, Stuttgart 1992.

4 Köhn 1989 (wie Anm. 2), S. 159ff.

5 Charles Baudelaire: Œuvres complètes, Paris 1961, S. 310.

»Endlos ausbreitest du, dem grauen Ozean gleich
Den Riesenleib; in dunkler Ferne stoßen
Die Zinnen Deiner Mauern ins Gewölk, und bleich
Und schattenhaft verschwimmen in der großen
Und letzten Weite Deine steinigen Massen.
Weltstadt zu Füßen mir, dich grüßt mein Geist
Zehntausendmal; und wie ein Sperber kreist
Mein Lied wirr über Dich hin, berauscht vom Rauch
Und Atem deines Mundes: sei gegrüßt du, sei gegrüßt.«[6]

Sigrid Weigel hat diese omnipotente männliche Perspektive, die sich mit der Sexualisierung und Verweiblichung der Stadtmetaphoriken verbindet, am deutlichsten in dem von »heroischem Verzicht« gekennzeichneten Blick des Besetzers Ernst Jünger auf das Paris von 1944 wiedergefunden:

»Noch einmal auf der Plattform von Sacré Coeur, um einen Abschiedsblick auf die große Stadt zu tun. Ich sah die Steine in der heißen Sonne zittern wie in der Erwartung neuer historischer Umarmungen. Die Städte sind weiblich und nur dem Sieger hold.«[7]

Damit sind wir bei der uralten Metapher der Stadt als »Hure Babylon«, in der sich die Faszination der verführerischen Frau, die Ernüchterung über den Konnex von Sexualität und Macht und die Sehnsucht nach Regression am Busen der Dirne mit dem großen Herzen bündeln. Alle drei Aspekte tauchen in den poetischen und Prosatexten zur Metropole Berlin ebenso wieder auf wie in den deutschen Großstadtbildern des Expressionismus und Verismus und im Großstadtfilm seit seinen Anfängen. Wolfgang Bocherts im folgenden zitiertes Gedicht ist für diese Großstadtvorstellung symptomatisch und entspricht sowohl ikonografisch wie auch in seiner zum Pathos neigenden Überspitzung Bildern und Texten, wie wir sie aus dem Nachkriegsexpressionismus und Verismus der Zwanziger Jahre kennen:

»Die Göttin Großstadt hat uns ausgespuckt
in dieses wüste Meer von Stein.
Wir haben ihren Atem eingeschluckt,
dann ließ sie uns allein.

Die Hure Großstadt hat uns zugeplinkt –
an ihren weichen und verderbten Armen
sind wir durch Lust und Leid gehinkt
und wollten kein Erbarmen.

6 Julius Hart: Berlin. In: Ders.: Homo sum, Großenhain-Leipzig 1890, S. 111 ff.

7 Ernst Jünger: Das zweite Pariser Tagebuch (8.3.1944). In: Sämtliche Werke, Stuttgart 1979. Zit. nach: Sigrid Weigel: »Die Städte sind weiblich und nur dem Sieger hold«. Zur Funktion des Weiblichen in Gründungsmythen und Städtedarstellungen. In: Sigrun Anselm/Barbara Beck (Hrsg.): Triumph und Scheitern in der Metropole. Zur Rolle der Weiblichkeit in der Geschichte Berlins, Berlin 1987, S. 207.

Die Mutter Großstadt ist uns mild und groß –
und wenn wir leer und müde sind,
nimmt sie uns in den grauen Schoß –
und ewig orgelt über uns der Wind.«[8]

Die Metropole Berlin, der die Oden an die »Große Stadt« nun gewidmet sind, zeichnet sich jedoch im Vergleich zu Paris durch eine neue Art der »Modernität« aus. Berlin war eine ausgesprochen junge Metropole. Erst die Gründerzeit, die wirtschaftlich prosperierende Epoche nach dem deutsch-französischen Krieg 1870/71, hatte sie in einem bis dahin ungeahnten Maße wachsen lassen. Das relativ kleine Zentrum sah sich durch die Ansiedlung zahlreicher Industrien der »Textilproduktion, der Metallverarbeitung und des Maschinenbaus [...] und nach 1890 der rasch expandierenden Elektroindustrie«[9] mit immer zahlreicheren Cordons von Farbrikarealen und Arbeitersiedlungen umgeben. Die gutsituierten Leute zogen sich gleichzeitig in Villengebiete außerhalb des Zentrums zurück. Die Kollision solcher paralleler Wachstumsschübe führte zu Reibungen sonst separierter Lebensbereiche. Soziale Verunsicherungen und visuelle Unübersichtlichkeit kennzeichneten die deutsche Hauptstadt. Sie machten eine relativ souveräne Annäherung, wie sie dem französischen Flaneur des 19. Jahrhunderts zueigen war, unmöglich. Walther Rathenaus »Würdigung« an »Die schönste Stadt der Welt« belegt die virulenten sozialen und topografischen Gegensätze in Berlin exemplarisch mit folgendem Bild der Bedrohung: »Nach Norden, Süden und Osten streckt die Arbeiterstadt ihre Polypenarme; sie umklammert das schmächtige Westviertel mit Eisensehnen, und wer weiß was dereinst...« passieren wird.[10] Diesen Befürchtungen einer politischen Zuspitzung auf den Straßen der Stadt entsprachen Ängste, die sich auf die Verslumung der Berliner Vorstädte bezogen, und die sich in Bildern der sozialen wie regionalen Entgrenzung eines zuvor als homogen gedachten »Stadtkörpers« ausdrücken. »Wer sich vom Pflaster verirrt«, schrieb Wilhelm Bölsche bereits 1891, »läuft Gefahr in die unheimliche Schuttmoräne zu geraten, die in Gestalt eines riesigen ›Müll-Rings‹ den ganzen gletscherkalten Leib der Bärin auf der Grenze zwischen Häusermeer und Kornstand umgürtelt.«[11] Auch hier wird das Wappentier Berlins als weiblich imaginiert und dient zur Metapher der an den Rändern zerfaserten, verwahrlosten und kalten Metropole.

8 Wolfgang Borchert: Großstadt (1946). In: Ders.: Über die großen Städte. Gedichte 1885-1967, Berlin-Weimar 1968, S. 349.

9 Jürgen Schutte/Peter Sprengel (Hrsg.): Einleitung: In: Die Berliner Moderne 1885-1914, Stuttgart 1987, S. 24.

10 Walther Rathenau: Die schönste Stadt der Welt. In: Ders.: Impressionen, Leipzig 1902, S. 140-142, 158-162. Zit. nach: Schutte/Sprengel 1987 (wie Anm. 9), S. 100.

11 Wilhelm Bölsche: Berlin nach der Windrose (1891). In: Schutte/Sprengel 1987 (wie Anm. 9), S. 33.

Hier wird deutlich, daß der sich aus einer relativ gesicherten gesellschaftlichen Position heraus bewegende Pariser Flaneur, der sich im Erkunden seiner Stadt ihre Geschichte und Gegenwart aneignete und diese zum Auslöser seiner künstlerischen »Einbildung« machte, hier einer existentiell an die Stadt »ausgesetzen« Figur Platz gemacht hat. Die Wahrnehmungsposition verschiebt sich von der des Flaneurs, der sukzessive die einzelnen topografischen und soziologischen Fundstücke zu seinem imaginären Stadtbild mit weiblichem Gesicht zusammenfügt, hin zur schockartigen Konfrontation mit den fragmentierten und disparaten Teilen der Metropole Berlin.

Mit dieser Wahrnehmungsverschiebung korrespondieren sowohl kulturkritische Einschätzungen wie auch euphorische Affirmationen des Aspekts der Moderne. Beide wiederum kleiden ihre Sicht auf die Stadt in »neue«/»alte« Weiblichkeitsmetaphern (Abb. 1).

Eine bis dahin noch nicht gekannte Steigerung des Tempos und der Dichte vielfältiger Sinneseindrücke war bereits von Georg Simmel zum Kennzeichen Berlins um die Jahrhundertwende deklariert worden. In »Die Großstädte und das Geistesleben« beschrieb er seine Einschätzung der Entpersönlichung des Einzelnen in der Metropole. Er konstatierte die Tendenz zum »intellektualistischen Charakter«, den der Großstadtmensch sich als »Schutzorgan gegen die Entwurzelung« entwickelt habe. Die »Steigerung des Nervenlebens, die aus dem raschen und ununterbrochenen Wechsel äußerer und innerer Eindrücke hervorgeht« beschreibt Simmel als eine Bewußtseinsteigerung, die sich von der kontemplativeren Wahrnehmungsform des Flaneurs unterscheidet. Diese neue Sensibilität, ja Nervosität ist seiner Ansicht nach jedoch notwendig, um der »raschen Zusammendrängung wechselnder Bilder, dem schroffen Abstand innerhalb dessen, was man mit einem Blick umfaßt, der Unerwartetheit sich aufdrängender Impressionen«[12] in der Großstadt gerecht zu werden.

In zwei Texten zur Thematik der »Straße«, geschrieben von seinem Schüler Siegfried Kracauer, werden die Unterschiede eines Flanierens in der Pariser Metropole und im modernen Berlin auch unter dem Aspekt ihrer Besetzung mit divergierenden Weiblichkeitsvorstellungen am deutlichsten. Schon ihre Titel »Erinnerung an eine Pariser Straße« und »Straße ohne Erinnerung« sind paradigmatisch: Paris stellt sich Kracauer als historisches Palimpsest dar, das

12 Georg Simmel: Die Großstädte und das Geistesleben. In: Schutte/Sprengel 1987 (wie Anm. 9), S. 124/125.

zur Dechiffrierung verführt. In den geringfügigsten Details und den abgelegensten Straßen sucht und findet er unendliche Schichtungen von Zeichen gelebten Lebens. Sein Erkenntnisdrang stellt sich als mit erotischen Versprechungen aufgeladenes, historiografisches Interesse dar, das er im Begriff des »Straßenrauschs« einfängt: »Damals, als ich der Straße begegnete, verbrachte ich vier Wochen ganz allein in Paris und lief jeden Tag mehrere Stunden durch die Quartiere. Es war eine Besessenheit, der ich nicht zu widerstehen vermochte. [...] Sogar die gelegentlichen Zusammenkünfte mit Frauen erschienen mir wie eine Pflichtvergessenheit, wie eine törichte Ablenkung von den Straßen, die mich ungleich stärker beanspruchten als irgendein einzelnes Mädchen. Ich genoß sie blindlings und ließ mich von ihnen verbrauchen, und kehrte ich auch stets matt von den Ausschweifungen heim, so hielt mich doch nichts davon zurück, meiner Leidenschaft am anderen Tag wieder nachzugeben.«[13] Diese noch ganz im Baudelaireschen Sinn verfaßte Hymne an die Pariser Straße macht die Analogie zur Stadt als verführerischem weiblichem Körper deutlich, dessen Sog sich der Flaneur nicht entziehen kann. Dies wird besonders dadurch betont, daß Kracauer dem weiblichen Stadtkörper den Vorzug vor den weiblichen Bewohnerinnen der Pariser Straßen gibt. In den ersten Sätzen seines zweiten Textes macht diese euphorische Imagination einer tiefen Ernüchterung Kracauers Platz: »Scheinen manche Straßenzüge für die Ewigkeit geschaffen zu sein, so ist der heutige Kurfürstendamm die Verkörperung der leer hinfließenden Zeit, in der nichts zu dauern vermag.«[14] Im ständigen Wechsel der Häuserfassaden, Geschäfte und Cafés konstatiert er eine »Erinnerungslosigkeit«, die ganz in der absoluten Vorherrschaft des Gegenwärtigen aufgeht. Der englischsprachige Publizist Harold Nicolson kleidete in einer Ausgabe der Zeitschrift »Der Querschnitt« von 1929 eben diese Differenz in folgende Weiblichkeitsmetaphern: »Paris is a woman in the prime of life to whom one would only tell those secrets which one desires to be repeated. But Berlin is a girl in a pull-over, not much powder on her face, Hölderlin in her pocket, thighs like those of Atalanta, an undigested education, a heart which is almost too ready to sympathize, [...] The maximum irritant for the nerves corrected by the maximum sedative.«[15] Ein deutlicheres Bild der Verschiebung von Paris als Coutisane zu Berlin als »Girl«, »Garconne« oder »Neue Frau«, in Analogie zur Verschiebung von der Stadt mit einer Geschichte hin zur »modernen« Metropole ohne Gedächtnis, wie sie Kracauer beschreibt, läßt

13 Siegfried Kracauer: Erinnerung an eine Pariser Straße. In: Heinz Ludwig Arnold (Hrsg): Siegfried Kracauer. Text und Kritik, Heft 68, S. 55.

14 Siegfried Kracauer: Straße ohne Erinnerung. In: Arnold (wie Anm. 13), S. 59.

15 Harold Nicolson: The Charm of Berlin. In: Der Querschnitt, Mai 1929 (das Original war in Englisch). In: Der Querschnitt. Das Magazin der aktuellen Ewigkeitswerte 1924-1933, Berlin 1980, S. 261-63. Zit. nach: Patrice Petro: Joyless Streets. Women and Melodramatic Representation in Weimar Germany, Princeton 1989, S. 42.

sich kaum denken. Kracauer ist jedoch weit davon entfernt, die Großstadtstraße als signifikanten Ort seiner Epistomologie aufzugeben. In der Preisgabe der Position des Flaneurs findet zwar eine »Verabschiedung ihrer phantasmatischen Potenz«, d.h. von den »Knabenphantasien« des Autors statt[16], als paradigmatischer Ort der Passage wird sie ihm nun aber zum Synomym für »den kritischen Durchgang durchs bürgerliche Leben.«[17] Die Straße als »unbewußt von der Gesellschaft geschaffenes Raumbild«[18] gewinnt jetzt im ideologiekritischen Sinne Gewicht als zentraler Indikator: »Die Raumbilder sind die Träume der Gesellschaft. Wo immer die Hieroglyphe irgendeines Raumbildes entziffert wird, dort bietet sich der soziale Grund der Wirklichkeit dar.«[19] Angesichts einer in den Phänomenen der modernen Metropole permanent und unwiderbringlich ersetzten Vergangenheit werden nun die Phänomene der absoluten Gegenwärtigkeit zum Gegenstand der kritischen Befragungen. Die Mutation vom Flaneur zum Passanten stellt sich also als eine Erfahrung und Akzeptanz von »kompletter Gegenwart« dar, die nun auch die »Neue Frau« ins Blickfeld bringt.

Exkurs: »Straßenrausch« und kinematografischer Blick

Der Straßenrausch des Flaneurs ist also einem im Simmelschen Sinne »intellektualistischen« Beobachten der Großstadtphänomene gewichen. Dies erst setzt Kracauer jedoch in die Lage, den ganz anders gearteten Straßenrausch im Berlin der Zwanziger Jahre zu analysieren. Im »Taumel« der sich jagenden und ersetzenden Aktualitäten, in der Konstitution von Geschichtslosigkeit durch permanente Gegenwärtigkeit, im Befund einer Anästhesierung der Bürger, kleinen Angestellten, aufsteigenden Proletarier durch den »Kult der Zerstreuung«, findet Kracauer zur Phänomenologie der Großstadt als Begründung seiner Mentalitätsgeschichte. Dies hat er mit dem anderen wichtigen zeitgenössischen Theoretiker der »Straße«, Walter Benjamin, gemeinsam. Was an Kracauers Untersuchungen jedoch in unserem Zusammenhang wichtig erscheint, ist seine Entwicklung des »Typus einer psychologischen Geschichte«[20] sowohl aus den Zeichen der Metropole als auch aus den Zeichen des Kinos. »Für das Verhältnis Film und Stadt [ist] demnach bedeutsam, daß der Film diesem Sujet im historischen Augenblick des Umbruchs zur modernen Großstadt begegnet.«[21] »Wie die moderne Stadt, so ist auch der

16 Gerwin Zohlen: Text-Straßen. Zur Theorie der Stadtlektüre bei Siegfried Kracauer. In: Arnold (wie Anm. 13), S. 67.

17 Siegfried Kracauer: Straßen in Berlin und anderswo, Frankfurt am Main 1964, S. 31.

18 Zohlen (wie Anm. 16), S. 65.

19 Kracauer 1964 (wie Anm. 17), S. 70.

20 Siegfried Kracauer: Von Caligari zu Hitler. Eine psychologische Geschichte des deutschen Films, Frankfurt/Main 1984, S. 14.

21 Hanno Möbius/Guntram Vogt: Drehort Stadt. Das Thema »Großstadt« im deutschen Film, Marburg 1990, S. 12.

1 George Grosz: Orgie, 1920

Film durch Bewegung charakterisiert. [...] besonders im Film werden die Aufsplitterung der Wahrnehmung und ihre Dynamisierung zu zwei herausragenden Themen. Bewegung und Montage sind die herausragenden künstlerischen Kompetenzen des Films: kein anderes Medium basiert so sehr auf den Kriterien, die die moderne Erfahrung ausmachen.«[22] Wegen dieser Entsprechung zwischen Film- und Großstadtwahrnehmung, wurde die Stadt von Anbeginn an zum Gegenstand und Thema, zur Akteurin und Darstellerin des Films.[23] Diese Doppelung war es auch, die den Film und besonders den Straßenfilm für Kracauer zum Indikator der tiefenpsychologischen Dispositionen der deutschen Kollektivseele in der Weimarer Republik machte. »Das innere Leben manifestiert sich in verschiedenen Elementen und Konglomeraten des äußeren Lebens, besonders in jenen kaum wahrnehmbaren Oberflächenerscheinungen«, die dem Phänomenologen auf der Straße en passant so wichtig werden, und die gleichzeitig »eine wesentliche Rolle bei der filmgerechten Behandlung spielen.«[24] In Texten wie »Die kleinen Ladenmädchen gehen ins Kino«[25] geraten ihm daher die weiblichen Angestellten als soziologisches Phänomen der Großstadt genauso in den Blick wie die Kinophantasmagorien auf der Leinwand selbst.

Zwischen Büro und Séparée: Neue Frauen auf Berliner Straßen

Griselda Pollock hat bereits für das Paris des 19. Jahrhunderts herausgearbeitet, wie die Eroberung der honorigen, öffentlichen und der unbürgerlichen, halböffentlichen Räume durch die Künstlerflaneure von bürgerlichen Frauen nicht geteilt wurde. Ein Nichtgesehenwerden in der Menge gab es für sie nicht, da Frauen, zumal wenn sie sich auf die Straße begaben, grundsätzlich Objekte des Blicks waren, und zwar eines moralisch taxierenden Blicks. Das befreiende Sich-Lösen aus politischen oder familiären Beengungen durch die Selbstauflösungsphantasien in der Großstadtmenge oder die Grenzüberschreitung ins Bordell war bürgerlichen Frauen nicht ungestraft möglich. Tauchten sie dort auf, galten sie entweder nicht mehr als bürgerlich, sondern als sexuell verfügbar, oder sie waren keine Frau, sondern geschlechtsneutrales Arbeitswesen.[26] Die Flaneuse im Baudelaireschen Sinne existierte also im 19. Jahrhundert nicht. Wie aber nun traten die »Neuen Frauen« im Berlin nach dem Ersten Weltkrieg auf, nachdem sie in großer Zahl in Industrie und Dienstlei-

22 Möbius/Vogt 1990 (wie Anm. 21), S. 9.

23 Möbius/Vogt 1990 (wie Anm. 21), S. 12.

24 Kracauer 1984 (wie Anm. 20), S. 13.

25 Siegfried Kracauer: Das Ornament der Masse, Frankfurt/Main 1963, S. 279-295.

26 Griselda Pollock: Moderne und die Räume von Weiblichkeit. In: Ines Lindner u.a. (Hrsg.): Blickwechsel. Konstruktionen von Männlichkeit und Weiblichkeit in Kunst und Kunstgeschichte, Berlin 1989, S. 313-334.

stungsbereichen erwerbstätig geworden waren, sie Zugang zu politischen Entscheidungen erlangt hatten und sich durch den Krieg und den Wechsel von der Monarchie zur Demokratie auch die traditionelle Geschlechtermoral zu wandeln schien? Allen Quellen zu diesem Erscheinen der »modernen Frau« im Großstadtbild, mit Bubikopf, Hängekleid und Seidenstrümpfen, die zum Prototyp der weiblichen Angestellten wurde, ist gemeinsam, daß sie, euphorisch oder mit dem moralischen Zeigefinger, immer vom massenhaften Auftreten dieses Typus sprechen:

»Im Ablauf des Lichtes zwischen Großstadtmauern gibt es bestimmte Uhrzeiten ihres Erscheinens und Verschwindens – sie kommen und gehen immer gleich scharenweise, viele einzeln, gewiß, und doch jede eingeordnet der großen Maschinerie, die alle ankurbelt [...]. Es ist ein großer Strom in der Frühe um 8, abends um 5 und 7 Uhr, seine Nebenflüsse mittags zwischen 12 und 4 Uhr, das Heimtröpfeln der Tischzeitmädchen, fallen weniger ins Auge, aber alles das gehört zusammen, umgrenzt das Dasein der Mädchen mit dem eiligen Gang: der Kontoristinnen und Verkäuferinnen.«[27] Diese selbstbewußte zweite Generation von weiblichen Angestellten, die hier Mitte der Zwanziger Jahre ins Blickfeld geriet, gehörte nicht mehr wie ihre Vorläuferinnen zur Gruppe der ins öffentliche Leben drängenden Bürgertöchter der Vorkriegszeit. Sie kamen vielmehr zum großen Teil aus der Arbeiterschaft oder dem kleinbürgerlichen Mittelstand, erlitten also keinen Statusverlust durch ihre Berufstätigkeit, sondern begriffen sie als sozialen Aufstieg. Die explodierende Konsumindustrie entdeckte diese Schicht und bot ihnen in den öffentlichen Stätten des Vergnügens scheinbar homogene Orte, in denen die kleine Verkäuferin und die Diva die gleichen Drinks nehmen und mit den gleichen Tanzschritten übers Parkett drehen konnten, Orte also, die die Aufstiegsphantasien der weiblichen Angestellten nährten. So schien Emanzipation in Konsum umgelenkt und die »Neue Frau« als Kampfbegriff der Frauenbewegungen um 1900 zum Modebegriff vereinnahmt.[28]

Wenn es also schon im 19. Jahrhundert keine Flaneusen gab, waren die kleinen Angestellten dann die Passantinnen der »modernen« Metropole? Die meisten Quellen zu den Bewegungsmustern der Frauen auf den Großstadtstraßen lesen sich so, als wären die Blickrichtungen der »Neuen Frauen« und ihre Wünsche beim Spazieren und Passieren im Angebot der Schaufenster und Warenhausauslagen gebannt worden: »Wie unabsehbare Galerien einer Riesen-

27 Anatol von Persich: Die Mädchen mit dem eiligen Gang. In: Die schöne Frau, 1927. Zit. nach: Ernest Wichner/Herbert Wiesner (Hrsg.): Industriegebiet der Intelligenz. Literatur im Neuen Berliner Westen der 20er und 30er Jahre, Berlin 1990, S. 59.

28 Karola Gramann/Heide Schlüpmann: Die erotische – androgyne – Ausstrahlung eines ›neusachlichen‹ Frauentypus im deutschen Film der Zwanziger Jahre, unveröffentlichtes Manuskript, Frankfurt/Main 1982, S. 2.

ausstellung begleitet den Spaziergänger eine ununterbrochene Reihe von großen Spiegelscheiben, hinter denen Luxus, Mode und Geschmack ihre lockenden Werbemittel ausgelegt haben. Es gibt Frauen, die dem Rausch eines täglichen Bummels durch die Straßen und durch die Warenhäuser verfallen sind, deren wichtigste Stunden vor den Schaufenstern oder in den gleißenden Hallen der Warenhäuser verbracht werden.«[29] Straßenrausch stellt sich hier als Konsumrausch dar, zu dem auch die Kinosucht gehörte, und durch den die Aufstiegsträume vom »kleine Ladenmädchen« aufgehoben wurden im kleinbürgerlichen Ideal von einem »Zukünftigen, der Familiensinn entwickelt und soviel verdient, daß sie nicht mehr arbeiten brauchen.«[30]

Befragt man nun die Künstlerinnen, insbesondere die Schriftstellerinnen der Zeit, die anders als das Gros der »Frau auf der Straße« prädestiniert waren für ein kritischeres Wahrnehmen im Sinne Kracauers, so stellt sich ein nicht gänzlich anderes, aber wesentlich weniger glattes Bild dar: nicht als eine lineare Überführung in die Anpassung, sondern als ein permanenter Widerstreit ungleichzeitiger Wünsche und Normen, als Kampf zwischen dem Desiderat nach Autonomie und Selbstbestimmung und den äußeren Forderungen nach Erfüllung des Modernitäts- und Aktualitätsprinzips. Die Position einer Flaneuse blieb da nur wenigen Künstlerinnen vorbehalten, die etwa wie Else Lasker-Schüler ein ebenso libidinöses Verhältnis zu bestimmten öffentlichen Räumen Berlins entwickelte wie ihre männlichen Kollegen. In ihren »Briefen nach Norwegen« etwa schreibt sie enthusiastisch: »Wart Ihr schon dort, Ecke Kurfürstendamm und Wilmersdorferstraße, im Café Kurfürstendamm? Ich bin zum Donnerwetter dem Café des Westens untreu geworden; wie einen Herzallerliebsten hab ich das Caféhaus verlassen, dem ich ewige Treue versprach. Das Café Kurfürstendamm ist eine Frau, eine orientalische Tänzerin. Sie zerstreut mich, sie entzückt mich durch die vielen süßerlei Farben ihres Gewands.«[31] Erst mit den nachexpressionistischen Autorinnen – etwa Dinah Nelken, Mascha Kaléko, Emmy Hennings, Irmgard Keun u.a. – und bei wenigen bildenden Künstlerinnen – ich denke an Jeanne Mammen – wird der faszinierte und gleichzeitig kritische Blick auf die Großstadtstraße und die Ambivalenzen, mit denen sich Frauen auf ihnen bewegten, zum Thema. In witzig pointierter Form beschreibt Erika Mann, wie es jedoch zugeht, wenn die Frau sich auf der Höhe ihrer Zeit als »moderne Passantin« bewegt. In ihrem kurzen Prosastück

29 Köhn 1989 (wie Anm. 2), S. 130.

30 Siegfried Kracauer: Die Angestellten (1929), Frankfurt am Main 1974, S. 69.

31 Else Lasker-Schüler: Briefe nach Norwegen. In: Der Sturm, 2. Jg., Nr. 99, Feb. 1912, S. 789.

»Frau und Buch« kommt es zur Kollision einer solchen neuen »Frau, die Reportagen schreibt«, mit einem typischen Flaneur »alter Schule«: »Gestern habe ich auf dem Hohenzollerndamm einen Herrn getroffen, mittelalt. Der Herr war ein Träumer, er schaute in den Himmel, und ich hätte ihn mit dem Auto beinahe umgefahren. Er sagte zu mir: ›Weibervolk, verdammtes, schert Euch in die Küche.‹«[32]

Aber noch scherten sich die kleinen Ladenmädchen nicht in die Küche zurück. Sie belebten nicht nur tagsüber die Büros und Warenhäuser, sondern sie beschritten – oft ohne männliche Begleitung – auch die Straßen, Plätze, Cafes, Kinos, Tanz- und Vergnügunglokale der berühmten Großstadtnacht. Ihre Fantasien stimmten dabei weitgehend mit denen der männlichen Nachtschwärmer überein: »sich verlieren zu können, sich ›treiben‹ lassen zu können, verlokkende Abenteuer zu erleben, auch einsam sein zu dürfen, aber ›unbeschädigt‹ wieder auftauchen zu dürfen.«[33] Die traditionelle Codierung der Stadt als weiblich, die sich durch die Konnotation der Nacht als ebenfalls weiblich noch potenzierte, verengte hier jedoch die Bewegungsfreiheit der einzelnen Frau der Zwanziger Jahre. »Das verbindende Element, das die ›begehrenswerten‹ wie die abstoßenden Eigenschaften der Stadt, der Nacht und der Frau in sich vereinigt, ist das Thema der Prostitution.«[34] Auf dieses alte Warentauschverhältnis der Geschlechter, das sich in das Bild der Straße eingschrieben hatte, stießen die weiblichen Angestellten auf den öffentlichen Schauplätzen der Berliner Nächte. Eine im Januar 1927 in der »Vossischen Zeitung« eröffnete Diskussion um Frauen in der Großstadtnacht bezeugt die Virulenz, mit der auch die Frauen der Weimarer Republik von den zum »Sittenkodex« geronnenen Männerphantasien in ihrer nächtlichen Bewegungsfreiheit behindert wurden.[35] Dort wurde problematisiert, daß die vergnügungswilligen »kleinen Angestellten« in ihren Ausgehkleidern und ihrem Habitus nicht mehr von den Prostituierten zu unterscheiden waren. Die Diskussion in der »Vossischen Zeitung« um mögliche sittenpolizeiliche Schutzmaßnahmen für lustwandelnde, aber »unbescholtene« Frauen endete daher damit, daß auch Polizeiverstärkung als Ordnungsfaktor nicht das Dillemma lösen könne, zu »erkennen« ob die »öffentliche Frau« nun Prostituierte sei oder nicht.

32 Erika Mann: Frau und Buch. In: Anna Rheinsberg (Hrsg.): Bubikopf. Aufbruch in den Zwanzigern. Texte von Frauen, Darmstadt 1988, S. 12.

33 Joachim Schlör: Nachts in der Großen Stadt. Paris-London-Berlin 1840-1930, München 1991, S. 166.

34 Schlör 1991 (wie Anm. 33), S. 167/168.

35 Schlör (wie Anm. 33), S. 171-175.

Freudlose Existenzen: Die Konstruktion des Weiblichen in Karl Grunes »Die Straße« von 1923

Dies sind die Hintergründe, vor denen ich eine Lektüre des Films »Die Straße« von Karl Grune aus dem Jahr 1923 vornehmen möchte. Sie sind – wie ich zu skizzieren versucht habe – von Weiblichkeitsimaginationen bestimmt, die sich als Stadtkörper ausdrücken. Diese haben eine Verschiebung erlebt von der Stadt als Kurtisane zum Girl, die einer Verschiebung vom Flaneur der Pariser Metropole zum Passanten der modernen Metropole Berlin entsprach. Daß beide Vorstellungen in der deutschen Metropolenkunst der Weimarer Republik weiterexistierten und gerade ihre Doppelung eine spezifische Form der inhaltlichen wie ästhetischen Bannung evozierte, soll nun anhand der Filmanalyse von »Die Straße« deutlich werden.

Karl Grunes Film von 1923 gilt als frühes und ikonografisch wie stilistisch normbildendes Beispiel des gleichnamigen Filmtypus. Er vereinigt nicht nur die oben genannten Weiblichkeitstopoi sondern verkoppelt diese in exemplarischer Weise mit expressionistischen, realistischen und experimentellen Formen. »Die Straße« zeichnet sich dadurch aus, daß Großstadt mit all ihren weiblichen Metaphern nicht nur thematisch Gegenstand der Handlung ist, sondern das Medium außerdem über seine eigenen Wahrnehmungsmuster von Stadt spricht. Im Untertitel »Geschichte einer Nacht« wird deutlich, daß wir uns dabei in demjenigen raumzeitlichen Gefüge der Großstadtnacht bewegen, das in höchstem Maße alle oben erwähnten Konnotationen des Weiblichen versammelt. Grunes »Die Straße« scheint mir daher besonders geeignet, die Frage nach der Konstruktion des »Weiblichen« im Straßenfilm der Weimarer Republik exemplarisch zu untersuchen.

Bei der Filmananlyse möchte ich mich zunächst den verschiedenen Modalitäten der Begehung der Straße innerhalb der Filmerzählung widmen. Dann werde ich die Konstruktion des Antagonismus von »Straße« und »Heim«, von »Außen« und »Innen« und seine geschlechtsspezifischen Implikationen in den Blick nehmen. Abschließend wird es mir um die selbstreferenzielle Thematisierung kinematografischer Umsetzung von Großstadtwahrnehmung gehen und um die Art des Betrachters, die sie vorraussetzt bzw. konstituiert.

Drei »Begehungs«modalitäten der Straße lassen sich in Grunes Film unterscheiden. Das dadurch als unterschiedlich charakterisierte Verhältnis zum Stadtgefüge gibt gleichzeitig Auskunft über die moralische Situierung der Personen im filmischen Erzählgefüge.

Protagonist des Films ist der Kleinbürger, der aus Überdruß am heimischen Einerlei und von seinen Phantasien über die Versprechungen der Nacht magisch angetrieben, wie einem Sog folgend auf die Straße eilt. Gleichsam an Fäden gezogen, marionettenhaft in seinen Bewegungen, scheint er nicht Herr seines Tuns zu sein, sondern von »dunklen Mächten« getrieben. Gerade noch kann er sich mit den Insignien kleinbürgerlicher Respektabilität wappnen: seinem Hut und seinem Regenschirm, ein Requisit, das in der Filmhandlung ein überdeterminiertes Eigenleben führt als Indikator dafür, ob es gerade aufwärts oder abwärts mit ihm geht. Auf der Straße angelangt, schwankt seine Haltung zwischen unverhohlen neugierigem Beobachten, forschen Schritten, geschocktem Zurückweichen etwa vor der Prostituierten und zögerlichem Reagieren auf die einladenden oder bedrohlichen Leuchtreklamen der Stadt. Seine Phantasien, die ihn zum Schritt auf die nächtliche Straße bewegten, verfolgen ihn auch dort. Über das Gesicht der Prostituierten legt sich ein Totenkopf, die beleuchteten Brillengläser der Werbung eines Optikerladens werden ihm zum omnipräsenten, wachenden Auge des schlechten Gewissens (Abb. 2). Die Straße in Karl Grunes Film ist

2 Szenenfoto aus Karl Grunes Film »Die Straße«, 1923

eine eindeutig gebaute Kulisse, die ihre Konstruiertheit durch expressionistische Signets noch betont. Sie wird so zum Symbol für den inneren Zustand des Protagonisten und übernimmt Ausdrucksqualitäten seiner psychischen Verfaßtheit. Die junge Frau, der er schließlich ins Vergnügungslokal folgt, unterscheidet sich in ihrem Äußeren nicht von der Prostituierten, der »neuen Frau« oder der damaligen Kinogängerin. Genau das ist das Verhängnis des Kleinbürgers. Durch seine Mißinterpretationen der Zeichen der Großstadt, deren Symbol schlechthin die Frau ist, gerät er im Lauf der Nacht in immer größere Schwierigkeiten bis hin zu Arrestierung wegen Mordverdachts.

Anders als der Kleinbürger wird die junge Frau als bereits in einem öffentlichen Raum der Großstadtnacht situierte Figur in die filmische Erzählung eingeführt. Sie sitzt in einem Café und wartet auf ihre nächste »Klientel«. In der zweiten Einstellung wird sie bereits auf der Straße in Begleitung ihrer beiden Komplizen gezeigt. Während des gesamten Films ist in der Schwebe gehalten, ob es sich bei dieser Gruppe lediglich um Trickbetrüger und Erpresser oder auch um Prostituierte und Zuhälter handelt. Deutlich ist nur, daß sich diese moderne Frau und ihre Begleiter auf den nächtlichen Großstadtstraßen, in den Cafes und Tanzlokalen, den Hinterhöfen und Hinterzimmern wie Fische im Wasser bewegen. Die Straße ist ihr Geschäfts- und Lebensbereich. Nicht umsonst ist die geschlängelte Leuchtreklame, die den Kleinbürger durch die filmische Montage direkt zur jungen Frau in das Café leitet, in den Asphalt selber projeziert. Die Straße und die weibliche Protagonistin werden so als Kollaborateure ausgewiesen.

In einer Binnenerzählung zu diesem Haupterzählstrang wird uns die dritte Variante des Schritts auf die Straße gezeigt. Hier wird die Straße von Anbeginn an als gefährlich ausgewiesen, denn beide Repräsentanten dieser Begehungsform sind hilfsbedürftig: der alte Mann ist blind, und das Mädchen ist noch ein Kleinkind. Deutlich wird dieses Paar als Gegenkonstruktion zu den beiden Kontrahenten der Haupthandlung vorgestellt. Die Blindheit des Alten macht ihn immun gegen die visuellen Verlockungen der Straße und gleichzeitig schutzlos gegenüber der Rücksichtslosigkeit der Menge und dem Tempo des Großstadtverkehrs. Das kleine Mädchen hingegen ist noch ganz von der naiven Ablenkbarkeit des Kindes bestimmt und läßt sich im Spiel mit einem kleinen Hund in den Strudel des Verkehrs davonreißen. Die singuläre caritative Geste eines Herrn führt den Blinden schließlich wieder nach Hause, während die spektakuläre, autoritative Geste eines Polizisten den sonst ununterbrochenen Verkehr zum Stillstand bringt, um dem kleinen Mädchen den Weg zurück zum Bürgersteig zu ebnen. In merkwürdiger Weise werden diese beiden im Großstadtambiente als schwach bzw. gefährdet ausgewiesenen Figuren in Beziehung gesetzt zu den beiden Protagonisten. Abgesehen davon, daß sich schließlich herausstellt, daß die Kleine die leibliche Tochter der jungen Frau sein könnte, wird sie in einigen Szenen wie deren, jetzt zwar noch unschuldige, aber als zukünftige Frau gefährdete Präfiguration inszeniert. Ich denke dabei insbesondere an die relativ lange Szene auf der Polizeiwache, wo das Kind ausgiebig auf dem Schoß eines der Wachtmeister geneckt und liebkost wird, ihm ein Stück Kuchen geschenkt wird, das es bereitwillig annimmt, und wo es kokett mit dem Schlagstock des Gendarmen spielen darf. Der blinde Mann hingegen ist in Bezug auf den Kleinbürger wie ein warnendes Omen inszeniert. Ohne die Kastrationsmetapher der Erblindung zu sehr strapazieren zu wollen, verkörpert er dennoch den Zustand der Niederlage, der den Protagonisten nach seinem Großstadtabenteuer kennzeichnen wird.

Gemeinsam ist jedoch allen vier Figuren, daß sie im Kontext der Großstadtnacht als Teilhaber des Chaos dargestellt sind, sei es als deren Opfer oder deren Verusacherin. Als einzige legitime Präsenz ist hier die Polizei ausgewiesen. Sie ist Ordnungsfaktor in der Person des Verkehrspolizisten, der den Strom der Autos aufhalten kann, und sie ist Ordnungsfaktor als Sittenpolizei mit quasi richterlichen Kompetenzen, die am Schluß des Films den Plot auflöst und die Guten freiläßt und die Bösen hinter Gitter bringt.

In ähnlich deutlicher Weise werden in »Die Straße« die Sphären des »Innen« und des »Außen«, der nächtlichen Terrains der Großstadtöffentlichkeit und des familiären Heims gegeneinandergesetzt. Das, was Ruskin Mitte des 19. Jahrhunderts über die Bedeutung des Heims im Gegensatz zur »feindseligen Gesellschaft« formulierte, gilt auch für die Inszenierung der kleinbürgerlichen Wohnung, dem Sitz der Ehefrau und Ort der Rahmenhandlung des Films: »Darin besteht die wahre Natur des Heims – es ist der Ort des Friedens: die Zuflucht nicht nur vor aller Verletzung, sondern vor allem Schrecken, allem Zweifel, aller Zwietracht.«[36] Oder mit Worten Richard Sennetts gesagt: »Das Haus wurde zum moralischen Refugium, in dem die Frauen ein Leben in Ein- und Ausgeschlos-

36 John Ruskin: Sesame and Lilies, New York 1891, S. 136ff. In: Richard Sennett: Civitas. Die Großstadt und die Kultur des Unterschieds, Frankfurt am Main 1991, S. 38.

37 Sennett 1991 (wie Anm. 36), S. 48.

38 Umberto Boccioni: Die Straße dringt in das Haus, 1911, Sprengelmuseum Hannover. In: Eberhard Roters/Bernhard Schulz: Ich und die Stadt. Mensch und Großstadt in der deutschen Kunst des 20. Jahrhunderts, Berlin 1987, S. 53, Abb. 10.

senheit führten, während die Männer sich auf der Straße frei bewegen konnten.«[37] Er beschreibt, wie die Straße schon seit dem Mittelalter als bar jeder Barmherzigkeit charakterisiert wurde und die Kirchen zu Fluchtburgen humaner Regeneration dienten. Das kleinbürgerliche Heim und im eigentlichen Sinne die Ehefrau übernehmen nun in der Großstadt der Moderne in säkularisierter Form diese Zufluchtsfunktion. Die eliptische Rahmenerzählung des Films bestätigt eine solche Sicht. Dennoch ist hier die scheinbar hermetische Grenze zwischen Innen und Außen durchlässig geworden: »Die Straße dringt in das Haus«[38], um es mit einem Bildtitel Umberto Boccionis aus dem Jahre 1911 zu formulieren. Ludwig Meidner, der neben Karl Görge für die Filmarchitektur von »Die Straße« verantwortlich zeichnete, hat ähnliche stürzende Straßenansichten wie der Futurist Boccioni geschaffen, oft kombiniert mit einem angsterfüllten Selbstbildnis (Abb. 3). Die Eingangssequenz des Films von Grune argumentiert ebenso. Sie zeigt mit der Fenstermotivik den

3 Ludwig Meidner: Nächtliche Straße mit Passanten, 1913

Ort, der für die Durchlässigkeit des städtischen Innen und Außen steht. Wie durch eine Membran dringen hier Schatten und Reflexe von der Straße in die Wohnung und lösen die Phantasien des Mannes aus, der diese wieder auf das Straßenbild, das er durch das Fenster sieht, zurückprojiziert. Daß diese osmotische Durchlässigkeit im Film eine geschlechtsspezifisch unterschiedliche Zuschreibung erfährt, wird deutlich, wenn die Ehefrau beim Blick durchs Fenster nichts als die Alltagsrealität der verkehrsreichen Straße, bar jeglicher Verlockungen und Projektionen, sieht, als hätte sie keine Erwartungen und Wünsche, die sie an das »Außen« herantragen könnte. Die Straße dringt ihr gegenüber nur indirekt ins Haus, indem sie am Ende des Films einen von seinem Großstadtabenteuer moralisch und nervlich zermürbten Mann wieder an ihren schützenden Busen sinken läßt, von dem er sich dann – und das ist die eigentliche Schlußeinstellung – wieder aufrichten kann. Im Gegensatz zur am Modell der »Neuen Frau« orientierten weiblichen Hauptfigur auf der Straße ist sie als mütterliche Figur mit traditionellem Knoten und stets bereitem Suppentopf gezeigt. Mit dieser schützenden und nährenden Rolle wird sie zur Garantin der »Rahmenbedingungen« für die begrenzten Ausbrüche des Kleinbürgers in seine Scheinwelt der Großen Stadt.

Diese Art der narrativen Inszenierung unterschiedlicher Stadtwahrnehmung von Mann und Frau wird durch die selbstreferenzielle Aussage des Films über die Konstitution des kinematografischen Blicks noch gedoppelt. In einem zweiten Schritt läßt sich nämlich auch dieser Kinoblick als geschlechtsspezifisch determinierter entschlüsseln. In der Eingangssequenz sieht der auf dem Sofa seines Wohnzimmers müßig ruhende Kleinbürger zunächst Lichtreflexe über die Decke seiner Stube flackern, die durch das Fenster von der Straße hereindringen. Sein Blick läßt sich von ihnen fangen. Die abstrakten Reflexe wandeln sich nun in ein expressionistisch anmutendes Schattenspiel, das auf der Wand der Wohnstube ein Präludium dessen in Szene setzt, was dem Kleinbürger später real auf der Straße passieren wird: die Begegnung eines Mannes und einer Frau im öffentlichen Terrain der Großstadt. Das heißt, die durch das Fensterkreuz wie durch das Malteserkreuz des Filmapparats geworfenen abstrakten Licht- und Schattenformen verbinden sich auf der zur Leinwand gewordenen Decke der Kleinbürgerwohnung mit den erotischen Projektionen des Protagonisten: Erst nach dieser Einleitung, die eine klassische Kinosituation im Film nachstellt, ist das

Phantasiekarussell des Petit Bourgeois so angekurbelt, daß auch beim Blick durchs Fenster für ihn die Realität von der Fiktion nicht mehr unterscheidbar ist. Die folgende Sequenz, die von der Montage und assoziativen Bildüberblendungen der Attraktionen des Großstadtambientes lebt, nimmt stilistische Aspekte etwa von Ruttmanns experimentellem Film »Berlin, Symphonie einer Großstadt« vorweg. In unserem filmischen Zusammenhang steht diese Sequenz für jene gesteigerten Sinnes- und Nervenreize, die das Tempo und die Fragmentierung der Großstadtwahrnehmung hervorbringen. Als Auslöser für die gesamte Dramatik der Erzählung sprechen diese Bilder einer zersplitterten und gleichzeitig verdichteten Wahrnehmung von der visuellen Wirkungsmacht der Großstadt wie auch der Kinobilder.

Die zweite Stelle, an der sich der Film in Bezug auf die Wahrnehmung großstädtischer Öffentlichkeit selbst zum Thema macht, gibt noch deutlicher Aufschluß, für wen dieses doppelte Faszinosum wirksam wird. Als der Kleinbürger der jungen Frau durch die Straßen folgt, versucht sie ihn durch einen einladenden Blick in ein Tanzlokal zu locken. Er zögert jedoch, so daß beide nacheinander dort eintreten. Zwei hintereinandergeschnittene Einstellungen zeugen nun von der nach Geschlecht unterschiedenen Positionierung beider Personen zur Szenerie des Großstadtvergnügens. Gleichzeitig geben sie Auskunft über die Adressaten, die in den Kinosälen gemeint sind. Das Setting besteht aus einer parallel zum Leinwandkader stehenden Brüstung, hinter der wir die tanzenden Paare des Nachtlokals wie auf einer Bühne wirbeln sehen. Vor der Ballustrade wird die junge Frau als klassische Rückenfigur eingeführt, die animiert auf das Treiben schaut, dann zurückblickt und aus dem Bild heraus eine einladende Geste macht. Ihre Blickrichtung ist dabei derart in der Balance gehalten, daß sowohl der ihr nachfolgende, noch außerhalb des Kaders befindliche Kleinbürger, aber auch der Kinozuschauer gemeint sein können. In der nächsten Einstellung ist das Setting dasselbe, nur daß der Nachtschwärmer selbst als Rückenfigur vor dem Geschehen steht, während die junge Frau den Ort bereits verlassen hat. Er jedoch richtet sich nicht an das imaginäre Kinopublikum, sondern steht monolithisch vor der Tanzszenerie, deren Bild sich plötzlich vor seinen Augen wie wild zu drehen beginnt. Die Silhouette des Kleinbürgers wird hier zum innerbildlichen Substitut für den männlichen Kinogänger, dem sich die Welt der städtischen und kinematografischen Bilder in einem

4 George Grosz: Caféhaus 2, 1917

zentrifugalen Kreisel aufzulösen scheinen, dessen Sogwirkung er schließlich nachgibt (Abb. 4).

Die Destabilisierung des männlichen Blicks wird in diesen selbstreferenziellen Passagen des Films zum eigentlichen Thema. Der zuvor durch erotischen Antrieb gelenkte Blick auf die Frau in der Straße kippt nun in die ungeordnete, chaotische Bilderflut der städtischen Öffentlichkeit selbst und ihren erotischen Verlockungen. Eine Beobachtung Patrice Petros zum Straßenfilm der Weimarer Republik findet sich hier bestätigt: »destabilization of gender identity [...] is often accompanied by a displacement of eroticism from the woman's body onto a [...] generalized mise-en-scène of objects and scenery.«[39] Die Filmtheoretikerin liest diese Umplazierung des erotischen Blicks als die Darstellung männlichen Begehrens, das die Frau gleichzeitig als Objekt der Begierde und als Gefahrenpo-

39 Petro 1989 (wie Anm. 15), S. 32.

tential wahrnimmt. Der Transfer des begehrenden Blicks von der Frau selbst auf die ihr gleichgesetzte Mise-en-Scene der Großstadt ermöglicht erst, sowohl die angstbesetzte, individuelle »Frau auf der Straße« erotisch zu neutralisieren, als auch die Destabilisierung des männlichen Subjekts angesichts libidinöser Überwältigung als Gefahr zu thematisieren, die es zu bannen gilt.

Mit »Die Straße« ist also eine Position beschrieben, die auf der narrativen Ebene die in der Straße auftauchende, mit den Insignien der »Neuen Frau« ausgestattete weibliche Hauptfigur mit den klassischen Konnotationen der Femme Fatale vermischt, um sie dann zugunsten der tradierten, schützenden und nährenden Weiblichkeitsfigur auszuschalten. Auf der visuellen Ebene wird diese Position noch überboten, indem der männliche Blick, der zunächst von der Frau auf der Straße magisch angezogen wird, substituiert wird durch die Sicht auf die Mis-en-Scene der Stadt selbst, einen Blick, der nun in seiner Zersplitterung als destabiliert ausgewiesen wird.

Der Film »Die Straße« ist somit ein Paradebeispiel für sein Genre nicht nur, weil er – wie die meisten Interpreten es sahen – den Kleinbürger als Figur zeigt, die von der individuellen Rebellion wieder in die Submission unter die autoritäre Ordnung geführt wird. Vielmehr ist er auch paradigmatisch für einen Filmtypus der Weimarer Republik, der auf das Auftauchen der »Neuen Frau« in den Stra-

5 Szenenfoto aus Karl Grunes Film »Die Straße«, 1923

ßen Berlins mit ebenso offensichtlich revisionistischen wie subtilen Mitteln reagierte. »Die Straße« zeigt damit genau jenes »Paradox männlicher Faszination an Weiblichkeit, die männliche Identität zu unterwerfen droht, und die deshalb permanenter Überwachung bedarf, um die Furcht und Ängste, die Frauen auslösen, in einer sicheren und genau bemessenen Distanz zu halten.«[40] (Abb. 5). Daß dieser Mechanismus der Distanzierung nicht nur in der Moral der filmischen Erzählung stattfindet, sondern im filmischen Blick selbst nochmals wiederholt wird, dafür ist der Film »Die Straße« ein Beispiel, das Schule machte. Er leitete eine Reihe von Straßenfilmen der Weimarer Republik ein – wie »Die freudlose Gasse« (1925), »Dirnentragödie« (1927), »Das Erwachen des Weibes« (1927), »Asphalt« (1928/29), »Mutter Krausens Fahrt ins Glück« (1929) oder »Tagebuch einer Verlorenen« (1929) –, die die Zeichenmacht der »Hure Babylon« mit den Bildern der »Mädchen mit dem eiligen Gang« vermischten, um dann *beide* Imagines mit ihrem Bann belegen zu können.

40 Petro 1989 (wie Anm. 15), S. 43.

Sabina Leßmann

»WEIBLICHKEIT IST MASKERADE«

Verkleidungen und Inszenierungen von Frauen in Fotografien Madame d'Oras, Marta Astfalck-Vietz' und Olga/Adjoran Wlassics'

»... nur mit einem Lendenschurz aus Bananen bekleidet, führte sie zur lärmenden Musik einer Jazzband wilde exotische Tänze auf, sie wirbelte über die Bühnen mit nichts als jenem berühmten Gürtel von aus Kautschuk gefertigten, keck gekrümmten Bananen, sie war für damalige Verhältnisse gewagt kostümiert mit Bananenschurz und Federbusch, sie schockierte und mehr noch: sie faszinierte mit ihren frenetischen Tänzen und ihrer provozierenden Nacktheit das Publikum...«[1] Auftritte Josephine Bakers in den Zwanziger Jahren in Paris und damit ihr Erscheinen in Europa, auch in Berlin, bewirkten einen Wirbel von »Triumphen und Tumulten, von Applaus und von Pfiffen, von Blumen und Stinkbomben, vom Gedrängel der Fans und von Protestversammlungen, von Skandalen und Ovationen, von umlagerten Hotels und von Bußgottesdiensten...«[2] Sie verkörperte rasch ein Ideal zwischen Glamour und nackter Instinkthaftigkeit.

1928 fotografierte Madame d'Ora Josephine Baker (Abb. 1): Vor einem hellen Lichtkern ist sie ganzfigurig wiedergegeben, auf den Knien sitzend und in Profilansicht. Sie ist unbekleidet, und ihre dunkle Haut hebt sich deutlich von dem gleißenden Licht des Hintergrundes ab. Das im Atelier eingesetzte Licht schafft zusätzlich Lichtreflexe auf den mit Pomade behandelten Haaren, dem Oberschenkel, der Schulter und der Brust des nackten Körpers sowie auf dem metallischen Armreif und den Ringen an den Fingern. Auch der Stoff, von dem nicht zu sagen ist, ob die Hände ihn zum Körper ziehen oder diese ihn loslassen, so daß er hinabrutscht, ist mit starken Lichtreflexen durchsetzt. Es handelt sich um eine eigenwillige Pose zwischen Bewegungsablauf und Innehalten, zwischen Bewegung und Stillstand.

Gerade das Merkmal Bewegung zeichnet die Wirkung dieser Fotografie aus. Mehr als die Abbildung eines nackten Modells und auch mehr als die eindeutige Identifizierbarkeit des Porträts stellt die

1 Dieter Kühn: Josephine. Aus der öffentlichen Biographie der Josephine Baker, Frankfurt/M. 1980, S. 69f.

2 Kühn 1980 (wie Anm. 1), S. 70.

1 Madame d'Ora, Josephine Baker, 1928

Spannung zwischen Ruhe und körperlichem Agieren das Ausschlaggebende dieser Fotografie dar. Aktfotografie an sich, vor allem weiblicher Modelle, die posieren und den Blicken zur Verfügung stehen, besitzt in den Zwanziger Jahren bereits eine ebenso lange Tradition wie das Medium Fotografie selbst. Die zeitgenössische Aktfotografie fror die Pose gerne ein und schuf so die Möglichkeit des ungestörten Blickes. Als Tänzerin verkörperte Josephine Baker jedoch vornehmlich Bewegung und Ausdruckskraft. Dabei bricht Nacktsein, das sich in Bewegung präsentiert, ein doppeltes Tabu, was in zahlreichen Tanzfotografien dieser Jahre zum Ausdruck kommt. Neben der Präsentation von Nacktsein teilen sich hier Körper mit, die auch sich selbst erleben, erspüren, bewegen und in Szene setzen. Das Publikum der Zwanziger Jahre verstand Josephine Baker als Sinnbild einer sich frei empfindenden und bewegenden Weiblichkeit. Eine solche Vorstellung von Freiheit verband sich mit Naturhaftigkeit und der Überwindung fester Rollenzuschreibungen.

Die Gegenüberstellung der Fotografie mit einer Aktfotografie Arthur Bendas, mit welchem Madame d'Ora zunächst in Berlin und später in Wien zusammenarbeitete, macht unterschiedliche Sichtweisen deutlich. »Studie – Frl. R.« von 1925[3] zeigt das weibliche Modell in ähnlicher Ansicht, ebenfalls sitzend und im Profil wiedergegeben. Der Körper erscheint verdreht, die Geste des Verbergens signalisiert etwas Geheimnisvolles, das Gesicht ist durch Schatten und Schulter kaum sichtbar, die Porträtierte bleibt, wie auch im Titel als »Frl. R.«, unidentifizierbar. Während Josephine Baker im Lichtkegel regelrecht in Erscheinung tritt, bleibt das Modell Bendas verborgen. Die Frau ist zwar dem Fotoapparat zugewandt, sie bleibt aber gleichzeitig auch abgewandt. Aufgrund der Haltung des Modells und der Lichtführung erhält diese Inszenierung eine ambivalente Wirkung, un-eindeutig hinsichtlich des Sich-Präsentierens und des Präsentiert-Werdens.

Nacktheit, wie sie Josephine Baker verkörperte, symbolisierte Entkleidung als Befreiung. Das Korsett, das Frauen in fester Form hielt, war noch nicht lange abgelegt – und überall ohnehin noch lange nicht. In einer Phase wie den Zwanziger Jahren, die neue Weiblichkeitsentwürfe zuließ und forderte, stand der befreienden Nacktheit als Pendant auch der voyeuristische Blick mitsamt einer expandierenden Mode- und pornografischen Fotografie gegenüber. Der weiblichen Emanzipation tritt die lächerlich machende Karikatur entgegen und dem utopischen Modell der angestrebten Androgynität wird die Propagierung hausbackener Mütterlichkeit entgegengehalten. Es ist wichtig, die Suche von Frauen nach neuen Lebensformen und Identitätsentwürfen auch immer in Hinblick auf diese zeitgleichen männlichen Zuschreibungen und Bilder zu befragen, zumal die Arbeit von Künstlerinnen in diesem Terrain von Entwürfen und Gegenentwürfen stattfand.

Ein Sujet, das ein Experimentieren mit Entwürfen zu Weiblichkeitsbildern ermöglicht, stellen, neben den Frauenporträts und Frauenaktdarstellungen, in besonderer Weise die Selbstporträts von Fotografinnen dar. Die in Berlin arbeitende Fotografin Marta Astfalck-Vietz ist vielfach in ihren Fotografien der späten Zwanziger und frühen 30er Jahre ihr eigenes Modell. Als ehemalige Studentin

3 In: Fritz Kempe: Nicola Perscheid, Arthur Benda, Madame d'Ora, Hamburg 1980, S. 75.

der Höheren Fachschule für Textil- und Bekleidungsindustrie und darauffolgend der Kunstgewerbe-Schule entwickelte Marta Astfalck-Vietz eine Präferenz für Mode, Stoffe und Accessoires. In den Zwanziger Jahren bemalte sie im Auftrag eines Stoffgeschäftes Stoffbahnen nach eigenen Entwürfen, bevor sie um 1925/26 eine handwerkliche Foto-Fachausbildung absolvierte. Die heute noch vorhandenen Fotografien entstammen den Jahren 1922 und 1935.

In vielen ihrer Fotografien ist ihre Vorliebe zu Seiden-, Tüll- und Spitzenstoffen zu bemerken. Ähnlich wie bei der zuvor erwähnten Fotografie Josephine Bakers dient auch bei diesen Selbst-Akt-Fotografien der Stoff weniger einem koketten Spiel des Verbergens-Hervorhebens, sondern er bildet ein Pendant zur Dynamik des Körpers, zu den fließenden Bewegungsabläufen, zu Schwerkraft und Leichtigkeit (Abb. 2). Das oftmals nicht erkennbare Gesicht nimmt der Gestalt zwar die Identifizierbarkeit, bewirkt aber eine Konzentration auf den Körper nicht nur beim Betrachten der Fotografien, sondern bereits zuvor beim Akt des Inszenierens: Die Zurücknahme des Augen-Sinnes ermöglicht ein Sich-Versenken weitgehend ohne Kontrolle von außen. Dadurch präsentieren diese Fotografien nicht nur Körper, sondern sind Zeugnisse eines körperlichen Ausdrucks. Insofern ist der nackte Körper nicht nur ästhetische Form und inszenierbares Sujet, sondern vermittelt immer auch die Vorstellung eines beseelten Leibes. Eine solche Körperkonzeption trennt nicht zwischen Selbst und Abbild. Der Körper ist vielmehr sowohl inszenierend als auch fotografierend, modellstehend und fotografisch fixiert.

»Die Männer kamen angeknackst und gezeichnet aus dem Krieg zurück. Sie trafen auf die erregte und aufgewühlte Situation um 1918, Revolution, Spartakus. Dann begann aber wieder die Formgebung – man suchte nach etwas, woran man sich halten, anlehnen konnte.«[4] Die so von Marta Astfalck-Vietz beschriebene »angeknackste« Situation nach dem Ersten Weltkrieg und die Formlosigkeit und erneute Suche nach neuen Formen bedeuten Neuorientierung – für Männer und für Frauen. Diese Situation bietet Druck und Möglichkeit zu Experimenten. Die Fotografien Marta Astfalck-Vietz' zeigen in ausgeprägter Weise die Suche nach Formen, nach weiblichen und männlichen Rollen, erstere zumeist aufgespürt und erprobt am eigenen Leib. Eine solche Suche findet bei ihr niemals durch den Schnappschuß, das Einfangen real stattfindender Momente statt. Marta Astfalck-Vietz inszeniert. Sie schafft sich

4 Marta Astfalck-Vietz. In: Marta Astfalck-Vietz. Photographien 1922-1935, Berlin 1991, S. 10.

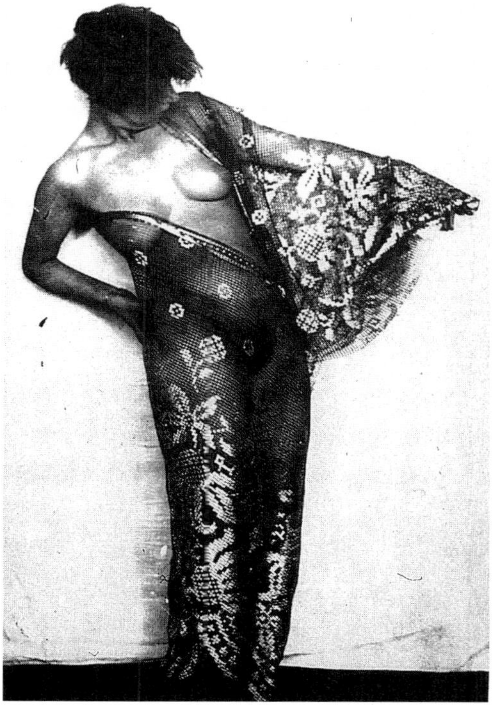

2 Marta Astfalck-Vietz, o.T., o.J.

3 Marta Astfalck-Vietz, o.T., o.J.

einen Spielraum, in dem Geschichten erzählt, in dem getanzt, posiert und arrangiert wird.

Manchmal schieben sich dabei Schichten zwischen das Modell und dessen aufgebaute Fotolinse. Ohne Weichzeichner und Gummidruckverfahren eines Arthur Benda, dessen Unschärfe auf Harmonisierung und Mystifizierung abzielen, wird hier die Sicht getrübt, um eine Zäsur zwischen Modell und Betrachter/in, zwischen Selbst und Außenwelt zu schaffen. Fototechnische Möglichkeiten werden genutzt, um die Unmittelbarkeit fotografischer Wiedergabe zu thematisieren. Unscharfe Konturen stellen Eindeutigkeiten infrage. Nähe, Offenheit und Nacktsein werden relativiert durch Diffusität und Verwandlung – Abbilder fungieren lediglich als Annäherungen.

Auch die Selbst-Sicht in Fotografien mit mehr Schärfe beinhaltet Barrieren und Abgewandtheiten. Netzartige Strukturen können den/die Betrachter/in vom Bildraum trennen (Abb. 3).

Ungefähr zeitgleich, 1929, entsteht in Paris eine Fotosequenz Man Rays mit der Bezeichnung »o.T.«, welche jedoch die Fotografin und damalige Schülerin und Lebensgefährtin Lee Miller, die Man Ray in dieser Phase häufig als Modell diente, wiedergibt.[5] Lee Miller steht an einem offenen Fenster hinter einem transparenten Vorhang. Ihr Blick ist nach draußen gewandt. Während Lee Millers nackter Oberkörper sichtbar ist, bleibt ihr Unterkörper ab den Hüften durch ein Fransenband der Gardine verdeckt. Die Durchlässigkeit der Fransen sowie das Wehen des gesamten Vorhangs spielen mit dem Verdecktbleiben bzw. Sichtbarwerden des Unterleibs. Diese Serie von Fotografien Man Rays, »ohne Titel«, evoziert eine Stimmung von Ferne und Warten, von Verborgensein und Dennoch-Sichtbar-Sein. Der Körper fungiert als Stimmungsträger, als Hautfläche, auf der sich Schatten ausbreiten. Man Ray spielt auf Aspekte an, die der enge Bildraum nicht einschließt: auf Ferne, auf Verwehen, auf den unverdeckten Körper. Dabei ist das Modell eher Anlaß von Assoziationen als deren Subjekt.

Die Distanz zwischen Modell und Betrachter/in ist bei Marta Astfalck-Vietz eine andere. Wie durch ein Fenster schauen wir auf ihrer Fotografie in einen Raum, dessen Hintergrund durch ein aufgehangenes weißes Stofftuch angegeben ist. Davor hockt eine nackte Frau, die Künstlerin selbst. Ihr Körper ist von der Seite her zu sehen, während ihr abgewandter Kopf zum Hintergrund gedreht und das Gesicht somit nicht sichtbar ist. Auch in dieser Fotografie fügt sich ein vor dem Objektiv der Kamera aufgespannter Tüll wie ein Vorhang hinter einem Fensterkreuz zwischen unser Auge und das Modell. Jedoch verbindet sich dieses einheitliche Raster nicht mit der Haut, es kommt zu keiner Berührung, der Körper bleibt quasi frei. Das abgewandte Gesicht ist umrahmt von einem Bild, welches an einen Hintergrund-Stoff befestigt ist. Ein Horizont ist das einzige erkennbare Element dieser Darstellung, und so schaut das Modell, von unseren Blicken entfernt, selbst in eine Ferne. Ebenso wie in der Fotoserie Man Rays ist auch hier die Blickrichtung des Modells von der der Betrachter/innen verschieden. Jedoch beinhaltet die abgewandte Haltung bei Astfalck-Vietz eine zusätzliche Distanz: Während die Inszenierung Man Rays dazu auffordert, unseren Blick in der Art auf dem Körper Lee Millers schweifen zu lassen wie auch der Blick Lee Millers in eine unbekannte Ferne verweist, besteht zwischen unserem Blick und dem Körper Astfalck-Vietz' eine trennende Schicht. Ihr Körper fungiert nicht als Stimmungsträger unserer Sicht

5 In: Rosalind Krauss, Jane Livingston: L'amour fou. Photography & Surrealism, New York 1985.

und unserer Sehnsuchtsphantasien, sondern er bleibt vielmehr Träger eines eigenen Blicks in einen uns verborgenen anderen Bildraum. So kommt es – auch – zu einer »Umkehrung des Blicks [...] Wir blikken nicht mehr in einen Raum hinein, sondern aus ihm heraus: Das Bild ist [...] kein Zufluchtsort, sondern Ausgangspunkt für Kontakt- und Spurensuche – jenseits der Bildgrenze.«[6]

Eine mit »Porträt« betitelte Fotografie Edmund Kestings hebt sich deutlich von den zuvor genannten ab.[7] Das Tüllgewebe vor dem Gesicht als Raster dient hier formalistischen Reizen. Die Spitze auf den Haaren des Modells setzt sich in Nahsicht fort, dicht vor den Augen des/der Betrachter/in. Ein Auge des Modells wird exakt umrahmt, während das übrige Muster einem willkürlichen Linienfluß folgt. Der Titel »Porträt«, anstatt des Namens des Modells, welches durch den Tüll und die Schminke als Frau gekennzeichnet ist, deutet bereits an, daß es auch hier nicht um einen persönlichen Ausdruck, sondern eher um formale Gesichtspunkte eines Genres, des Porträts, geht.

Marta Astfalck-Vietz bewegte sich auf einem schmalen Grat, wenn sie ihre Verwandlungen und Inszenierungen mit dem eigenen Körper – nackt –, also als Selbst-Akte, demonstrierte. Den Drapierungen und Positionen sind Experimentieren, Konzentration und Suche anzumerken, gleichzeitig, durch die Tatsache der Kamera, auch ein Sich-Zeigen. »Freud interpretiert das lustvolle Sich-Zeigen als eine intime Dialog-Situation. Die Sehnsucht nach dem Betrachtetwerden durch den intimen Wunschpartner«[8], und doch scheint dieser »Wunschpartner« aufgrund des Abgewandt-Bleibens auch wiederum sie selbst zu sein. Als Modell und Fotografin schafft sie immer wieder Brechungen zwischen dem Sich-Zeigen und dem Für-Sich-Sein, zwischen Demonstrieren und Verharren. Der schmale Grat besteht in der Nutzung des eigenen Körpers bei gleichzeitiger Abgrenzung zu einem möglichen Miß-Blick. Es ist riskant, neue Körper-Präsentationsformen zu finden, bei gleichzeitiger Nutzung des bereits reichlich beladenen Objekts Körper – also eine Suche nach neuen Formen mithilfe alter (Abb. 4).

»Meine Gedanken kräuseln sich, Ich muß tanzen«[9], diese Äußerung Else Lasker-Schülers spiegelt die Vorstellung einer Beweglichkeit von miteinander verbundenem Körper und Geist. Der Körper gerät in Bewegung. Entbunden von gängiger Kleidung und von konventionellen Regeln einer Körperhaltung, will die Künstlerin sich befreien, ohne sich zu verlieren, versucht sie, Formen für Weib-

6 Martin Roman Deppner: Körperräume und Leibbilder. Die »profane Erleuchtung« der Kunst. In: Sigrid Weigel (Hrsg.): Leib- und Bildraum. Lektüren nach Benjamin. Studien zur Literatur- und Kulturgeschichte, Bd. 1, Köln/Weimar/Wien 1992, S. 127

7 In: Emilio Bertonati: Das experimentelle Photo in Deutschland 1918-1940, München 1978.

8 Andreas Kuntz-Stahl: Der bloße Leib. Bibliographie zu Nacktheit und Körperlichkeit, Frankfurt/M. 1985, S. 17.

9 Else Lasker-Schüler: Leise sagen. In: Gedichte 1902-1943, Gesammelte Werke, Bd. 1, München 1986, S. 161.

4 Marta Astfalck-Vietz, o.T., o.J.

lichkeit zu entdecken und aufzuzeigen, ohne sich definitiv festzulegen und neuen Leitbildern weiblicher Präsentation zu entgehen.

Marta Astfalck-Vietz ent- und verkleidet sich, sie führt szenische Arrangements vor und schlüpft in verschiedene Rollen.

Einer solchen Verwandlungsbereitschaft entsprechen bestimmte Ansätze der Definition bzw. Un-Definierbarkeit von Weiblichkeit in der psychoanalytischen Literatur. Sabina Spielrein vergleicht in ihrem Aufsatz »Die Destruktion als Ursache des Werdens« von 1912 die Persönlichkeitsstruktur des Mannes mit der Verwandlungstätigkeit der Frau: da sie, die Frau, sich »in den Geliebten verwandelt und (sich liebt), als sein Objekt [...]. Damit hängt [nach Spielrein, S. L.] die bekannte weibliche Koketterie zusammen: die

Frau denkt, wie sie ›ihm‹ gefallen wird, damit hängt auch die stärkere Homosexualität und Autoerotik der Frau zusammen; in ihren Geliebten verwandelt, muß sich die Frau bis zu einem gewissen Grade männlich fühlen, als Objekt des Mannes kann sie sich selbst oder ein anderes Mädchen lieben, welches ihre ›Wunschpersönlichkeit‹ ist, i.e. so ist, wie die Liebende sich selbst sehen möchte, natürlich immer schön.«[10] Der Zusammenhang von weiblichem Rollenverhalten, Erwartungen und Projektionen wird hier klar umrissen. Gemäß solcher theoretischer Konstruktionen muß die Frau, um sich selbst zu finden, verwandelbar sein, und doch bleibt sie, wie es psychoanalytische Texte vielfach manifestieren, ein »dark continent«.

1929 veröffentlichte die Psychoanalytikerin Joan Riviere den Aufsatz »Womanliness as a Masquerade.«[11] Maskerade gilt für Riviere als Wesensmerkmal der Frau schlechthin. »Womanliness therefore could be assumed and worn as a mask, both to hide the possession of masculinity and to avert the reprisals expected if she was found to possess it ... The reader may now ask how I define womanliness or where I draw the line between genuine womanliness and the ›masquerade‹. My suggestion is not, however, that there is any such difference; whether radical or superficial, they are the same thing.«[12]

Die Tatsache, daß es in diesem Kontext keine tatsächlich definierte Weiblichkeit gibt, kann Frauen, falls sie dies zu nutzen verstehen, auch neue Möglichkeiten verschaffen. Im Gegensatz zu einem Frauenbild der Jahrhundertwende, der »femme fatale«, das Verschleierung mit Mystifizierung verband, werden Verkleidung, Rollenspiel und Maskerade auch zu Versuchen von Äußerungen einer tatsächlichen Selbst-Wahrnehmung. Der Körper präsentiert nicht, sondern er will selbst sein, er bleibt nicht länger Träger geheimnisvoller Mächte, die das Subjekt Frau selbst niemals wirklich besaß, sondern versucht sich selbst als Subjekt von Bewegung und Körperfreiheit zu äußern. Der Schleier und die Maske dienen nicht einer Verschleierung des Selbst, vielmehr sind sie Ausdruck von Spürsinn und Spiel.

Über Else Lasker-Schüler schreibt Judith Kuckart: »Die Maske war ein Hilfsmittel zur Personenwerdung. Sie ist ein Sinnbild des Ich, das im Entstehen oder im Zerbrechen begriffen ist. Sie ist unheimlich, bietet aber Schutz. Sie dient der Verdeckung von Angst und verleiht dem Träger ein Sein, das [noch – S. L.] nicht sein eigenes ist.«[13] Zeitgleich mit diesen Inszenierungen Marta Astfalck-Vietz'

10 Sabina Spielrein: Sämtliche Schriften, Freiburg/Brsg. 1987, S. 119.

11 Joan Riviere: Womanliness as a Masquerade. In: International Journal of Psychoanalysis, 10/1929. Neuabdruck in: Hendrik M. Ruitenbeek (Hrsg.): Psychoanalysis and Female Sexuality, New Haven 1966.

12 Riviere 1929 (wie Anm. 11), S. 38.

13 Leo Navratil: Schizophrenie und Kunst, München 1965, S. 107. Zit. nach: Judith Kuckart: Im Spiegel der Bäche finde ich mein Bild nicht mehr. Gratwanderung einer anderen Ästhetik der Dichterin Else Lasker-Schüler, Frankfurt/M. 1985, S. 42.

ging Else Lasker-Schüler verkleidet und hinter der Maske eines Prinzen von Theben oder eines Yussuf durch ihre Phantasie und die Berliner Straßen. »Maske ist Geheimnis und Prophezeiung einer Person, die im Ver/Wechselspiel sich selbst sucht; eine Person, die wandelbar ist in der Verwandlung, sich immer wieder neu verdichtet, viele Personen und doch keine faßbare Persönlichkeit.«[14]

Die Selbst-Inszenierungen Marta Astfalck-Vietz' sind Beispiele für eine Haltung, die Befreiung sucht, die neue Formen erkundet, um zu einem sich selbst gerechten Ausdruck zu gelangen. Dabei ermöglicht die Stille, die vielen ihrer Fotografien gemein ist, dem Modell sowie der Fotografin gleichzeitig Konzentration und Entgrenzung.

Die Filmtheoretikerin Mary Ann Doane bezeichnet die Weimarer Zeit als Phase des kontinuierlichen Austestens und des Ausreizens der Grenzen von Rollen, Geschlechtlichkeit und Sexualität. Mit Peter Sloterdijk sieht sie den Zynismus als Grundgefühl dieser Periode in Zusammenhang mit der Krise männlicher Identität nach dem Ersten Weltkrieg. Der Verlust männlicher Identität wird kompensiert durch den zynischen Blick, durch Denunziation und Exhibitionismus – dies wiederum versehen mit dem Etikett der Modernität. Aber, wie Doane schreibt, »solch ein Zynismus greift weder die wahre Sexualität an, noch entlarvt oder entschleiert er diese, vielmehr illustriert er [der Zynismus], daß Sexualität innerhalb der Maske, des Spiels und der Täuschung des Blicks gefangen bleibt...«[15]

Es ist zu fragen, ob und mit welcher Konsequenz ein solcher Zynismus auch für Künstlerinnen verfügbar und nutzbar ist. Begibt sie sich dabei nicht in die Gefahr, den Zynismus zugunsten der verletzten männlichen Identität einzusetzen? Verhilft der Zynismus ihrer Weiblichkeitsbilder ihr nicht wiederum nur zu der Rolle der Repräsentantin des Verlustes?[16] Nach Doane ist das Abbild des weiblichen Körpers immer in Anführungszeichen gesetzt[17], d.h. er ist selbst nicht präsent, auch wenn er präsentiert wird. Wie also äußern sich Künstlerinnen, die in ihren Weiblichkeitsbildern Zynismus wagen?

Das Atelier Manassé versteht einen solchen Zynismus kommerziell zu nutzen. Olga und Adorjan Wlassics gründeten 1924 in Wien ein Fotoatelier, welches in den 30er Jahren eine Dépendance in Bukarest eröffnete und in den 40er Jahren nach Berlin umzog. »Seit der Gründung des ersten Ateliers war Olga Wlassics die Fotografin gewesen. Sie führte mit Hilfe der Assistentinnen Behlis, der Schwe-

14 Kuckart 1985 (wie Anm. 13), S. 41.

15 Mary Ann Doane: Femmes Fatales. Feminism, Film Theory and Psychoanalysis, New York 1991, S. 143.

16 Doane 1991 (wie Anm. 15), S. 144.

17 Doane 1991 (wie Anm. 15), S. 166.

stern Ricoll und anderer das Atelier. Adorjan Wlassics hingegen war eigentlich Maler, dessen gestalterischem Erfindungsreichtum wohl die Montagen vieles verdankten, der aber hauptsächlich durch die Kolorierung von Fotos, oder direkter gesagt, ihre malerische Überarbeitung zum kommerziellen Erfolg des Ateliers beitrug.«[18] Eine besondere Spezialität dieses Ateliers bestand in den Aktmontagen, die in Zeitschriften einen großen Absatzmarkt fanden. Es handelt sich also hierbei um Fotografien, die sich des Publikumserfolges von vorneherein sicher sein konnten.

Die Aktfotografien präsentieren weibliche Modelle, welche alleine oder in Verbindung mit männlichen Figuren oder Attributen immer auch Weiblichkeit oder Geschlechterverhältnisse thematisieren. Neben skurrilen und absurden Montagen, wie zum Beispiel die Frau im Zigarettenetui (o.T., um 1928) oder »Schneewittchen« im Glassarg, umgeben von Gartenzwergen (um 1930), erscheint die Frau als »Mein Mäuschen«, in einem Käfig gefangen und dennoch neckisch lachend, und als »Mein Zuckerl«, von einer Zuckerstückzange über einer Kaffeetasse gehalten (beide um 1928). Eine Fotografie ohne Titel (um 1935) zeigt eine tanzende Frau in Verbindung mit einer Kristallvase, aus der künstliche Weinbeeren, die auch den Kopf der Tänzerin zieren, herausquellen (Abb. 5). Aufgrund der Beinstellung scheint der Unterleib in die Vasenöffnung überzugehen bzw. aus dieser herauszuwachsen; das Gewächs ist ebenso schmückender Rock wie aus der Frau herauswachsende Frucht.

Das sich in Bild und Text – gegebenenfalls durch den Titel – ergänzende Klischee ist dermaßen übersteigert, daß es gänzlich aus der realen Ebene entfernt, ins Theatralische und Märchenhafte enthoben scheint. Dem Klischee weiblichen Rollenverhaltens wird dessen Überspitzung und Lächerlichmachung entgegengesetzt. Es handelt sich um »die montierte Frau«, nicht um die sich maskierende und inszenierende.

»Im Glanz der Perlen – und der Jugend« (1935) zeigt frontal eine nackte Frau mit erhobenen Armen. Sie ist überblendet mit einem dichten Vorhang aus schimmernden Perlen. Dabei bleiben das Gesicht, der linke Arm sowie die Brust unverdeckt, Unterkörper und Beine sind nur schwach überblendet. Als »Mein Hündchen« (um 1930) spaziert die Frau auf allen Vieren neben riesenhaft groß erscheinenden Männerbeinen. Solche Fotografien demonstrieren Klischees als fortwährende Muster, die zwar ironisch präsentiert werden, ohne jedoch das traditionelle Rollenbild dadurch tatsäch-

18 Monika Faber: Die Montierte Frau. Aktphotographien des Atelier Manassé aus den 20er und 30er Jahren, Wien 1988, S. 9.

lich zu brechen. Zwar gibt es eine drastische Darstellung, jedoch eher im Sinne der Unterhaltung als der Kritik.

Die Diskrepanz der fotografischen Reflexion über Bilder von Weiblichkeit könnte nicht größer sein: während das Modell des Ateliers Manassé »im Glanz der Perlen – und der Jugend« erstrahlt, in der vom Publikum geschätzten Balance zwischen Unschuld und Koketterie, wo die Frau eine Perle ist, Perlen aufzuweisen hat und hinter Perlen erscheint, ist der Auftritt der sich selbst inszenierenden Marta Astfalck-Vietz vorsichtiger, für die Augen flimmernder, sich verwandelnder, voller Schatten und Reflexe. Die unterschiedlichen Arbeiten machen verschiedene Motivationen und Möglichkeiten der Inszenierung weiblicher Körper sichtbar. Sie zeigen den Freiraum, aber auch die Grenzen, den eigenen Körper zu nutzen für ein möglicherweise neues und eigenes Bild.

5 Olga und Adorjan Wlassics (Atelier Manassé), o.T., um 1935

Bettina Götz

VIERMAL HILDE

»It is no use trying to sum people up.
One must follow hints, not exactly
what is said, nor yet entirely what is done.«
Virginia Woolf

Ein zentrales Thema im Werk Karl Hubbuch während der Zeit der Weimarer Republik ist das Bild der Frau. Zu Beginn der zwanziger Jahre schildert Hubbuch in kaleidoskopartig zusammengesetzten vielfigurigen Szenen traumähnliche Vorstellungen zwischenmenschlicher Verhaltensmuster und Beziehungen. In den fließenden Grenzen zwischen Normalität, das heißt einer in Normen verankerten Realität, und Illusion bleibt sein Bild der Frau noch überwiegend stereotypen Rollenklischees verhaftet. In der Folgezeit wird seine Auseinandersetzung mit Geschlechterbeziehungen und Sexualität immer direkter. Er thematisiert im Spannungsfeld von tradierten kirchlichen und bürgerlichen Moralvorstellungen und verschiedenen Formen von Sexualität vor allem den männlichen Blick auf die Frau. Mit Beginn seiner Lehrtätigkeit an der Karlsruher Akademie[1] wendet sich Hubbuch mehr und mehr großformatigen Akt- und Figurenbildern zu, in denen er spontane Posen und flüchtige Momente affektiver Reaktionen einfängt. Sein Interesse gilt nicht mehr jedem Detail, sondern vorrangig der charakteristischen Mimik und Körpersprache der Modelle. Seine Aktdarstellungen sprengen gewohnte Schemata und Traditionen. Er reflektiert das Bild der Frau in dieser Zeit, indem er Personen und ihre Verhaltensweisen vor dem Hintergrund des Alltags, des scheinbar Gewöhnlichen typisiert. Seine Stärke ist es, das Alltägliche, Intime als Moment des Gesellschaftlichen deutlich zu machen. Anfang der Dreißiger Jahre stoßen seine als »Hurenmalerei«, »perverse Fleischbeschau« oder »abstoßend häßlich« empfundenen Porträts und Aktdarstellungen auf immer heftiger werdende Kritik in der konservativen und nationalsozialistischen Presse. Hubbuch wird bereits einen Tag vor Hitlers »Ermächtigungsgesetz« 1933 aus dem Lehramt entlassen.

Ende der Sechziger Jahre holt Hubbuch vom Dachboden seines Hauses einige Bilder, die er seit der Zeit des Nationalsozialismus dort versteckt hat. Unter ihnen befinden sich auch zwei fast lebens-

1 1924 wird Hubbuch Assistent von Ernst Würtenberger als Leiter einer Lithographenklasse, 1925 ist er Leiter einer Zeichenklasse und erhält 1928 eine Professur.

große Doppelporträts von Hilde Isai, seiner ersten Frau, einer Fotografin, die ihm häufig Modell gestanden hat.[2]

Die beiden 1929[3] entstandenen Ölbilder mit dem identischen Titel »Zweimal Hilde« (Abb. 3 und 4) ergaben ursprünglich zusammen ein quadratisches Bild, das Hubbuch erst später in den Fünfziger Jahren in der Mitte zerteilte.[4] Hilde Isai ist viermal in unterschiedlichen Posen und Kleidung vor einer dunklen Zimmerwand dargestellt. Sie scheint etwas rechts außerhalb des Bildes zu beobachten. Links sitzt sie mit übereinandergeschlagenen Beinen in einem Stahlrohrsessel, den sie wie andere Bauhausmöbel mit in die Ehe gebracht hat. Leicht nach vorn gebeugt stützt sie sich mit der rechten Hand auf ihren locker über dem Knie liegenden Arm. In Pullover und kurzem Rock blickt sie kritisch über den oberen Rand ihrer Brille, die halb von der Haartolle ihres kurzen Bubikopfes verdeckt wird. Rechts daneben erscheint sie in Hut und Mantel dicht an der Wand stehend. Sie hat beide Arme so angwinkelt, daß ihre Hände kraftlos nach unten hängen. Ihre Haltung und ihr Gesichtsausdruck wirken skeptisch und abweisend. Dagegen tritt sie mit der nächsten Pose wahrhaft raumgreifend auf. Breitbeinig steht sie mit in den Nacken geworfenen Kopf in kurzer Hose und Wickeljacke da. Die rechte Hand ist in die Taille gestemmt, die andere hält eine lange Zigarettenspitze in Schulterhöhe hoch. Die vierte Frau lehnt mit durchgedrückten Knien an der Wand. Sie ist mit nichts als einer geblümten Küchenschürze über Unterwäsche und Strümpfe am leichtesten gekleidet. Die Hände vor dem Bauch gefaltet und den Kopf zu ihrer linken Nachbarin geneigt, blickt sie kokett lächelnd schräg nach oben.

Hubbuch experimentiert Ende der Zwanziger Jahre mit unterschiedlichen Maltechniken und bezeichnet einen großen Teil seiner Gemälde als »Versuchsbilder«.[5] In den großen Akt- und Figurenbildern verwendet er überwiegend die sogenannte »Rubens-Technik«, wobei er sich an Malern wie Rembrandt, Goya, Daumier und Delacroix orientiert. Auf zum Teil ungrundierter Leinwand wird die Vorzeichnung gleich mit der Farbe aufgetragen. Durch diese Primamalerei sind jederzeit Korrekturen möglich und der Malprozeß wird freier. In lockerer Strichführung wird ein spontaner Ausdruck, eine flüchtige Pose wiedergegeben. Auch in »Viermal Hilde« ist die Konzentration auf Körperhaltungen und Gesichtszüge der Figuren auffallend. Dieser Eindruck wird durch die für Hubbuch typische Art unterstützt, ihm Nebensächliches nur anzudeuten oder ganz weg-

2 Im folgenden werde ich nur kurz einige Aspekte anreißen, die mir für die Auseinandersetzung mit dem Typus der »Neuen Frau« interessant scheinen.

3 In der Literatur hält sich hartnäckig die falsche Datierung 1923. Da Hubbuchs Œuvre nur selten original datiert ist, erstellte Wolfgang Hartmann erstmals 1981 eine stilkritische Chronologie des Gesamtwerkes. Vgl. Wolfgang Hartmann: Karl Hubbuch. Leben und Werk. In: Ausstellungskatalog: »Karl Hubbuch 1891-1979«, Karlsruhe 1981, S. 25f. Darüber hinaus spricht für die Datierung 1929, daß viele Arbeiten Hubbuchs während seines Unterrichts an der Karlsruher Akademie entstanden und häufig von der Klasse mitgezeichnet wurden. Vgl. dazu die Zeichnung Hanna Nagels »Karlsruher Kunstschule. Hundertmal Isai.« vom Januar 1929 in: Ausstellungskatalog »Der weibliche Blick. Gemälde. Zeichnungen. Druckgraphik. 1897-1947.« Aschaffenburg 1993, S. 75.

4 Bisher konnte ich noch keine plausible Erklärung für die Teilung finden. Vgl. Gerd Presler: »Glanz und Elend der 20er Jahre. Die Malkerei der Neuen Sachlichkeit«, Köln 1992, S. 125.

5 Vgl. Wolfgang Hartmann 1981 (wie Anm. 3), S. 24f.

6 Diese typische Verfahrensweise Hubbuchs ist vor allem bei den Zeichnungen zu sehen. Im Gegenzug führt er ihm Wichtiges präzise aus. Dabei kommt es oft zu »Anstückelungen«, die das Blattformat erweitern.

zulassen.[6] So werden die Köpfe der Stehenden und die Füße der beiden äußeren Frauen vom Bildrand angeschnitten. Beine, Schuhe, teilweise Hände und Haare sowie für ihn uninteressante Details der Kleidung bleiben flüchtig gemalt. Während die Zweite von links fast im einheitlichen Dunkelgrau der Wand und dem Braun der durch grobe Pinselstriche angedeuteten Bodendielen verschwindet, betont Hubbuch, der erst ab Mitte der Zwanziger Jahre Farbe als gestalteri-

1 Viermal Hilde, Lithokreide, aquarelliert, 1926/28, 73,5 × 100 cm, Staatliche Kunsthalle Karlsruhe

sches Mittel verwendet, die Kleidung der anderen Frauen mit einigen Rot-, Grün- und Gelbtönen. Auch die Lippen machen teilweise durch ihr Rot auf sich aufmerksam. Ebenso verstärken auffallend rote Schuhe die breitbeinige Haltung einer der Frauen.

Uns präsentiert sich eine intellektuelle, etwas arrogant und äußerst selbstbewußt wirkende Frau. Hubbuch zeigt kein Porträt, das in traditioneller Weise versucht, die Charakterzüge einer Person in *einem* Bild als Synthese zu fassen, sondern eine Reihung vier verschiedener Figuren. Ein festgelegtes Bild von Hilde wird verweigert. Kein szenischer Kontext, sondern allein die sich gegenseitige ergänzende Aufeinanderfolge bestimmter Attribute, unterschiedlicher Kleidungsstücke und gegensätzlicher Körpersprache gibt Auskunft über Hilde. Sie erscheint in Facetten schillernd. So entsteht der Gesamteindruck einer komplexen Persönlichkeit. Hubbuch scheint von Hildes Selbstbewußtsein und Vielschichtigkeit fasziniert.

Wer war Hilde Isai (Abb. 2)? Sie wurde 1905 als Tochter eines reichen jüdischen Tuchhändlers in Trier geboren, studierte 1926 an

2 Hilde und Karl Hubbuch, 1927/28

der Karlsruher Akademie und heiratete 1928 Karl Hubbuch. 1929 studierte sie am Bauhaus in Dessau Fotografie[7] und emigrierte 1933 über Wien, wo sie als Fotografin für ein Pressebüro gearbeitet hatte, in die USA. Dort wurde sie vor allem als Porträtfotografin für Kinder und Jugendliche bekannt. 1971 starb sie in New York.

In einem bisher unveröffentlichten Manuskript von 1930[8], in dem Hubbuchs damaliger Kollege Georg Scholz die Karlsruher Akademie und ihre Mitglieder ironisch beschreibt, wird Hilde unter dem Pseudonym Ria Radetzky dargestellt:

»An einer Tür im II. Stock des Kunstgewerbeschulgebäudes stand auf einem weißen Schild ›professor bob radetzky‹ unter Vermeidung aller großen Anfangsbuchstaben. Professor Demuth klopfte an. Eine mondäne junge Dame öffnete: ›Verzeihung, gnädige Frau! Dürfte ich Ihren Gatten sprechen?‹ ›Mein Mann ist gerade im Puff!‹ versetzte liebenswürdig lächelnd Frau Ria Radetzky. ›Wie bitte?‹ ›Er zeichnet dort. Aber treten Sie doch bitte näher, Herr Professor. Ich bin zwar noch im Négligé, doch wird Sie das wohl weiter nicht genieren!‹ Frau Radetzky war die Tochter eines wohlhabenden Industriellen. Bob hatte Ria in einer Zeit kennengelernt, als sie noch studienhalber nachmittags die keramische Abteilung der Kunstschule, nachts die Tanzdiele der ›Florida-Bar‹ zu besuchen pflegte. Der überaus mißtrauische Papa ließ seine einzige Tochter durch das Detektivinstitut ›Argus‹ beobachten und hatte trotz alledem vor einem halben Jahr das Pärchen in einem Wiesbadener Hotelzimmer ertappen müssen. Gelassen hatte Bob die Forderung des tobenden Papas acceptiert und Rias Mädchenehre das Opfer seines Junggesellentums gebracht. Das junge Ehepaar hatte dann lediglich das Atelier im Bauhausstil möbliert. Auf trautes Glück am eigenen Herd verzichteten beide mit Vergnügen. Da sie getrennte Kassen führten, war Ria als besser Situierte meist auf Reisen, wenn Bob seines Erwerbes wegen während der Schulzeit an das Atelier gefesselt war. Zuweilen aber stieg sie bei ihm ab. Die gute Erziehung gab Professor Demuth die Kraft, trotz seines Herzklopfens mit höflicher Gelassenheit in einem Stahlrohrsessel vor der Chaiselonque Platz zu nehmen, auf welcher sich Frau Ria neben zwei Teddybären niederlegte. Ihr schlankes Seidenbein über das Knie des anderen schlagend, fragte die junge Dame: ›Sie koksen nicht?‹ über Rauschgifte war Professor Demuth schlechter wie über Piperdrucke orientiert, daher verneinte er diese Frage verständnislos. Frau Ria bot ihm also lächelnd eine Navy-Cut-Zigarette an. [...] Demuth war Impressionist:

7 Dagegen steht auf einer Prüfungsliste des Bauhauses von 1932 neben ihrem Namen der Vermerk »abgelehnt«. Nach ihrer Biographie im Katalog »Fotografie am Bauhaus 1919-1933«, Berlin 1990 war sie in diesem Sommer Hospitantin in der Klasse bei Walter Peterhans. Zur Situation von Frauen am Bauhaus vergleiche den Beitrag von Anja Baumhoff in diesem Band.

8 Georg Scholz: »als ob«, unveröffentlichtes Manuskript (1930), S. 41f.

Jedoch die Tonwerte ihres Hemdhöschens mit einem Farbflecken von Rias bleicher Oberschenkelhaut wirkte erregender auf ihn, als selbst die Farborgien Van Goghs auf seinem Piperdruck. Seine Empfindungen wirbelten durcheinander. Aber sie ordneten sich recht bald zu dem entsetzlichen Gedanken: ›Wenn Emilie mich so bei dieser Frau hier sitzen sähe! Großer Gott!‹«

Scholz geht in dieser überzeichnet dargestellten Szene weit über eine Charakterisierung Hildes hinaus. Interessant ist, daß darin Klischees der »Neuen Frau« anklingen, die faszinierend und beunruhigend zugleich in die bürgerlich-konservative Welt einbricht. Die Passage zeigt die massive Irritation des männlichen Bewußtseins angesichts des neuen Typus einer selbstbewußten, modernen Frau, die sich über traditionelle Rollenmuster und alte Moralvorstellungen hinwegsetzt. Die tiefe Verunsicherung geht zunächst von der veränderten ästhetischen Erscheinungsform der Frau aus. Die »Neue Frau«, die in den Medien massenhaft propagiert wird, ist jung, trägt kniefreie Röcke und kurzgeschnittene Haare. Die neue Mode gibt ihr eine bisher ungekannte Bewegungsfreiheit. Kein Korsett zwängt ihren Körper mehr ein und ihre Unterwäsche paßt sich dem kurzen Schnitt und fließenden Material der Kleidung an. Statt einem tiefen Dekolleté zeigt die »Neue Frau« das freie, seidenbestrumpfte Bein. Bedrohlich wirkt auch die Anspielung auf ihre freiere Sexualität und ihr ungezwungenes Verhalten in der Öffentlichkeit, das viele bisherige Tabus verletzt.

Auch Hubbuchs Darstellung geht über das Individualporträt hinaus. Er überzeichnet bestimmte Details und Charakteristika, um so zum Typus der »Neuen Frau« zu verallgemeinern, was sich sich besonders an der Kleidung nachvollziehen läßt.[9]

Links sehen wir sie in einer bequemen zweiteiligen Tagesgarderobe, die vor allem als praktische Berufskleidung der Angestellten im Büro oder Warenhaus dient. Das rotgemusterte Oberteil ist ein sogenannter Jumper, ein knitterfreier Pullover, der die Bluse ersetzte. Diese Kombinationsmode ist leicht zu verwandeln, ihre einzelnen Teile sind austauschbar und deshalb auch für Berufstätige mit geringem Verdienst erschwinglich. Auffallend ist die Verzahnung von Zweckmäßigkeit und Funktionalität der Kleidung und des Stuhles. Der 1926 von Marcel Breuer am Bauhaus entworfene »Rükkenlehnstuhl« ist leicht, zerlegbar und sämtliche Teile sind auswechselbar. Der Glanz der modernen, dünnen Kunst- oder Halbseidenstrümpfe scheint mit dem blanken Stahlrohr des Stuhles zu konkur-

9 Zur Mode der Zwanziger Jahre vergleiche Ingrid Loschek: Mode im 20. Jahrhundert. Eine Kulturgeschichte unserer Zeit, München 1984; Jane Dorner: Fashion in the Twenties & Thirties, London 1973; C. Willett, Phillis Cunnington: The History of Underclothes, London und Boston 1981; Christiane Koch: Sachlich, sportlich, sinnlich. Frauenkleidung in den zwanziger Jahren. In: Kristine von Soden, Maruta Schmidt (Hrsg.): Neue Frauen. Die zwanziger Jahre. BilderLeseBuch, Berlin 1988, S. 16-19.

rieren. Sie werden zum Ersatz eines Stuhlbeines. Alice Rühle-Gerstel vergleicht das neue Material mit den kleinen Angestellten und Verkäuferinnen. »Ein halbseidener Beruf, halbseiden wie die Strümpfe und Hemdchen der Ladenfräuleins, halbseiden wie ihr Gemüt und ihre Gedankenwelt.«[10] Der Garçonnemantel[11], den die zweite Hilde im Bild trägt, setzte sich ab etwa 1924 in der Modewelt durch. Er ist schmal geschnitten, doppelreihig geknöpft und hat ein stark heruntergezogenes Revers, das meist mit Pelz verziert ist. Überhaupt gehört Pelz zur Mode dieser Zeit und ist bei jeder Gelegenheit und Jahreszeit reichlich verwendet worden. Der tief ins Gesicht gezogene Topfhut verdrängte ab 1923 die großen Hüte und ist *die* Hutform der Zwanziger Jahre. Doch Hubbuch zeigt nicht nur die Mode der Garçonne, der knabenhaften, selbstbewußten und sich sachlich gebenden Frau, sondern auch die typische Kleidung des nordamerikanischen Flappers[12], nach Jost Hermand und Frank Trommler ein »kesser Modetyp«.[13] Dazu gehört die Wickeljacke und kniekurze Hose der nächsten Figur im Bild. Die bequeme rosa Hose des sich betont unsportlich gebenden aber gleichzeitig tanzwütigen Flappers kann auch eine Anspielung auf die äußerst beliebte farbige Unterwäsche sein. »Der emanzipierte Flapper der Zwanziger schien um seiner Freiheit willen, alles erdulden zu können und es war für ihn völlig normal, zum Tanzen zu gehen und dabei die knappste Unterwäsche unter seinem Tanzkleid zu tragen.«[14] Die Farbe Rosa gewinnt in den Zwanzigern an Bedeutung. Sie unterstützt nicht nur den Wunsch, wie ein »perfekter Pfirsich« auszusehen, sondern charakterisiert nach Friedrich Kracauer[15] den Arbeitsalltag der Angestellten. Gefragt ist eine »moralisch-rosa Hautfarbe«. Der Erhalt des Arbeitsplatzes erfordert eine – kosmetisch – gepflegte äußere Erscheinung. Ungeschminkt gilt fast als unbekleidet. Mit kräftigen Schminktönen versucht frau sich dem modischen Einheitstyp anzugleichen. Und dennoch werden kräftig rot gemalte Lippen, wie bei zwei der dargestellten Frauen, von einer konservativen Öffentlichkeit immer noch als »skandalös« empfunden, fast so als sei der Lippenstift ein »Symbol für Sünde«.[16] »Lange mondäne Zigarettenspitzen in der Hand, die Lippen dunkelrot gezeichnet [...] so saß sie in oft fragwürdigen Lokalen und amüsierte sich.«[17] Die Zigarettenspitze der dritten Hilde verstärkt ihren selbstbewußten Eindruck. Die emanzipierte Frau der Zwanziger setzt sich mit dem Rauchen in der Öffentlichkeit über ein gesellschaftliches Tabu hinweg. Die langen, weiß gehöhten Beine verweisen auf die große Be-

10 Alice Rühle-Gerstel: Das Frauenproblem der Gegenwart. Eine psychologische Bilanz. Leipzig 1932. Neudruck unter dem Titel: Die Frau und der Kapitalismus, Frankfurt am Main (o.J.), S. 299.

11 Vgl. das Foto auf der Titelseite bei Kristine von Soden, Maruta Schmidt (Hg.) 1988 (wie Anm. 7), das eine Frau in diesem Mantel zeigt. Sie sitzt auf einem Motorrad und steckt sich gerade eine Zigarette an.

12 Der Flapper war identisch mit dem Charlstongirl und hauptsächlich durch seine Tanzbegeisterung gekennzeichnet.

13 Vgl. Jost Hermand, Frank Trommler: Die Kultur der Weimarer Republik, München 1978, S. 81f.

14 »The emencipated Flapper of the twenties seemed able to suffer anything for her freedom and it was quite normal for her to go to a dance wearing the scantiest of underclothes beneath her dance frock.« Jane Dorner 1973 (wie Anm. 7), S. 65.

15 Siegfried Kracauer: Die Angestellten. Aus dem neuesten Deutschland, Franfurt am Main 1971 (1929), S. 24.

16 Siegfried Kracauer: Der Vamp-Film (1939). In: Gerd Stein (Hrsg.): Femme fatale-Vamp-Blaustrumpf. Sexualität und Herrschaft. Kulturfiguren und Sozialcharaktere des 19. und 20. Jahrhunderts, Band 3, Frankfurt am Main 1985, S. 159.

17 Christiane Koch 1988 (wie Anm. 7), S. 19.

3 Zweimal Hilde II,
Öl/Leinwand, um
1929, 150 × 77 cm,
Sammlung Thyssen-
Bornemisza Castagnola

4 Zweimal Hilde I, Öl/Leinwand, um 1929, 150 × 77 cm, Bayerische Staatsgemäldesammlungen, Staatsgalerie moderner Kunst, München

achtung, die weibliche Beine und deren erotische Ausstrahlung in der Zeit der Weimarer Republik finden.

Hubbuch präsentiert bis aufs i-Tüpfelchen genau die typische Bekleidungen der »Neuen Frau« am Ende der Zwanziger Jahre. Die Überbetonung der topmodischen Details und die auffällige Setzung charakteristischer Attribute zeigen, daß die »Neue Frau« vor allem eine Modeerscheinung, das heißt ein optisches Phänomen ist. Die Diskussion der veränderten ästhetischen Erscheinungsform der Frau nimmt in der Öffentlichkeit wie in der Literatur einen breiten Raum ein.[18] Die Bedrohung und Verunsicherung, die von dem Entwurf der »Neuen Frau« ausgehen, werden auf das massenhaft existierende Stereotyp der jungen Frau mit Bubikopf, kurzem Rock und Zigarette reduziert. Hubbuch bestätigt jedoch nicht Klischees der »Neuen Frau«. Er versucht sie zu brechen, indem die Darstellung Hildes dem gängigen Schönheitsideal der »Neuen Frau« zuwiderläuft. Er überzeichnet ihre Gesichtszüge bis zur Häßlickeit. Weder schlank noch schön ist sie eher mit dem überspitzten Porträt Silvia von Hardens in dem gleichnamigen Bild von Otto Dix vergleichbar. Die Journalistin Silvia von Harden sitzt rauchend und mit übereinandergeschlagenen Beinen auf einem Jugendstilstuhl vor einem runden Marmortischchen. Die Kurzhaarfrisur, das karierte Hängerkleid und ihr Monokel weisen sie als »Neue Frau« aus. Auch Dix' Darstellung weicht von den propagierten Schönheitsnormen ab. Hände und Gesichtszüge Silvia von Hardens wirken ausgesprochen häßlich. Trotz charakteristischer Versatzstücke stehen Dix' und Hubbuchs Bildvorstellungen im scheinbaren Widerspruch zum Phänotyp der »Neuen Frau«. Doch die Häßlichkeit der Darstellung ist nicht negativ oder diffamierend. Silvia von Harden identifiziert sich beispielsweise völlig mit ihrem Porträt: »Das bin ich«. Der Mut zur »Häßlichkeit« findet sich bei vielen Frauen, für die die »Neue Frau« kein ästhetisches, sondern vor allem ein emanzipatorisches Ideal war.[19]

Hubbuchs Auseinandersetzung mit dem Phänotyp der »Neuen Frau« bleibt nicht an ihrer ästhetischen Erscheingsform stehen, sondern geht darüber hinaus. Gehen wir der Frage nach, warum Hubbuch Hilde viermal darstellt und in welcher Form, so wird deutlich, daß der Maler auf ein ikonographisches Thema, auf die Darstellung der »vier Temperamente« zurückgreift.

Die Unterscheidung in vier Grundtypen des Menschen[20] läßt sich bis in die Antike zurückverfolgen. Der Charakter eines Men-

18 Vgl. F. M. Huebner (Hg.): Die Frau von morgen wie wir sie wünschen, Leipzig 1929.

19 Vgl. Meike Baader, Doris Noell-Rumpeltes, Katharina Sykora, Aufbruchsphantasien: Eine Diskussion zum Thema »Neue Frau«, in: Frauen Kunst Wissenschaft, Heft 9/10, September 1990, S. 5-13.

20 Vgl. Raymond Klibansky, Erwin Panofsky und Fritz Saxl: Saturn und Melancholie. Studien zur Geschichte der Naturphilosophie und Medizin, der Religion und der Kunst, Frankfurt am Main 1992 (zuerst 1964 auf englisch erschienen), S. 39-199.

schen wurde auf das Vorherrschen eines der vier Körpersäfte zurückgeführt. Demnach bestimmte das Blut das Verhalten des Sanguinikers, der Schleim das des Phlegmatikers, die schwarze Galle das des Melancholikers und schließlich die gelbe Galle das des Colerikers. Allmählich bildete sich ein bis heute reichendes vollständiges Schema der vier Temperamente heraus, das sich auf typische Formen des Ablaufs seelischer Vorgänge und ihrer Äußerungen bezieht. So gilt der Sanguiniker als leicht ansprechbarer, heiterer und oberflächlicher Mensch. Der Choleriker ist jähzornig und neigt zu starken Gefühlsäußerungen. Der Phlegmatiker reagiert dagegen langsam und eher gleichgültig. Der Melancholiker ist für Trübsinn und Schwermut anfällig.

Nach ikonologischen Handbüchern des Barocks[21] soll unter anderem der Phlegmatiker in den Pelz des Winterschläfers gehüllt, der Choleriker als leidenschaftlich bewegter und bewaffneter Mann und der Sanguiniker jung, heiter und mit Blumen bekränzt dargestellt werden. Vergleichen wir – neben dem Affektenschema – diese Illustrationsvorschläge nicht nur mit den Posen der vier Figuren, sondern auch mit ihrer Bekleidung und ihren Attributen, so zeigt sich, daß Hubbuch Darstellungskonventionen der »vier Temperamente« verwendet, um das massenhaft propagierte Bild der »Neuen Frau« ironisch zu brechen. Er parodiert fast das traditionelle Thema, indem der Pelz des Phlegmatikers zum modischen Garçonnemantel wird, das Schwert oder die Lanze des Cholerikers zu der langen Zigarettenspitze des Flappers verkommt und eine banale, geblümte Küchenschürze den mit Blumen bekränzten Sanguiniker kennzeichnet. Der Alltagsbezug modifiziert die zeitlose Aussage der »vier Temperamente«. Hubbuchs Darstellung wird zu einem Entwurf, der die »Neue Frau« nicht festlegt. Das Hineinschlüpfen in die Rollen der einzelnen Temperamente läßt den spielerischen Umgang und das Austesten aller ihr zur Verfügung stehenden Möglichkeiten zu. Im Gegensatz zu der Wiederholung standardisierter Frauenkörper, einem Prinzip der Revue, mit dem eine Entindividualisierung der einzelnen Frau einhergeht, betont Hubbuch gerade durch das Mittel die Reihung die Individualität der »Neuen Frau«. Die Verweigerung des Blickes unterstreicht ihre autonome Haltung. Dieser Entwurf einer eigenständigen, nicht fremdbestimmten Persönlichkeit der »Neuen Frau« gewinnt nicht zuletzt mit Hilfe formaler Mittel wie die leichte Untersicht, das Angeschnittensein und die Lebensgröße der Figuren an Sprengkraft über den Rahmen hinaus.

21 Vgl. Cesare Ripa: Baroque and Rococo Pictorial Imagery. The 1758-60 Hertel Edition of Ripa's »Iconologia« with 200 engraved illustrations, New York 1971, S. 106-109.

Hubbuch zeigt den emanzipatorischen Kern des Entwurfs der »Neuen Frau«[22], der der »Entwicklung des eigenen Ich«, wie Alexandra Kollontai es einmal formulierte, Raum gibt.

Ein Entwurf, dessen Verwirklichung in der Weimarer Republik nur wenigen Frauen gelang. Auf der Suche nach der »Neuen Frau« kam Alice Rühle-Gerstel zu dem Schluß: »Sie ist noch kein neuer Typ, sie hat gewisse Lebensformen ausgebildet, die den Rahmen für einen neuen Typ abgeben können. Sie hat sich von Eltern und Männern unabhängig gemacht, sie steht beruflich und menschlich auf eigenen Füßen und erlebt ihre persönliche Freiheit als schöne Selbstverständlichkeit.«[23]

22 Vgl. Meike Baader, Doris Noell-Rumpeltes, Katharina Sykora 1990 (wie Anm. 19).

23 Alice Rühle-Gerstel 1932 (wie Anm. 8), S. 409.

Angela Lammert

»WAS GIBT ES WOHL SCHAUERLICHERES ALS DIE KNABEN-BABY-GESICHTS-SCHABLONE?«[1]

Zurücknahme und Vereinnahmung einer Utopie

Oft ist der Blick auf Kunst von Frauen damit verbunden, daß man diese in die »klassischen Strömungen« einzuordnen versucht, um deren »aktive Teilhabe« an »führenden Kunstströmungen« zu belegen.[2] Dieses kunstgeschichtliche Erklärungsraster einer permanenten Innovation im Sinne sich stetig entwickelnder Avantgarden wird nicht nur von feministischer Seite verfochten. Verschiedene vereinzelte Vorstöße einer Kritik an diesen Interpretationsschemata haben an der Gültigkeit dieser Standards bis heute wenig zu verändern vermocht.

Insbesonders trifft das auf die sogenannten »Goldenen Zwanziger Jahre« zu. Nachdem man zunächst nur DADA, Konstruktivismus und Bauhaus als innovativen Beitrag wertete und schon mit den veristischen Tendenzen der Neuen Sachlichkeit Schwierigkeiten sah[3], meint man gegenwärtig die Avantgarde von den Stilströmungen der Tradition immer mehr verdrängt.[4] Die Kunst von Frauen wird zum großen Teil als Ausnahmeerscheinung, die Künstlerinnen selbst mit dem Mythos der Leidenden dargestellt. So gilt Hannah Höch als »einsames Paradigma« Berliner Kunstgeschichte[5] und wird mit ihren Photomontagen als einer der wenigen kreativen Beiträge einer Frau für die Zwanziger Jahre hervorgehoben[6]; neben den Bildhauerinnen Renée Sintenis, Milly Steger oder Emy Roeder tauchen als originelle künstlerische Leistungen Jeanne Mammen, bisweilen Hanna Nagel, Marta Hegemann oder Grete Jürgens auf – für das Bild der »Neuen Frau« werden Werke der in Paris lebenden Marie Laurencin und Tamara de Lempicka herangezogen.[7] Häufig wird dabei die Kunst der Frauen kaum im Zusammenhang mit der ihrer männlichen Kollegen analysiert, was sicherlich einer zunächst notwendigen Materialaufarbeitung geschuldet war.[8]

Dieser Denkkonstruktion folgt die Darstellung der »Metamorphose der Frau vom feenhaften Naturwesen des 19. Jahrhun-

1 D. H. Lawrence: Die Frau, wie du sie willst. In: Der Querschnitt 10/1930, S. 322.

2 Carola Muysers: Zur Konzeption von Projekt, Ausstellung und Katalog. In: Berlinische Galerie (Hrsg.): Profession ohne Tradition. 125 Jahre Verein Berliner Künstlerinnen, Berlin 1992, S. 13.

3 Tendenzen der Zwanziger Jahre, Berlin 1977. Wieland Schmieds Abteilung »Neue Wirklichkeit – Surrealismus und Neue Sachlichkeit« zielte auf eine Irrationalisierung dieser Strömung. Paul Vogt schreibt in seiner »Geschichte der deutschen Malerei im 20. Jahrhundert« (Köln 1976, S. 171), daß die realistischen Tendenzen »aus heutiger Sicht eher als restaurativ, als eine Atempause auf dem Weg zur Abstraktion« zu sehen sei, »die für eine Zeit aus der Blickrichtung gerückt schien.«

4 Eva Züchner: Frauenfreunde und Kunstfreundinnen. Zwei Porträt-Ausstellungen am Ende der zwanziger Jahre. In: Profession ohne Tradition 1992 (wie Anm. 2), S. 259.

5 Jörn Merkert: Darum geht es. Geht es darum? In: Profession ohne Tradition 1992 (wie Anm. 2), S. 18.

6 Renate Petzinger, Volker Rattemeyer. In: Künstlerinnen des 20. Jahrhunderts, Wiesbaden 1990, S. 14.

derts zur Femme Fatale der Jahrhundertwende ... zum Mannweib der zwanziger Jahre« als »solides Instrumentarium« wissenschaftlicher Forschung.[9] Aber gerade die Ambivalenz von Utopie, Klischee, Visualisierung und Vereinnahmung des Bildes der »Neuen Frau« jenseits einliniger Kategorisierungen soll im Folgenden von Interesse sein. Das Porträt galt als »Bindeglied zur Tradition«, als konventionelles Sujet wie als traditionelles, typisch weibliches Genre – also begegnen sich im utopischen Entwurf der »Neuen Frau« Tradition und Moderne an einem Punkt. Im Bild dieser »Neuen Frau« trafen patriarchal strukturierte Erwartungshaltungen mit dem Klischee des progressiven Potentials der Rolle in besonderer Weise aufeinander. Die Frage »Aber wo blieb das Frauenbild« sollte in diesem Zusammenhang das Resümee der Suche nach einer verbindlichen Fixierung der »Neuen Frau« in der Bildniskunst jener Zeit bleiben.[10]

Das schönste deutsche Frauenbild

Der Diskurs über die »Neue Frau« fand einen wesentlichen Niederschlag in Ausstellungen und Wettbewerben zum Bild eben dieser »Neuen Frau«. Das zeitgenössische Bedürfnis nach Festschreibung und Abgrenzung eines solchen Ideals ist im Gebrauch von verschiedenen Facetten phänotypischer Attribute zu erkennen, zu denen u.a. das Androgyne, Bubikopf und Zigarette zählen. Exemplarisch für eine bestimmte Erwartungshaltung kann der Wettbewerb zum »Schönsten deutschen Frauenbild« gelten, der 1928 von einer Kosmetikfirma ausgeschrieben wurde und deren Jury aus namhaften, ausschließlich männlichen Kunstkritikern bestand.[11] 26 Werke wurden als repräsentativer Querschnitt von 365 Einsendungen für eine Ausstellung in der Galerie Gurlitt ausgewählt – nur vier der im Katalog abgebildeten Frauenbilder sind Bilder von Künstlerinnen. Max Osborn schrieb im Katalogvorwort: »Verteufeltes Problem, dem individuellen Geheimnis eines weiblichen Antlitzes auf die Spur zu kommen, und doch jene Uridee des Weiblichen nicht zu verlieren.«[12] Gemeint war das hergebracht Schöne, Anmutige, Ansprechende, was man zugegebenermaßen in den »Puppengesichtern der Salonmalerei« 20 Jahre vor den Zwanziger Jahren nicht mehr zeitgemäß gestaltet fand, was aber »sonnenklar« weder durch expressionistische Ausdrucksmittel noch durch jene Übergangszeit der »Ver-

7 Rundbrief Frauen Kunst Wissenschaft. H. 9/10, 1990. Imagines der Neuen Frau, Marburg 1990.

8 Annette Dorgerloh und Angela Lammert: Ist Ausgrenzung Schwäche? Anmerkungen zur 1. Kunstwissenschaftlerinnentagung des »Verbandes Bildender Künstler der DDR«. In: Kritische Berichte 1/1990.

9 Kommentar zu einem diesem Klischee nicht entsprechenden Text der Verfasserin (gemeinsam mit einer Co-Autorin), der im Ausstellungskatalog »Profession ohne Tradition« 1992 (wie Anm. 2) nicht veröffentlicht wurde: »Mir drängt sich folgende Schlußfolgerung auf: Es hat keine Künstlerinnen mit autonomer avantgardistischer Thematik und Formensprache gegeben. – Der Typus ›Neue Frau‹ kommt in der weiblichen Porträtmalerei der 20iger Jahre nicht vor ... Wenn das stimmt, ist der Text überflüssig; wenn nicht, ist das Thema verfehlt.« Der unter Anm. 2 angeführte Artikel verarbeitet einen Großteil des Materials aus dem abgelehnten Text. Vgl. Profession ohne Tradition 1992 (wie Anm. 2), S. 259ff.

10 Georg Schicht Preis. Für das schönste deutsche Frauenporträt. In: Ausstellungskatalog Galerie Fritz Gurlitt, Berlin 1929, o.S.

11 Der Reichsverband Bildender Künstler Deutschlands schrieb den Wettbewerb zusammen mit der Parfümerie Elida AG, Fabriken für Seifen und Parfümeriewaren, aus. Juroren waren u.a. Hans Baluschek, Fritz Erler, Wilhelm Hausenstein, Max Pechstein, Max Osborn.

12 »Das Frauenantlitz lieferte weder der analytischen Malerei, die ihre Lust in der Ent- und Aufdeckung einer möglichst reichen Zahl von Einzelzügen im Natur-

bilde sah, noch der sie ablösenden Ausdruckskunst, die auf die Wahl, Herausreißung und eindringlichen Sichtbarmachung eines subsumierenden Systems von entscheidenden Zügen ausging, eine günstige Handhabe. Eine geringere jedenfalls als der Männerkopf.« Max Osborn: Vorwort. In: Georg Schicht Preis 1929 (wie Anm. 10), o.S.

13 Marie von Bunsen: Das Damenhafte und die Berliner Kunst. Glossen zu einer Berliner Bildnis-Ausstellung. In: Die Dame, Jg. 48.2./H.12 1921, S. 6.

männlichung« Bild werden konnte.[13] Der Wunsch nach harmonisierendem Ausgleich, der in den zeitgenössischen Urteilen mitschwingt, fand man in den abstrakten, kubofuturistischen oder dadaistischen Richtungen nicht. Insofern war eine Vermittlung zwischen Konvention und Moderne in besonderer Weise prädestiniert, einer Erwartungshaltung gerecht zu werden, die die »Uridee des Weiblichen« mit dem Bild der »Neuen Frau« zu verbinden suchte – der überwiegend konventionelle Zuschnitt der Ausstellung war somit durchaus folgerichtig.

Bezeichnend ist die Vergabe des Preises an Willy Jaeckels Bild eines »Stehenden Jungen Mädchens« (Abb. 1). Jaeckel, der in der frühen Nachkriegszeit expressionistisch beeinflußte Werke schuf,

1 Willy Jaeckel »Stehendes Mädchen« (Käthe Miketta geb. Boer),
Öl auf Leinwand, 1928, 160 x 120 cm; zerstört beim Atelierbrand 22.11.1943

avancierte Mitte der Zwanziger Jahre mit seinem »Reiz [in der Darstellung – A. L.] der Toilette«[14] zum beliebten Porträtisten.[15] Als ganzfiguriges Gemälde ist das prämierte Bild Ausnahme im Werk des Malers, ebenso wie das Doppelbildnis der »Geschwister Wilke«. Obwohl eine bestimmte Person, wohl Käthe Miketta geb. Boer, dargestellt ist, betont die Körperhaltung die über das individuelle Porträt hinausgehende repräsentative Absicht. Ernster Blick, Buch und japanischer Holzschnitt als Insignien geistig-musischer Interessen, aber auch die weibliche Formen zurücknehmende Tageskleidung und die gelockte Kurzhaarfrisur sind Versatzstücke vom Phänotyp der »Neuen Frau«. Dennoch wird durch die nackten Arme und Beine, den Ausschnitt und die locker fallende Haarsträhne die Strenge früherer Frauenbildnisse, wie etwa dem Oldenburger Bildnis von 1927, ins Gefälligere aufgelöst. Der von der Neuen Sachlichkeit beeinflußte Malstil Jaeckels von der Mitte der Zwanziger Jahre mit seinen klar in große homogene Farbflächen gegliederten Kompositionen, beginnt sich langsam aufzufasern. »Seine Damenporträts werden duftiger und zarter.«[16]

Der Kompromiß Jaeckel ist nicht allein für die Erwartungshaltung der Kunstkritik und das Marktinteresse der Firma Elida aufschlußreich, sondern deutet etwas vom allgemein wachsenden Bedürfnis nach Entsachlichung an, eine zusätzliche Entschärfung des progressiven Gehalts, obwohl der Typus »Neue Frau«, wenn auch in gefällig-konventionellem Zuschnitt, absichtsvoll angestrebt ist. Insofern kann es in einer Rezension zu Jaeckels Bild heißen: »Man wird gern anerkennen, daß das Jungmädel eine erfreuliche Wandlung durchgemacht hat, von der Type des zuweilen etwas unweiblichen Wandervogels bis zur ›neusachlichen‹, unsentimentalen Entschlossenheit, wie Jaeckel sie darstellte, und wird das Vertrauen haben, daß es sich einmal zur Dame entwickeln wird; aber es würde wohl selbst ein helles Lachen anstimmen, wenn man ihm sagen wollte, daß es jetzt schon an der Stelle, die bisher von der ›Dame‹ eingenommen wurde, die deutsche Frau repräsentiere.«[17]

Die »kulturhistorische Reife« des neuen Frauentyps sei (noch) nicht erreicht, da die neue Dame in ihrer (neuen) Schönheit sich noch nicht herausgebildet habe, die Preiskrönung sei darum eine »relative Verlegenheitsentscheidung« (Adolph Donath). Die Kritik kreist um das Problem von wiederzugewinnender »Schönheit«: »Das ›schönste‹ deutsche Frauenporträt von 1928 ist natürlich ein

14 Karl Scheffler. In: Kunst und Künstler, 24/1926, S. 125. Zitiert nach Dagmar Klein: Der Expressionist Willy Jaeckel (1888-1944). Gemälde. Biographie. Künstlerbriefe, Köln 1990, S. 49.

15 Klein 1990 (wie Anm. 14), S. 44 f.

16 Klein 1990 (wie Anm. 14), S. 66. Die harten, betonten Konturlinien wechselten zu weichfließenden Wellenlinien, z.B. Pastell von Brigitte Busch, 30er Jahre (WVZ 469).

17 Fritz Hellwag: Das moderne Frauenbildnis. Zum Wettbewerb des »Reichsverbandes Bildender Künstler«. In: Die Kunst für Alle, Jg. 44/1929, S. 11.

2 Heinrich Ehmsen »Bildnis einer Dame mit Monokel«; Öl auf Leinwand, 1928; zerstört

sehr relativer Begriff, und das ›schönste‹ Frauenporträt ist auch nicht das ›beste‹. Wogegen das ›beste‹ nicht immer das schönste zu sein braucht.«[18] Max Osborn findet als Juror hingegen die »sehnige, straffe Gesundheit« des jungen Dings, »in seiner plastischen Körperlebendigkeit, mit der soliden und zugleich fröhlichen Malerei des Kleides« schön.[19]

Daß das prämierte Bild innerhalb der in die engere Wahl genommenen Werke Kompromiß war, zeigt sich an einer Gegenüberstellung des »frischen und liebenswürdigen Jungmädels« mit Heinrich Ehmsens »Bildnis einer Dame mit Monokel«, die weitaus provozierender wirkt, breitbeinig und kompakt, vor dem geometrisierendem Hintergrund des Bildraums (Abb. 2). Die Staffelei verweist als einziges der im Katalog abgebildeten Bilder auf eine Tätigkeit als Malerin – im gleichen Jahr ist Lis Bertram-Conradi, die Porträtierte, mit 12 Aquarellen auf der Ausstellung zum zehnjährigen Bestehen der Novembergruppe vertreten. Das Progressive wurde jüngst in der »Ironisierung des Schreckgebildes der ›Neuen Frau‹« gesehen, die Abweichung vom Typus wie in anderweitigen gängigen Interpretationen somit als Innovation. Es führt in diesem Fall dazu, die »Kostümierung« mit »Faltenrock und großblumig gemustertem Pullover« als »hausbacken« oder die »martialisch geschminckten Augen« als »Travestie« zu mißdeuten.[20] Einer Interpretation zwischen »Hausbacken« und »Travestie« darf man durchaus einen Mangel unterstellen: das Nichterkennen der Manipulation durch das Klischee selbst, dem man aufgesessen ist. Selbst das Bild als ironisches Wechselspiel verstanden, verstellt den Blick auf die Bildwelt des Malers selbst wie auf die Dargestellte. Fünfzig Jahre später erinnert sich die Frau des Malers Otto Nagel: »Einmal, bei einem Spaziergang, trafen wir den Kunstmaler Heinrich Ehmsen mit seiner Frau Lis Bertram. Und ich habe mir den Kopf zerbrochen, wie eine Frau mit einem Monokel im Auge auf der Straße herumlaufen und dazu noch einen ganz kurzen Rock tragen könne. Vor dieser Frau Bertram stand ich wie vor einem Wunder, denn bei uns gab es solche Menschen nicht. Es war absolut unmöglich, eine solche Frau in der Sowjetunion zu treffen.«[21]

Das Motiv des Faltenrockes tritt bei Lis Bertram (Aquarelle Ende der Zwanziger Jahre) wie bei Ehmsen in dieser Zeit häufig auf (»Bürger vom Mittelmeer«, Aquarell und Bleistift, 1929; vgl. auch: »Der Kuß«, Öl, 1930) – als stilistisches Mittel oder als erotisch-sinnliches Moment. Schon in seinen frühen Frauenbildnissen »Mädchen

18 Adolph Donath: »Das schönste deutsche Frauenporträt«. In: Berliner Tageblatt vom 27.11.1928. Es ist also nicht in erster Linie eine Kritik der Juryentscheidung für Jaeckel, sondern »hintergründiger«. Vgl. Züchner 1992 (wie Anm. 2), S. 262.

19 Max Osborn: Kunstausstellungen. In: Vossische Zeitung, 6.12.1928.

20 Züchner 1992 (wie Anm. 2), S. 262.

21 Walli Nagel: Das darfst du nicht! Erinnerungen, Halle-Leipzig 1981, S. 82, 83.

22 Heiner Müller. In: Krieg ohne Schlacht. Leben in zwei Diktaturen, Köln 1992, S. 140 – Im Zusammenhang mit dem Beginn von Müllers Bekanntschaft mit seiner ersten Frau Inge.

23 Angela Lammert: Lis Bertram-Ehmsen, Galerie im Alten Museum, Berlin 1987. Die Distanziertheit des »porzellanenen Puppengesichts« wird von Eva Züchner in Übertragung gängiger Interpretationsmuster des Typen-

porträts der Neuen Sachlichkeit als »irritierende Unstimmigkeit« beschrieben. (Züchner 1992 (wie Anm. 2), S. 260/261) Kurzschlüssig wird die nachträgliche Auffassung mit dem zeitgenössischen Verständnis verquickt. Osborns Absetzung von »weichlich-rosiger, porzellanglatter Kitschnähe« alter Formen des Frauenporträts wollte man allgemein durch den Charakterkopf im Bildnis der Frau abgelöst wissen. Vgl. Angela Lammert: »Vom Puppengesicht zum Charakterkopf« – Käthe Kruse, Renée Sintenis, Milly Steger – Angebot und Annahme. In: Geschichte. Geschlecht. Wirklichkeit. Protokollband der 1. Kunstwissenschaftlerinnen-Tagung der Sektion Kunstwissenschaft, Berlin 1990, S. 200ff. Um »Lotte« als Puppe zu definieren, wird von Eva Züchner »keinerlei individueller Ausdruck« gesehen, »Glasaugen«, an denen der Blick abgleitet – »glatt und reglos« seien die Gesichtszüge (Züchner 1992 (wie Anm. 2), S. 260). Wenn man schon vom gegenwärtigen Blick oder von Künstleräußerungen ausgeht, ist es dennoch nicht uninteressant, daß »Lotte« auch andere Interpretationen zuläßt. Michael Stone sieht gerade in der Sympathie und Zärtlichkeit besonders der Frauenporträts bei Schad den Unterschied zu seinen Zeitgenossen Dix, Grosz, Hubbuch und Schlichter: »Keiner hat wie er unser aller Kleid, die menschliche Haut, so lebendig atmend und so verwundbar gemalt.« In: Berliner KUNSTstücke, Berlinische Galerie, Berlin 1990, S. 170).

24 »Die schönsten Frauen der Welt. Dargestellt durch die Schönheitsköniginnen aller Welt.« Wahrscheinlich Berlin 1932 – Das Titelblatt zeigt eine ernst blickende Frau, die eine Zigarette in der Hand hält.

aus der Eifel IV«, 1909, oder »Frau Viegener«, 1912, aber auch im »Selbstbildnis« von 1929 oder »Dem Angler« von 1930 begleiten Farbstreifen der Kleidung strukturierend den Bildaufbau. Am Ende der Zwanziger Jahre ist der kürzer werdende Faltenrock oftmals im Zusammenhang mit Liebesszenerien dargestellt – Selbstbildnisse des Malers mit seiner Lebensgefährtin, die, wie man auf Fotos dieser Zeit sehen kann, sich tatsächlich gern so kleidete.

Das Jahr 1929, ein Jahr nach dem Wettbewerb zu »Das schönste deutsche Frauenporträt«, ist das Jahr der endgültigen Trennung Ehmsens von seiner Frau Hermine, auch Malerin. Er verbindet sich mit Lis Bertram-Conradi, die er 1924 in München kennengelernt hatte. 1927 entsteht das Bild seiner Ehefrau mit ihrer gemeinsamen Tochter. Das konventionelle Mutter-Kind-Bild, die attributive Beigabe der Blumen als Zeichen der Natur, unterscheidet sich nicht wenig von dem Wettbewerbsbild. Das Bild von Lis Bertram zeigt seine bewußte Wahl einer anderen Lebensform, sein Verhältnis zum Bild von der »Neuen Frau«. Die großblumige Bluse steht für Extravaganz der neuen Lebensgefährtin, die im Gegensatz zu ihm aus großbürgerlichen Verhältnissen kam; die Präzision der Nachzeichnung, gespeist von neusachlichen Tendenzen, entsprach seiner »proletarischen Gier auf die Oberschicht.«[22] Obwohl dieses Bild der künstlerisch tätigen Frau einem Bild wie dem populären Gemälde der »Lotte« von Christian Schad, ebenfalls in der Wettbewerbsausstellung, an Radikalität des Lebensentwurfs überlegen ist, muß hinzugefügt werden, daß die Visualisierung des Bildes der Realität voraus war.[23]

Jaeckels Bild hält auch »Mitte« zu solchen, wie sie Georg Walter Rössner oder Eugen Spiro für den Wettbewerb einreichten. Bei Rössners nachimpressionistisch empfundenem Bild der schirmaufspannenden Dame oder bei Spiros sittsam in den Schoß gefälteten Händen findet sich selbst die mondäne damenhafte Variante der »Frau von heute« nicht mehr. Diese Variante wird nicht nur exemplarisch in Mode, Werbung und Damenzeitschriften propagiert, sondern auch im Wettbewerb zur schönsten Frau des Jahres. »Die Auswahl schöner Menschen gehört zu den Bestrebungen, die in der ganzen Welt Aufmerksamkeit erregen. Durch die Wahl werden Talente entdeckt, die dem Film und der Bühne zugeführt werden können. Die Wettbewerbe sind bedeutsam für Mode, Kosmetik und künstlerische Portrait-Photographie«, heißt es in einem Album zur »schönsten Frau der Welt.«[24] Die ungarische Miss Europa von 1929 trägt einen, wenn auch gewellten Bubikopf und die Miss Germany von 1931 nimmt androgyne Züge wie die das Haar verdeckende Kappe oder die karierte Schlipsschleife in ihr inszeniertes Erscheinungsbild auf.

Rollenporträt und Neue Frau

Wurden am Wettbewerb zu »Das schönste deutsche Frauenporträt« Aspekte der Anpassung, des allgemeinen Bedürfnisses und der Überschreitung einer Erwartungshaltung beschrieben, wie man sie in dem prämierten Bild bestätigt fand, soll im Folgenden auf zwei als paradigmatisch geltende Entwürfe der »Neuen Frau« verwiesen werden.

Zunächst Anmerkungen zu Otto Dix. Neben der Darstellung der Frau als Hure oder als Vamp (»Bildnis der Tänzerin Anita Berber«, 1925) gilt das »Bildnis der Journalistin Sylvia von Harden«, 1926, (Abb. 3) als typisches Beispiel eines Rollenporträts, in diesem Fall der intellektuellen »Neuen Frau«. Dix sieht durch Sylvia von Harden »eine ganze Zeitepoche« repräsentiert, »in der es nicht auf die äußerliche Schönheit einer Frau ankommt, vielmehr auf ihre psychische Verfassung.«[25] Die radikale Variante eines androgynen Frauentyps wird vorgeführt. Auch hier werden Monokel und Zigarette wie bei Ehmsens Bildnis in Szene gesetzt, aber keine Schminkdose verwandt. Es handelt sich auch um keine persönliche Beziehung des Künstlers zur Dargestellten als Voraussetzung des Porträtierens, die verallgemeinert wird, sondern um die bewußte Wahl einer unbekannten Persönlichkeit.[26] Auf einen Großteil seiner Porträts trifft dies nicht zu. Anläßlich der 91er Dixausstellung ist darauf hingewiesen worden, daß das Besondere an diesem Bild der Widerspruch zwischen »konstruiertem Typus« und »scheinbar so idealtypische[r] Verkörperung der Rolle« sei, wie zum Beispiel der heruntergerutschte Strumpf oder die zu gewollte Haltung anzeigen.[27] Die Erwartungshaltung an die Darstellung der Rolle würde nicht erfüllt. Der Charakterkopf sei nicht als individuelle Eigenschaft zu werten, sondern als Mittel zur Inszenierung. Die besondere Leistung wird in der Rollenthematisierung und ihrer gleichzeitigen Infragestellung gesehen – eine Problematik, der wir an den Bildern von Jaeckel und Ehmsen begegnet sind.

Zuzustimmen ist der Interpretation von Rollenporträts als

25 Sylvia von Harden: Erinnerungen an Otto Dix. In: Frankfurter Rundschau vom 25.3.1959. Zit. nach Martina Fuchs: Das Porträt als Rollenspiel? Anmerkungen zu drei Porträts aus den 20er Jahren. In: Otto Dix, Stuttgart 1991, S. 205.

26 Dix bekundete in diesem Sinne: »Wenn ich zu einem Menschen sage, Sie möchte ich malen, dann habe ich das Bild bereits in mir«. In: Gespräche mit Horst Jähner. In: Neues Deutschland, Dez. 1966. Zit. nach Fuchs 1991 (wie Anm. 25), S. 205 und »Wenn man jemanden porträtiert, soll man ihn möglichst nicht kennen.« Gespräch mit Maria Wetzel. Zit. nach Fuchs 1991 (wie Anm. 25).

27 Fuchs 1991 (wie Anm. 25), S. 205.

3 Otto Dix »Bildnis der Journalistin Sylvia von Harden«; Mischtechnik auf Holz, 120 x 80 cm, bez. o.r.: Monogramm 1926

»Wunsch nach deutlich sichtbarer Abgrenzung« und zugleich einer »Klassifizierung nach Typen als Ordnungsprinzip« im restaurativen Sinne.[28] Auf das Rollenbild der »Neuen Frau« bezogen, bedeutet der Versuch einer Fixierung, daß damit verbundene Klischees einen nur noch attributiven und formelhaften Gebrauch des ursprünglich progressiven Entwurfs ermöglichen. Erst zum Ende des Dezenniums, als die »Neue Frau« zur Modeerscheinung geriet, häufen sich thematische Ausstellungen, Publikationen etc.

28 Fuchs 1991 (wie Anm. 25), S. 207.

Es bleibt zu hinterfragen, ob nun diese Interpretation nicht doch zum Klischee eines Denkkorsetts werden kann, wenn dieses Erklärungsmuster dem Werk von Dix allgemein bzw. der gesamten Malerei der Neuen Sachlichkeit zu Grunde gelegt wird.[29] Der Bielefelder Katalog zu Neuer Sachlichkeit und Magischem Realismus kritisiert berechtigt, daß der neue Gegenstandsbezug des 20. Jahrhunderts, man denke an Picassos sogenannten Klassizismus, nicht »eine Sonderform« sei, »die völlig abgetrennt ist von anderen nichtmimetischen künstlerischen Konzepten, sondern daß er sich schlüssig auch mit der Tradition nichtmimetischer Kunst verbinden läßt.«[30] Die Publikation macht aber auch deutlich, daß die Abgrenzungsversuche von einer Interpretation dieser Malerei als naturalistisch-illusionistischer Bildwelt die Motivation auch für die Interpretation des Porträts des Neuen Sachlichkeit als Typenporträt ist.[31] Physiognomische Versatzstücke verweisen auf die Behandlung des Menschen als Formprinzip, auf die distanzierte Sichtweise. »Im Vorliegen eines Typus' begründet sich die zitierte Distanz, die der Betrachter zwischen der Bildfigur und sich bemerkt hatte.«[32]

Verwiesen wird auf die tatsächlich breite kunsttheoretische Diskussion über Typisierung, Rolle, Ornament. Ein »selbstständiges« Porträt darf es dann als innovative Leistung im 20. Jahrhundert nicht mehr geben, nur noch ein autonomes als Zeugnis eines »a-mimetischen Realismus«, so ein Fazit in besagtem Katalog.[33]

Außer acht gelassen wird die ebenfalls breite zeitgenössische Diskussion um eine Synthese von geistigem Ausdrucksverlangen und Wirklichkeitserfahrung (Franz Roh)[34], als Verknüpfung von Moderne und Vergangenheit.[35] Es ging um das Einbeziehen sinnlicher Lebensnähe (Wilhelm Worringer).[36] Eine große Rolle bei der Diskussion um einen »Neuen Naturalismus«, in der die Vertreter der Neuen Sachlichkeit einen wichtigen Platz einnahmen[37], spielte der Wunsch nach zeitgemäßer Lebensäußerung dem reinen Kunstprodukt gegenüber, besonders bei den Protagonisten des sogenannten veristischen Flügels. Die Verfechter des »Neuen Naturalismus« richteten sich in ihren Argumenten gegen die Schematisierung der einstmals neuen formalen Möglichkeiten durch nachfolgende Generationen; es ging um ein »Gegengift gegen die leeren Stilisierungen«, so Hartlaub.[38] Aber auch ein vormaliger Vertreter des Expressionismus wie Ernst Ludwig Kirchner sprach vom »Abwerfen konventioneller Modernismen« – Kritik der Avantgarde an sich selbst.[39] Das Bedürfnis nach Entstilisierung, was übrigens auch für Dix nicht au-

29 Jutta Hülsewig-Johnen: Wie im richtigen Leben? Überlegungen zum Porträt der Neuen Sachlichkeit. In: Neue Sachlichkeit. Magischer Realismus, Bielefeld 1991, S. 8ff..

30 Ulrich Weisner. In: Neue Sachlichkeit 1991 (wie Anm. 29), S. 7.

31 Der Kastenraum wird vom illusionistischen Prinzip abgehoben, auch die »modernen Themen«, wie Stadt, Industriebild und dergleichen betont.

32 Neue Sachlichkeit 1991 (wie Anm. 29), S. 15.

33 Neue Sachlichkeit 1991 (wie Anm. 29), S. 9 und 21.

34 Franz Roh: Nachexpressionismus, Leipzig 1925, S. 40.

35 Roh 1925 (wie Anm. 34).

36 Wilhelm Worringer: Künstlerische Zeitfragen. Lesung vor der Deutschen Goethegesellschaft, München (Nov. 1920), München 1921.

37 Paul Westheim: Der »Neue Naturalismus«. In: Das Kunstblatt 6/1922, S. 369-414.

38 G. H. Hartlaub. In: Das Kunstblatt 1922 (wie Anm. 37), S. 390.

39 E. L. Kirchner. In: Das Kunstblatt 1922 (wie Anm. 37), S. 376.

40 Züchner 1992 (wie Anm. 2), S. 261.

41 Adam C. Oellers: Ikonographische Untersuchungen zur Bildnismalerei der Neuen Sachlichkeit, Bonn 1978, S. 38.

42 Oellers 1978 (wie Anm. 41), S. 55.

43 Oellers 1978 (wie Anm.

ßer acht gelassen werden sollte und nicht allein mit Anpassungsdruck zu erklären ist, darf also nicht einfach gleichgesetzt werden mit Vorläufertum zu Nazikunst und -ideologie, wie es im Zusammenhang mit dem eingangs beschriebenen Wettbewerb getan wurde.[40] Es ist allgemein am Ende der Zwanziger Jahre eine die Härte der Zeichnung verlierende Malweise zu konstatieren, die sich auch bei Dix beobachten ließ.[41] Namentlich in seinen ab 1925 verstärkt einsetzenden Auftragsporträts sah er von karikierenden Momenten ab.[42] Er wird in seinem »Ausgleich zwischen Bildendem und Abgebildetem« als Sonderfall innerhalb der neusachlichen Bildnismalerei betrachtet.[43] So ist es auch nicht Dix, sondern Schad, der exemplarisch für das Rollenbild der neusachlichen Malerei zitiert wird.

Wie ist nun das Paradigma Frau als Künstlerin in diesem Zusammenhang zu sehen? Wenden wir uns Hannah Höch zu. Faszination und Kritik am propagierten Idol der »Neuen Frau«, »spielerische Ironie als Ausdruck solcher Ambivalenz« gelten als spezifische Qualität der Frauenbilder der Höch, die von den geradlinigen ihrer Dada-Kollegen abzuheben seien.[44] In der »Dompteuse«, 1930, wird die »starke, ›neue‹ Frau«[45], die »raffinierteste Darstellung des lustvoll Androgynen«[46] und eine »politische Ikone der dreißiger Jahre«[47] gesehen. Augenfällig ist das Uneindeutige des Umgangs mit Geschlechterrollen und Sexualität – das Bestimmende in Hannah Höchs Rollenspiel mit dem Bild der »Neuen Frau«.

Dennoch sind Akzentverschiebungen ihrer Auseinandersetzung zu verzeichnen. Wird zunächst die propagierte moderne Frau mit dem Ehealltag konfrontiert, wird später die leidende Frau als Opfer auf der einen Seite (»Die Braut«, 1927; »Mutter«, 1930) und auf der anderen die Lust und Verwirrung, die mit der Geschlechterzuschreibung verbunden ist, wichtiger.[48] In der Fotomontage »Schnitt mit dem Küchenmesser« von 1919/20 wird das in Presse und Mode verbreitete Bild der Frau – die tätige Frau, die Tänzerinnen, die Eiskunstläuferinnen, die rasende Reporterin, das Showgirl, aber auch die mondäne Braut oder die Mutter – ironisch verfremdet und eher additiv nebeneinander gestellt. Später werden reale Idole in ihrem steten Rollenwechsel in den Mittelpunkt ihrer inzwischen auch zur Malerei transformierten Collagearbeit gestellt – wie etwa Asta Nielsen in dem Bild »Roma«, 1925. Weniger beachtet, aber in vergleichbarer Weise wie es bei Dix u.a. konstatiert wurde, ist hier von einer gebremsten Aggressivität zu sprechen.[49]

41), S. 57. Oellers schreibt: »Auch die Porträtmalerei vollzieht die gegen die Mitte der 20er Jahre bemerkbaren stilistischen Angleichungen der veristischen und ›neo-klassizistischen‹ Tendenzen mit; während erstere ihre analytische, bis zum boshaften Zynismus reichende Schärfe zugunsten eines ›gemäßigten‹ Realismus aufgeben und ihre gesellschaftliche Basis eingrenzen, verändern letztere ihre starke Schematisierung der Figur und ihre flächenhafte Verschachtelung der Hintergründe allmählich zugunsten einer realistischen Auffassung der Physiognomie und einer Vereinheitlichung der Tiefenräumlichkeit. Vgl. Oellers 1978 (wie Anm. 41), S. 312.

44 Jula Dech: Monteurdada versus Dadasophin. John Heartfield, Hannah Höch – das Frauenbild im Vergleich. In: Montage als Kunstprinzip, Berlin 1991, S. 67, 68.

45 Hanna Gagel: Hannah Höch und die starke »Neue Frau« der zwanziger Jahre. Weibliches Ideal – männliche Phantasie? In: da da zwischen reden, Berlin 1991, S. 108.

46 Maud Lavin: Androgynität und der betrachtende Blick. Zu Hannah Höchs Photomontagen aus der Weimarer Zeit In: Hannah Höch 1889-1978. Ihr Werk, ihr Leben, ihre Freunde, Berlin 1990, S. 146.

47 Erica Doctorow: Die ›Dompteuse‹ – Eine politische Ikone der dreißiger Jahre. In: Lavin 1990 (wie Anm. 46), S. 100.

48 Lavin 1990 (wie Anm. 46), S. 20.

49 Helga de la Motte-Haber: »Die Welt replizierter und zugleich fragmentierter Formen ist ausgewogen und zum großen Teil positiv bunt«. In: Berliner KUNSTstücke 1990 (wie Anm. 23), S. 108.

Die Selbstbildnisse erzwingen eine Konzentration. Bei der »Russischen Tänzerin (mein Double)«, 1928 (Abb. 4), sind Bubikopf und Monokel wie bei Ehmsen und Dix in die Darstellung einbezogen. Auch hier vollzieht sich ein vergleichbarer »Wechsel zwischen Identifikation und Distanzierung«[50]: der Bubikopf ist durch eine kleine Mönchskappe demontiert, der fixierende Blick durchs Monokel spielt mit dem klischierten Attribut. Der androgyne Bildniskopf wird mit den von Blumen geschmückten Tänzerinnenbeinen montiert. Die Ambivalenz von Bewegung und Balance der Ballerina, gleichzeitig Zeugnis der Identifikation mit dem Willen zu einer hochartifiziellen Qualität, entzieht sich allerdings der eindeutigen Ironie einer eindeutig vorgeführten Rolle, wie sie bei Dix zu beobachten war.[51]

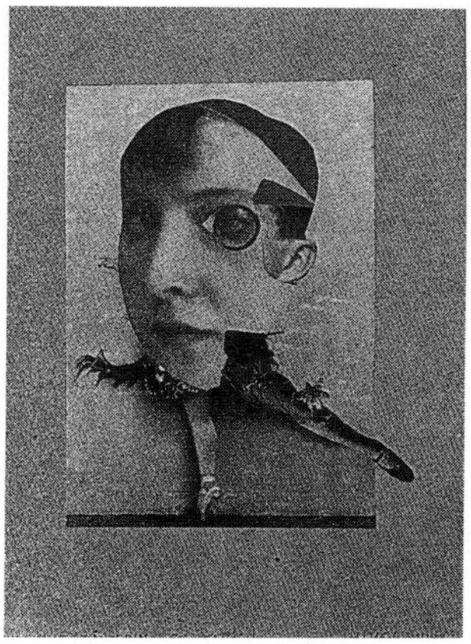

4 Hannah Höch (1889-1978) »Russische Tänzerin (Mein Double)«; Photocollage, 30,5 x 22,5 cm; Privatbesitz

Ein Jahr später entsteht das gemalte Selbstbildnis von 1929. Das traditionellere Metier der Malerei schwächt die innovative Experimentierlust ab. Das Mittel herkömmlicher Ölmalerei wird Problem. Obwohl ernster Blick, androgyne Auffassung des Antlitzes auf Elemente des Klischees verweisen, wird weitgehend auf alle gängigen Insignien verzichtet. Die unspielerische Nahsicht verweist auf eine prätentionslose Selbstanalyse. Die malerische Oberflächenbehandlung von Bildnis und Bildgrund gleichen einander.[52] Ellen Maud beschreibt, wie sich in diesen Porträts »Motiv und Umfeld ... in ihrer Wertigkeit und substantiellen Beschaffenheit« annähern und sieht darin einen Zusammenhang zu lebensphilosophischem Gedankengut.[53] »Ich möchte die festen Grenzen verwischen, die wir Menschen – selbstsicher – um alles uns erreichbare zu ziehen geneigt sind ... Ich will dartun ... nur der Standpunkt, aus dem wir urteilen, wird gewechselt, und jeder Begriff verliert seine Gültigkeit.«[54] Es zeigt sich in diesen Reflexionen aber nicht nur der progressive Gehalt einer antidualistischen Weltsicht, sondern die eigene Labilität und Verunsicherung. Damit ist das gemeinsame Prinzip mit den Fotocollagen benannt. Hierin unterscheiden sich auch ihre Bilder der »Neuen Frau«, die trotz freiem Umgang mit dem Klischee, dieses in kein ordnendes typisierendes Schema vereinnahmt.

Die Frau von heute – Anpassung und Klischee

Für das Verkommen des utopischen Entwurfs zum Klischee ist die Ausstellung »Die Frau von heute«, 1929 vom Verein Berliner Künstlerinnen organisiert, symptomatisch (Abb. 5). Der Anspruch,

50 Maud Lavin: »Aus einem ethnographischen Museum« – Allegorien moderner Weiblichkeit. In: da da zwischen reden 1991 (wie Anm. 44), S. 124. Was hier für Hannah Höchs Serie von Photomontagen »Aus einem ethnographischen Museum« als ihr Verhältnis zur Allegorie moderner Weiblichkeit beschrieben wurde, ist kein originär weibliches Moment, sondern läßt sich auch hinsichtlich der Anziehung und Abstoßung bei Ehmsen und Dix feststellen.

51 Jula Dech: Balance und Spirale – künstlerischer Ausdruck weiblicher Identität. Epochal-Montage/Lebens-Collage: Zwei Brennpunkte in Hannah Höchs Werk. In: da da zwischen reden 1991 (wie Anm. 44), S. 26ff.

52 Ellen Maud: Der Blick sucht das Leben und findet den Tod. Aspekte zur Selbstdarstellung im Werk von Hannah Höch. In: da da zwischen reden 1991 (wie Anm. 44), S. 48ff.

53 da da zwischen reden 1991 (wie Anm. 44), S. 51.

54 Maschinenschriftlicher Text aus dem Nachlaß, datiert

5 Ausstellungsaufnahme »Die Frau von heute«, 1929, Berlin, Verein der Berliner Künstlerinnen; von links nach rechts: Julie Wolfthorn: Frau Dr. Hellmer; Käthe Münzer-Neumann: Die bedeutende Frau (Die Dichterin Eleonore Kalkowska); Ottilie Reylaender-Böhme: Frau Dr. Waaser (Bildhauerin), um 1928, Öl auf Pappe, 92 x 68, Privatbesitz; Lotte Laserstein: Porträt Polly Tieck; links oben: Käthe Münzer-Neumann: Die Berufstätige (Kinoschauspielerin Aga von Rosen)

Frauen aus allen Kreisen, Berufen und Altersstufen »mitten aus dem Leben heraus« zu malen und sich damit von der »schmeichelnden Erotik des männlichen Malers« abzusetzen, wird im Katalog als in der Ausstellung eingelöster »Anschluß an das Leben« gewertet – also vom Credo her progressiver als die Intentionen der Wettbewerbsausstellung zur Schönheit des Frauenporträts.[55] Absicht und Qualität der ausgestellten Werke aber waren durch allzugroße Divergenz gekennzeichnet; Bilder von der Qualität wie die von Heinrich Ehmsen oder Christian Schad sind nicht Bestandteil der Ausstellung. Als Gast wird Marie Laurencin eingeladen, nicht Hannah Höch, nicht Jeanne Mammen.[56] Das mag nicht allein dem Unterschied zwischen Wettbewerb und Vereinsausstellung geschuldet sein, sondern auch Ausdruck einer Bindung an das Zeitgeschehen: im Moment der Konsolidierung der Weimarer Republik beginnt ihre Auflösung. Die veränderte Absicht schlägt sich dennoch in der Ausstellung nieder:

Bilder, die den »Reiz der Toilette«, die Schönheit eines Frauenrückens (Max Colombo) oder gar die entblößte Brust zeigen (Paul

Mai 1929, geschrieben für den Prospekt ihrer Ausstellung bei der Galerie De Bron, Den Haag 1929. Zit. nach: da da zwischen reden 1991 (wie Anm. 44), S. 57.

55 Die Frau von heute. Verein der Künstlerinnen zu Berlin, Ber-

Mathias Padua) – selbst der betonte Gebrauch der Schminkdose (Lotte Laserstein), wie sie noch auf der Wettbewerbsausstellung auftauchen, sind nicht mehr vorhanden. Attribute wie Zigaretten, Buch, kurze Haare werden legitimierend ins Bild gerückt, oftmals das repräsentative Dreiviertelporträt gewählt (Anna von Hansemann: »Bildnis Frau Dr. Julie Elias«). Verhüllte Weiblichkeit (Martel Schwichtenberg: »Zwei Freundinnen«), Reitstiefel und Jockeymütze (Fanny Remak: »Frl. Sauermann«) bestimmen die formelhafte Inszenierung. Oft sind Berufsbezeichnung und Titel der porträtierten Damen angegeben.[57] Die Ablösung »männlicher Erotik« durch »weibliche Anpassungsfähigkeit« ist wörtlich zu nehmen.[58] Der Anpassungsdruck an die Erwartungshaltung und damit an die an Frauen herangetragenen Kriterien muß für Frauen in den Gattungen der bildenden Kunst, wo die Bindung an eine Tradition langjähriger Standards wie in der Malerei vorherrschte, besonders groß gewesen sein. Es erscheint nicht zufällig, daß Hannah Höchs originäre Leistung in der Photomontage zu finden ist und daß gerade bei Bildhauerinnen, die dem hergebrachten Verständnis vom »Farbsinn des Weibes« widersprachen, die innovativen Beiträge zur Kunst im Deutschland der Zwanziger Jahre festzustellen sind. Die Ausstellung offenbart den Versuch der Anpassung an ein zeitgemäßes und inzwischen modisch gewordenes Bild der »Neuen Frau«. Dieses Klischee wird durch zwei Varianten ergänzt: zum einen die Rückbesinnung auf Formen des repräsentativen Bildnisses und damit auf alte Werte, wie sie bei Augusta von Zitzewitz' Porträt der »Katharina von Kardorff« zu finden ist; und zum anderen die Variante des mondän-eleganten oder melancholischen Damenbildnisses bei July Wolfthorns »Frau Dr. Hellmer«. Interessant, daß Ähnliches auch für die Veränderung des Frauenbildes bei Tamara de Lempicka[59] und Otto Dix zu beobachten ist (»Bildnis der Tänzerin Marianne Vogelsang«, 1931). Selbst bei den »Mißwahlen« wird das Erscheinungsbild der Teilnehmerinnen »femininer« (Miß Europa 1932).

Die Kritik der Ausstellung offenbart zweierlei: Zum einen wird trotz der Veränderung des Erscheinungsbildes die »Verdrängung derjenigen Werte« vermißt, »die den oft gerühmten Zauber des weiblichen Geschlechts« ausmachen. »Auffällig, wie wenig Eleganz, Anmut und holde Gefälligkeit, wie viel rüstiges Wesen die Malerinnen ihren Schwestern zuerkannt haben.«[60] Der Erwartungsdruck des »Schönen« erwies sich als zählebig, die männliche Ablehnung des Bildes der »Neuen Frau« ebenso. Andererseits wird die Formel-

lin November-Dezember 1929.

56 Guillaume Apollinaire. In: Les peintres cubistes, 1913: »Marie Laurencin verstand es, in dem großen Medium der Malerei eine völlig weibliche Ästhetik zum Ausdruck zu bringen... [Man – A. L.] konnte erkennen, daß diese aufstrebende Künstlerin eines Tages der Grazie und dem Charme der Welt Ausdruck verleihen würde ... Weibliche Kunst das ist Gefälligkeit, Freude, Bravour...«

57 Was zu bemühten Titeln wie »Die bedeutende Frau (Die Dichterin Eleonora Kalkowska)« oder »Die Berufstätige (Kinoschauspielerin Aga von Rosen)«, beides Arbeiten von Käthe Münzer-Neumann, führte.

58 Die Frau von heute 1929 (wie Anm. 55).

59 Ellen Thormann: Von Amazonen und Autofahrerinnen. Zum Frauenbild von Tamara de Lempicka in den Zwanziger Jahren. In: Frauen Kunst Wissenschaft 1990 (wie Anm. 7), S. 46.

60 Willi Wolfradt: Berliner Ausstellungen. In: Der Cicerone, Jg. 21/1929-II, S. 677.

haftigkeit und Stilisierung von klischierten Auffassungen dieser »Neuen Frau« erkannt. »Nur Resi Langer darf lächeln mit weißen Mäusezähnchen ... aber da gehört das Lächeln zum Beruf.«[61] Die ablehnende Haltung kann nicht nur als »Ausdruck männlicher Nervosität«[62] charakterisiert werden, sondern neben den qualitativen Mängeln der Ausstellung ist der Grund auch im Überdruß an der Schablone der Neuen Frau zu suchen, zu der der utopische Entwurf weitgehend verkommen war.

Die Ablösung der Parole der »Neuen Frau« durch die des »Kindes«

Abschließend soll auf eine Tendenz eingegangen werden, die sich um 1930 im Werk von Malern und Malerinnen unterschiedlicher Qualität zeigt. Die Härte der kritisch-zeitgemäßen Präzision mit ihrem aggressiv-utopischen Gehalt wird abgelöst von zeitlos-allgemeingültigen Wertevorstellungen und -konstrukten. Neben »Die Frau von heute« drängen sich Mutter-Kind-Allegorien und das Kinderbildnis allgemein. Die zeitgenössische Kritik rückt die »biologisch bedingte Funktion« der Frau wieder stärker ins Bewußtsein[63] – und das zu einem Zeitpunkt, als die Diskussion um den Abtreibungsparagraphen 218 ihren Höhepunkt erreicht und sich das gesellschaftliche Bewußtsein spaltet (s. Ausstellung »Frauen in Not«, 1931). 1930 wird vom Verein der Berliner Künstlerinnen und vom Verein der Berliner Künstler, 1932, eine Ausstellung »Das Kind« veranstaltet (Abb. 6). »Vor einiger Zeit hieß die Parole ›Frau von heute‹. Nun wurde eine neue ausgegeben: ›Das Kind‹ – und siehe, als die Zeit erfüllt war, brachten die Mitglieder je ein Kinderbild zur Welt«, schreibt Max Osborn zur Ausstellung des Vereins Berliner Künstlerinnen. Fanny Remak (Malerin der Jockeyfrauen), die die Eröffnungsrede der Ausstellung hielt, betonte in diesem Sinne: »Die Künstlerin steht aus dem jeder Frau innewohnenden Muttergefühl heraus zum Kinde viel näher als zum Manne.«[64] Die Zurücknahme der vordem offensiven Haltung der Künstlerinnen wird kritisiert: »Eigentlich müßte es Sie doch reizen, die Männer in ihrer Frühverkapselung zu studieren.«[65] Im Anschluß an die Ausstellung fand eine Kindermodenschau, eine Kasperletheateraufführung und eine Puppentheateraufführung statt. Wandlung und damit verbundene Kanalisierung des Frauenbildes artikuliert sich aber nicht nur hier.

61 Max Osborn: Die Frau von heute. In: Vossische Zeitung, 17.11.1929.

62 Züchner 1992 (wie Anm. 2.), S. 267.

63 F. (Fritz – A. L.) Nemitz: Die gestaltende Frau. In: Das Kunstblatt, Jg. 14/1930, S. 380, 381. Es werden vor allem wieder Kinderporträts von Frauen aufgenommen, so von Annot, Ima Breusing, Grete Czaki-Copony, Augusta von Zitzewitz. Die einzige Abbildung eines Bildes ist das Kinderbildnis von Ima Breusing. Ausgeprägte »Frauenporträts« gab es nur zwei (v. Amberger: Plätterin und I. Singer: Hausangestellte): Porträtmalerinnen wie A. von Zitzewitz, K. Münzer-Neumann, L. Schneider-Kainer waren wieder vor allem mit Stillleben und Landschaften vertreten. Bei den angewandten Künsten überwogen Porzellantiere (S. Lepsius d. J.), Tischdecken (L. Klose-Sellschopp), Teewärmer (G. Bleck), handgenähtes Spielzeug (R. Brandl) u.a. In den Rezensionen wurden die sicherlich nicht uninteressanten Photographinnen (u.a. E. Lendvai-Dircksen, L. Moholy, Riess u.a.) zum Teil nicht erwähnt.

64 Nach M. O. (Max Osborn – A. L.): Das Kind. Ausstellung des Künstlerinnen-Vereins. In: Vossische Zeitung, 11.11.1930.

65 Osborn 1930 (wie Anm. 64).

6 Ausstellungsaufnahme »Das Kind«, 1930, Berlin, Verein der Berliner Künstlerinnen; Annot »Kinderbildnis«; Plastik »Mein Ball«

Deutlicher noch im Verein der Berliner Künstler, der in den dreißiger Jahren wieder an Aufwind gewinnen sollte, ist das Kinderbildnis zur Puppenfigur im Vitrinenkasten geworden.

Die Zurücknahme vordem vorgetragener Positionen ist vielschichtiger, als es auf den ersten Blick scheinen mag. Es sei noch einmal auf Hannah Höch, Heinrich Ehmsen und Otto Dix verwiesen: 1923-26 entsteht das Ölbild »Zwei Köpfe« von Hannah Höch.[66] Die im Bild dargestellte Geschlechterbeziehung wird im Zusammenhang mit einem Kind thematisiert. Der Mund des gesockelten Frauenkopfes ist durch einen nackten Säugling verdeckt. Einmal scheint

66 Chris Rehorst: Hannah Höch und die Niederlande. In: Hannah Höch 1990 (wie Anm. 46), S. 46. Hannah Höch stellte das Bild unter dem Titel »Imaginäre Brücke« auf ihrer ersten Einzelausstellung 1929 in Den Haag aus. Das sehr persönliche Bild hing noch nach dem Zweiten Weltkrieg lange in ihrer Wohnung; sie hat es nie verkauft: es muß ihr sehr wichtig gewesen sein.

er den Aktionsraum der Frau zu beschränken, zum anderen wirkt er wie die Knebelung eines Schreies. Der Blick der Frau ist auf den Mann konzentriert, der Mann sieht an ihr vorbei. Die Qualität ihres Blickes in seiner »konkreten Zielgerichtetheit« wurde in jüngsten Interpretationen gegenüber dem männlichen Blick, der sich »in einer abstrakten Fiktion« verliert, hervorgehoben.[67] Die biologische Funktion der Frau ist so als Behinderung der freien Entfaltung der Persönlichkeit verstanden, wenn auch zugleich die Verdrängung des Kinderwunsches vor dem Hintergrund ihrer Konflikte mit Raoul Hausmann spürbar scheint. In ihren späteren symbolischen Landschaften (u.a. »Symbolische Landschaft III«, 1930) tauchen zwei Kinder auf, die auf dem Schoß der liegenden Frau wie auf dem Rand einer Badewanne sitzen – diese Landschaften sind als »programmatische Allegorien« bezeichnet worden.[68] Das Kind ist nicht mehr als beschränkendes Element definiert, ein utopischer Zug wird eingebracht.

Kinderbildnisse gab es über die ganze hier zur Rede stehende Zeit; Wertigkeit und Umgang mit diesem Thema erfährt aber Akzentverschiebungen. Heinrich Ehmsens Bild »Meine Kinder«, 1922, und das »Familienbildnis« von Otto Dix aus dem Jahre 1927 machen den eher veristischen Zugriff auf das Kinderbild deutlich. Abgesehen davon, daß es auch bei Dix, wie bei Ehmsen zu beobachten war, am Ende der Weimarer Republik zur Reduzierung auf konventionelle Schemata von Mutter-Kind-Bildern kommt (vgl. Otto Dix: »Mutter mit Sohn«, 1924 und »Stillende Mutter«, 1932), treten daneben zunehmend allegorisierende Bilder auf, wie von Dix »Selbstbildnis mit Jan«, 1930, oder von Ehmsen »Frauen in Not I«, 1932. Es zeigt sich, daß nicht nur vom Konservativen im Zusammenhang mit diesen Kinderbildnissen zu sprechen ist, sondern auch von der Möglichkeit, Kind/Familie als Utopie zu sehen. Durch allegorisch-verallgemeinernde Bilder dieser Art wird allerdings das Provokant-Zeitgemäße eines aggressiv oder ambivalent vorgetragenen Bildes der »Neuen Frau« entschärft.

Nach der Erschütterung der Wertevorstellungen und ihrer formalen und inhaltlichen Infragestellung mündet das Dezennium in den Versuch, genau diese Wertevorstellungen wieder einzuvernehmen – gekennzeichnet durch ein synthetisierendes Bedürfnis und einen restaurativen Zug.

67 Ellen Maurer: Der Blick sucht das Leben und findet den Tod. Aspekte zur Selbstdarstellung im Werk von Hannah Höch. In: da da zwischen reden 1991 (wie Anm. 44), S. 54, 55.

68 Eberhard Roters: Der mechanische Garten. In: Hannah Höch 1990 (wie Anm. 46), S. 114.

KURZBIOGRAFIEN

Anja Baumhoff
geb. 1958
Studium der Politik, Geschichte und Ethnologie in Freiburg und Oxford, Florenz und Bielefeld
z.Zt. Promotion an der Johns-Hopkins-University, USA, über »Gender, Art, Craft and Technology in the Weimar Republik: Women at the Bauhaus«
Lebt in Berlin

Kirsten Beuth
geb. 1956
1976-1981 Studium der Kulturwissenschaft / Theaterwissenschaft an der Humboldt-Universität zu Berlin
1978 und 1989 Geburt der Söhne
1981-1984 Forschungsstudium am Bereich Theaterwissenschaft der Humboldt-Universität
1985 Promotion zum Dr. phil.
1985-1993 wiss. Mitarbeiterin der Forschungsabteilung Musik an der Akademie der Künste zu Berlin

Petra-Regine Dehnel
geb. 1962
1980-1985 Studium der Kunstgeschichte am Staatlichen Repin-Institut in Leningrad
1987/88 Studienaufenthalt in Leningrad und Moskau
1990 Promotion über »Bauer und Landschaft im Werk A.G. Venecianovs, seiner Schüler und jüngerer Zeitgenossen«
1985-1992 wiss. Assistentin am Bereich Kunstgeschichte der E.-M.-Arndt-Universität Greifswald

Annette Dorgerloh
geb. 1961
Dreher mit Abitur
1980-1982 Tätigkeit in der Museumspädagogik der Schlösser und Gärten Potsdam - Sanccouci
1982-1987 Studium der Kunstwissenschaft an der Humboldt-Universität zu Berlin. Diplomarbeit: »Deutsche Almanach- und Zeitschriftengraphik zur Französischen Revolution«
1987-1991 wiss. Mitarbeiterin am Institut für Ästhetik und Kunstwissenschaften an der Akademie der Wissenschaften der DDR
Nach deren Auflösung ab Januar 1992 im Wissenschaftler-Integrations-Programm der KAI e.V. (Koordinationsstelle für die Forschung in den neuen Bundesländern)
1990 Geburt des Sohnes
Ab 1992 Lehrtätigkeit an der Humboldt-Universität, Kunsthistorisches Institut
z.Zt. Arbeit an der Dissertation: »Konvention und Kreativität – Reinhold und Sabine Lepsius und die Berliner Porträtmalerei um 1900«

Bettina Götz
geb. 1955
Studium der Kunstgeschichte, Archäologie und Kunstdidaktik in Hamburg
Zwei Kinder
Mitorganisatorin der 5. Kunsthistorikerinnentagung in Hamburg 1991
z.Zt. Arbeit an einer Dissertation über den Maler Karl Hubbuch

Angela Lammert
geb. 1960
1979-1982 Arbeit in der Kunstbibliothek der Akademie der Künste der DDR und im Sekretariat des Bereiches Kunstwissenschaft der Humboldt-Universität zu Berlin
1982-1988 Studium der Kunstwissenschaft an der Humboldt-Universität zu Berlin
Diplomarbeit: »Edwin Scharff und Ewald Mataré – Aspekte ihrer Einbindung in das Kunstgefüge der Weimarer Republik«
1986 und 1991 Geburt der Söhne
1988-1992 wiss. Mitarbeiterin in der Forschungsabteilung Bildende Kunst der Akademie der Künste zu Berlin bis zur Auflösung der Forschungsabteilungen
1993 Promotion: »Antimoderne und Moderne in der Plastik der Weimarer Akademie«

Sabina Leßmann
Studium der Kunstgeschichte und der Freien Kunst
Dissertation über »Susanna Maria von Sandrart. Arbeitsbedingungen einer Nürnberger Künstlerin im 17. Jahrhundert«
Im WS 1991/92 Gastdozentin an der Universität Trier zum Thema »Fotografinnen der 20er bis 50er Jahre«
Seit 1992 wiss. Mitarbeiterin am Bonner Kunstmuseum.

Annelie Lütgens
geb. 1956
z.Zt. Museumsassistentin an der Hamburger Kunsthalle.
Studium der Kunstgeschichte, Klassischen Archäologie und Kunstpädagogik in Hamburg
Promotion: »...Nur ein Paar Augen sein...« Jeanne Mammen – eine Künstlerin in ihrer Zeit, Hamburg 1991

Ada Raev
geb. 1955
1974-1979 Studium der Kunstgeschichte an der Lomonosov-Universität Moskau
1979-1983 Aspirantur am Kunsthistorischen Institut an der Lomonosov-Universität Moskau
Promotion: »Russisch-deutsche Kunstbeziehungen an der Wende vom 19. zum 20. Jahrhundert (1896-1906)«
Seit 1979 wiss. Assistentin am Kunstgeschichtlichen Institut der Humboldt-Universität zu Berlin mit Vorlesungstätigkeit
1984 Geburt des Sohnes
Mitarbeit an der Neuausgabe des »Lexikon der Kunst« (Seemann-Verlag Leipzig) und des »Allgemeinen Künstlerlexikon« (K.G. Saur Verlag GmbH & Co. KG)
z.Zt. Habilitation: »Russische Künstlerinnen der Moderne – Kunstkonzepte und Lebensentwürfe«

Katharina Sykora
geb. 1955
1974-1983 Studium der Kunstgeschichte, Romanistik, Philosophie und Pädagogik in Würzburg und Heidelberg
1983 Promotion: »Das Phänomen des Seriellen in der Malerei. Aspekte einer künstlerischen Methode von Monet bis zur amerikanischen Pop Art«
1983-1985 Aufbaustudium Theater – Film – Fernsehen in Frankfurt/Main
1985-1988 wiss. Mitarbeiterin am Feministischen Archiv und Dokumentationszentrum in Frankfurt/Main
1989-1992 wiss. Mitarbeiterin an der Städtischen Kunsthalle in Mannheim
Seit 1985 Lehrtätigkeit an den Universitäten Frankfurt/Main, Heidelberg, Marburg, Trier und Zürich

ABBILDUNGSNACHWEISE

Sykora: DIE NEUE FRAU
1 Jeannine Fiedler für das Bauhaus-Archiv (Hrsg.): Fotografie am Bauhaus, Berlin 1990, S. 36

Dorgerloh: »SIE WOLLEN WOHL IDEALE KLAUEN?«
1 Titelblatt des »Simplizissimus«, 23. Jg., Heft 40, 1918; 2 Titelblatt des »Simplizissimus«, 24. Jg., Heft 1, 1919; 3 »Lachen links«, 3. Jg., Nr. 3, Januar 1926; 4 »Jugend«, Nr. 34, 1898; 5 »Die Kunst für Alle«, Heft 8, 1927; 6 »Jugend«, Nr. 52, 1898; 7 »Jugend«, 1898; 8 »Jugend«, Nr. 31, 1898; 9 »Jugend«, Nr. 23, 1898; 10 Märkisches Museum, Berlin

Dehnel: FRAU. KOLLEGIN. KONKURRENTIN?
1, 5 John Milner: Vladimir Tatlin and the russian avantgarde, New Haven and London 1983; 2, 3 Heinrich Klotz (Hrsg.): Matjuschin und die Leningrader Avantgarde, Karlsruhe-Stuttgart-München 1991; 4 Alexander M. Rodtschenko. Warwara F. Stepanowa. Die Zukunft ist unser einziges Ziel..., München 1991

Raev: VARVARA STEPANOVA
1, 3-10 Alexander Nikolaewitsch Lawrentjew: Warwara Stepanowa. Ein Leben für den Konstruktivismus, Weingarten 1988; 2 Rodčenko. Stepanova. Buduščee – edinstvennaja naša cel', München 1991

Baumhoff: DIE »MODERNE FRAU«
1 Galerie der Stadt Stuttgart; 2-5 Magdalena Droste: Bauhaus 1919 – 1933, Köln 1990

Beuth: DIE WILDE ZEIT DER SCHÖNEN BEINE
1, 5 Wolfgang Jansen: Glanzrevuen der Zwanziger Jahre, Berlin 1987; 2 Programmheft: Die neue Haller Revue »An und Aus«, Berlin 1926; 3 Magazin und Programm der Revue »Von Mund zu Mund«, Berlin 1926, Amerika-Gedenkbibliothek Berlin; 4 Klaus Wolbart (Hrsg.): That's Jazz. Der Sound des 20. Jahrhunderts, Darmstadt 1988

Sykora: DIE »HURE BABYLON«...
1, 3, 4 Der Traum von einer neuen Welt. Berlin 1910-1933, Ingelheim-Mainz 1989; 2 Hanno Möbius/Guntram Vogt: Drehort Stadt. Das Thema »Großstadt« im deutschen Film, Marburg 1990; 5 Deutsches Institut für Filmkunde und Stiftung Deutsche Kinemathek (Hrsg.): Verleihkatalog 1, Frankfurt/Main-Wiesbaden-Berlin 1986

Leßmann: WEIBLICHKEIT IST MASKERADE
1 Fritz Kempe: Nicola Perscheid, Arthur Benda, Madame d'Ora, Kat. Museum für Kunst und Gewerbe Hamburg 1980; 2-4 Marta Astfalck-Vietz: Photographien 1922-1935, Ausst.Kat. Berlinische Galerie, Berlin 1991; 5 Monika Faber: Die montierte Frau. Aktphotographien des Atelier Manassé aus den 20er und 30er Jahren, Wien 1988

Götz: VIERMAL HILDE
1, 2 Karl Hubbuch der Zeichner, Wilhelm-Busch-Museum Hannover 1991; 3, 4 Karl Hubbuch, Badischer Kunstverein Karlsruhe 1981

Lammert: WAS GIBT ES WOHL SCHAUERLICHERES...?
1 Georg Schicht Preis. Für das schönste deutsche Frauenporträt, Galerie Fritz Gurlitt 1929, Kunstbibliothek Berlin; 2 Nachlaß Lis Bertram-Ehmsen; 3 Otto Dix, Stuttgart 1991; 4 Stationen der Moderne, Berlin 1988; 5, 6 Ehemals ADN-Zentralbild, Berlin

Umschlagabbildung
»Tausend nackte Frauen«, James Klein 1928, Komische Oper Berlin, in: Wolfgang Jansen: Glanzrevuen der Zwanziger Jahre, Berlin 1987